KB151512

고봉 기대승, 배움과 가르침의 흔적들

문문학술총서 002

고봉 기대승, 배움과 가르침의 흔적들

문문 고봉연구회 지음

景仁文化社

차 례 >>>

발간사

간밤에 수북히 쌓인 눈길을 누구보다 먼저 처음으로 걸으며 즐겁기도 하고 떨리기도 했던 경험이 떠오릅니다. 문득 뒤를 돌아보니, 두 줄 발자국이 바로 내 발 밑까지 끊임없이 찍혀 있었지요. "이만큼 오는데도 이렇게 많은 걸음이 필요하구나!" 평소 길을 걸을 때는 느끼지 못했던 것이었습니다.

문문이 두번째 총서를 내놓게 되었습니다. 문문이 세상에 내딛는 두번째 발걸음인 셈입니다. 지난 첫번째에서는 고봉 기대승의 문학세계를 주제로 진행한 학술대회의 결과였습니다. 이번 두번째는 고봉 기대승의 사승과 교유 및 터전을 주제로 진행한 결과를 모았습니다. 김풍기 선생님은 〈고봉 기대승의 학문적 연원〉을 통하여 고봉의 학문이 있게 한 근원과 영향을 탐구하였으며, 박동욱 선생님은 〈고봉 기대승의 문인과 그 의미〉를 통하여 고봉의 학문이 어떻게 이어졌으며 어떻게 이어야 할 것인가를 탐색하였으며, 김경호 선생님은 〈고봉과 일재 이항의 관계와 논쟁〉을 통하여 고봉의 학문적 교유를 새롭게 발굴했습니다. 여기에 더하여 조근우 선생님은 〈고봉 학문의 산실 귀전암과 낙암〉을 통하여 고봉과 관련된 발자취를 찾는 작업의 절실한 필요성을 역설했습니다. 이렇게 하여 고봉의 진면목을 발굴하는 작업 또한 두번째 발걸음을 쌓게 되었습니다. 이렇게 내디딘 발걸음을 초석 삼아, 문문은 이제 더 활발하게 활동하며 그 결과를 내놓겠습니다.

이 책의 내용을 채워주신 연구발표자 여러분의 정성과 노고에 감사드리며, 또한 이렇게 책으로 나오기까지 격려와 후원을 아끼지 않으신 (광주 광산구청, 대한문화재연구원, 행주기씨문헌공종중) 등에 깊이 감사드립니다.

2014년 12월 31일
문문 회장 홍승직

추천사

땅 밑으로 흐르는 물은 보이지 않습니다. 그렇지만 들판의 풍요와 산의 푸름은 이 물이 있어서입니다. 땅 속 물은 잘 볼 수는 없지만 그 실체는 분명해 만물의 번영을 이룹니다.

땅 밑 물을 말씀드린 까닭은 기대승 선생이 생각나서입니다. 크게 두 가지 이유에서입니다.

첫째는 후대의 재조명이 충분치 않았다는 것입니다. 선생께서 이른 나이에 돌아가신 탓도 있지만, 선생의 학맥을 구체적으로 계승 발전한 자취가 제대로 된 평가를 받지 않은 이유도 있습니다.

둘째는, 그럼에도 불구하고 후학들이 선생의 가르침을 실천으로 옮겨 세상에 그 뜻을 펼쳤다는 것입니다. 그 실천은 국난을 극복하는 의병으로, 현실을 바로 보는 실학으로, 새로운 세상을 갈망하는 동학으로, 현대에 들어선 5·18 항쟁으로 이어졌다고 저는 생각합니다.

육체와 이성을 하나로 봐 세상의 기쁨과 슬픔을 온 몸으로 받아들이는 철학, 이기일원론이 그 실천에 직간접적으로 영향을 줬습니다.

땅 속의 물은 보이지는 않지만 세상 만물의 풍요를 준다는 점에서 거대한 실체를 깨달을 수 있습니다. 또한 큰 비에는 물을 품고, 가물면 품은 것을 풀어 그 풍요를 약속한다는 미덕이 있습니다.

마찬가지 이치로 기대승 선생의 정신은 후대의 철학을 풍요롭게 하고, 이 땅을 바로 세우는 큰 힘이라는 것을 깨달을 수 있습니다.

지난해 기대승 선생의 인간미 탐구에 이어 두 번째 학술대회를 우리는 가졌습니다. 계속 이어가는 기대승 선생의 조명 사업은 땅 속의 물이 결국 바다를 이루듯, 선생의 정신을 오늘에 되살리고 계승하는 촉매제가 될 것입니다.

선생에 대한 재조명 자료가 차곡차곡 쌓이면 지금 시대는 조금 더 풍요롭고 인간다워질 것입니다. 고봉학술제가 앞으로도 이어지고 번창하길 바라는 이유입니다. 항상 응원하겠습니다. 감사합니다.

2014년 12월
광주광역시 광산구청장 민 형 배

I

고봉 기대승의 학문적 연원

김 풍 기(강원대학교 교수)

1. 학문 연원 찾기의 어려움

이 물건은 도대체 어디서 비롯된 것일까? 이런 종류의 질문치고 어렵지 않은 것이 없다. 삼라만상 어느 것 하나 그 출발점 없는 것이 없겠지만, 정작 그 지점을 찾아가보는 일은 지난하면서도 요령부득인 경우가 많다. 이미 흘러간 세월 속에서 그 출발점을 찾는 것은 어떤 의미가 있을 것이며, 설령 의미가 있다 하더라도 어떻게 찾을 것인가. 현재 딛고 서있는 자리가 바로 그 출발점 덕분이라는 것을 잘 알고 있지만, 그 지점이 의미를 가지기 위해서는 어떤 시선이 필요할까?

똑같은 질문을 우리는 공부하는 분야에도 던져볼 수 있다. 고봉(高峯) 기대승(奇大升, 1527~1572)의 학문은 그 출발점이 어디일까? 그의 학문이 상당한 수준의 체계를 갖추고 있다면 분명 그 출발점도 있을 터, 그 지점을 확인해 봄으로써 우리는 기대승의 학문이 어떤 경로를 거쳐서 그렇게 형성되었는지를 살펴볼 수 있을 것이다. 그것은 바로 그의 학문이 어떤 개인적 관심과 어떤 사회적 배경을 업고 형성되어 가는지를 살피는 일이며, 그러한 작업을 통해서 인간의 사유가 사회와 어떤 상호 작용을 해나가는지를 논의할 수 있을 것이다.

그렇지만 한 인간의 학문적 연원을 사승관계라고 하는 점에 초점을 맞추어 논의하는 일은 참으로 난망하다. 한 인간의 성장에서 몇 사람만의 영향을 강조함으로써 성장의 내면에 자리하고 있는 그의 생각을 논의하는 것 자체가 어쩌면 불가능한 일일지도 모른다. 굳이 내 자신이 스승으로 내세우고 있지는 않더라도 세상의 삼라만상 중에 나의 스승 아닌 존재가 어디 있겠는가. 그런 식으로 사승관계를 확장시키다 보면 자신의 학문적 연원에 기여한 스승의 존재는 우주 전체로 무한히 확장된다. 문제의식을 무화시키기 위해 이런 투로 글을 시작한 것은 아니다. 학문 연원에 대한 질문을 던지는 일이 이렇게 어렵다는 점을 다시 한 번 강조하려는 의도다.

그렇다면 우리는 질문을 다시 던질 수 있다. 무엇 때문에 기대승의 학문 연원을 논의하는 것인가? 그에 대한 답변은 무수히 열려있지만, 우리가 관심을 가지는 것은 앞서 언급한 것처럼 그의 학문이 형성되는 과정에 있다. 그의 학문은 기대승이라고 하는 한 인간이, 자기가 살아가는 이 세계를 바라보고 해석하는 방식의 총화다. 그 방식을 공유하는 지식인들의 모임을 학파(學派)라고 한다면, 세계를 변화시키려는 그들의 사유 방식은 당연히 상당 부분을 공유하고 있다. 여전히 조선의 그림자를 감지하고 있는 우리로서는, 그 학파가 가지는 중요한 문제제기에 귀를 기울여야 하고 나아가 그러한 학파의 형성에 결정적인 계기를 제공한 인물들에 대한 학문 형성 과정을 눈여겨보아야 한다.

자신의 몸을 관찰하는 것부터 주변 사람들과 관계를 맺는 방식, 세상을 바라보고 그 변화에 대응하는 방식 등이 그의 학문적 입장에서 비롯한다. 그리고 세월의 차이는 크지만 현재 우리가 살아가고 있는 삶의 지층 중에 한 부분을 이루고 있다. 그 지층의 결들이 가지는 특이점을 해명하고 나아가 그러한 특이점을 통해 우리 삶에 어떤 변화가 가능한 것인지를 논의하는 것이야말로 학문 연원을 따지는 중요한 목표라 할 수 있다.

2. 기대승 학문의 연원에 대한 기록

　퇴계 이황과의 이기논쟁으로 깊이 각인되어 있는 터라, 그의 이름이 〈퇴계문인록(退溪門人錄)〉에 수록되어 있는 것에 대해 그리 심각하게 생각하지 않는 관행이 있는 것으로 보인다. 흔히 『도산급문제현록(陶山及門諸賢錄)』으로 불리는 이 책은 19세기에 편찬된 것이기는 하지만, 당시 조선의 학맥을[1] 정리한 책으로 영남학파 쪽에서는 널리 읽히던 책이다. 학맥을 정리한 책이 당색이나 학문의 연원에 따라 정조(精粗)의 차이가 명확하게 보이는 것은 당연한 것이지만, 『도산급문제현록』의 경우는 지나치다 할 정도로 편차를 보인다. 그런데 이 책에는 흥미롭게도 율곡(栗谷) 이이(李珥), 우계(牛溪) 성혼(成渾) 뿐만 아니라 기대승까지도 이 목록 안에 포함시키고 있다. 물론 이 책

---

1 현재 학계에서는 학맥(學脈), 학통(學統), 학파(學派), 도통(道統) 등의 다양한 용어가 혼용되고 있으며 이들 각각의 용어들이 상당 부분 공통된 부분을 가지고 있으면서 동시에 약간의 차이를 내포하고 있다. 그러나 이 글에서는 그들의 차이에 주목하여 구분하지 않고, 그저 '학문의 종지가 이어져 내려온 흐름이나 줄기' 정도의 범박한 의미로 학맥이라는 단어를 주로 사용하였다.

안에는 퇴계에게서 직접 수업을 받은 사람과 함께 그 문하를 출입하면서 학문적 교유를 하거나 편지를 보내서 질의를 하거나 배알(拜謁)한 사람까지도 모두 포함시키는 바람에 그런 현상이 나타났을 것이다. 그러나 문인(門人)의 범주를 확정하는 것은 예나 지금이나 어려운 일이고, 누구나 인정할 수 있는 문인 일부를 제외하고 대부분의 인사들은 문인과 문인 아닌 것 사이의 경계선에 위치하고 있다.[2] 어떻든 기대승의 학문 연원을 따지는 일이 자칫하면 작은 문제에 묻혀서 큰 줄기를 잃어버릴 염려가 있는 것은 분명해 보인다.

자신의 학문이 어디서 비롯하였는지 돌아보는 행위는 자기 공부의 맥락을 역사적으로 파악하여 형성되어 온 과정을 이해하려는 목표를 가진다. 동시에 그 생각을 공유하는 일정한 범주를 역사적으로 혹은 현실적으로 그리게 되고, 그것은 정치적 문화적 의미를 가지면서 각각의 구성원 개인에게 삶 전체의 인문학적 토대를 만들어준다. 그러나 학맥의 흐름도를 재구성하고 자신의 학문적 위치를 확인하는 작업은 아무 때나 나타나는 것은 아니다. 학맥의 형성은 당연히 그것과 상대되는 또 다른 학맥의 존재를 전제로 하는 것이기 때문에 유일무이한 학맥은 존재할 수 없다. 거기에 학맥을 운위할 수 있을 정도의 학문적 토대가 형성되어 있어야 가능한 이야기다. 말하자면 학문적 성과가 사회적으로 상당히 축적되고 그 내부에서 다양한 시각이 나타나 논쟁이 될 수 있어야 학맥을 말할 수 있다.

---

2 『도산급문제현록』에 대한 자세한 분석과 이 책에 대한 비판적 논의는 김종석의 「도산급문제현록과 퇴계 학통제자의 범위」(『퇴계학과 유교문화』 제26권, 경북대학교 퇴계연구소, 1998)에서 이루어진 바 있다.

그런 점에서 보면 조선 초기는 학맥을 논의하기 어려운 형편이라 하겠다. 스승으로 삼을 만한 사람이 한정되어 있기도 했지만, 성리학 연구의 토대가 그리 두텁지 못한 상태에서 사지관계에 따른 학문적 입장의 차이를 보이는 것은 어려운 일이었다. 박세채(朴世采)에 의하여 1682년 『동유사우록(東儒師友錄)』이 편찬되기 전까지 조선의 학맥을 체계적으로 정리하는 일은 없었던 것으로 보인다. 이 책이 주로 율곡학파에 초점을 맞춘 책인 것은 분명하지만, 이 땅의 학맥을 요령 있게 정리함으로써 학파에 따른 명확한 공동체 의식인 지식인들 사이에 어떻게 존재하고 있는지를 보여주었다. 그 이전까지는 대부분 집안이나 스승의 문집을 엮으면서 문인록을 수록하는 수준에 머무르고 있었다 하겠다.

기대승의 시대는 학파 혹은 학맥의 형성에 대한 인식이 사대부 사회에 생겨났지만 그것을 일목요연하게 정리하려는 모습은 보이지 않았다. 다만 자신의 학문이 어떤 스승 밑에서 학습되고 성장했는지 하는 기록은 곳곳에 보인다. 이러한 경향은 아무래도 정치 환경 때문에 강화된 형태로 나타난다. 조선의 사림들은 1498년 이후 여러 차례의 사화(士禍)를 거치면서 보수화되고 기득권층으로 변모한 정치 권력에 대해 공동의 대응을 했고, 그러한 환경이 이들을 하나의 그룹으로 묶어주는 배경이 되었다. 김정국(金正國)이 편찬한 〈기묘당적(己卯黨籍)〉(『思齋集』卷4)과 같은 문건이 그 예이다. 기묘사화에서 정치적 피해를 입은 94명의 명단을 수록한 이 책은 후에 『기묘록보유(己卯錄補遺)』, 김육(金堉)의 『기묘제현전(己卯諸賢傳)』 등으로 이어지면서 기묘명현의 범주를 확정하는 기준이 되었다. 여기에 이름을 올린 가문의 자손들은 스스로 기묘명현의 후예로 자처하면서 자부심을 드높였다.

기묘사화는 기대승에게도 매우 중요한 정치적 사건이었다. 이 사건 때문에 기대승의 가문이 전라도 지역으로 이주를 했다. 이후 이량(李樑)과 그 아들 이정빈(李廷賓)의 전랑(銓郎) 임명과 관련하여 반대 의견을 낸 사건이 발단이 되어 고봉 자신이 '소기묘(小己卯)'라는 별칭이 붙을 정도였으니,[3] 기묘사화라는 사건은 고봉과 뗄려야 뗄 수 없는 일이었다. 그것은 단순히 선대(先代)가 겪은 하나의 사건에 불과한 것이 아니라 자신의 존재감을 드러내는 것이면서 동시에 '고봉'이라고 하는 한 인간의 정체성을 구성하는 중요한 사건이었다. 어떻든 이 사건으로 인해 숙부 기준(奇遵)은 사사(賜死)되었고, 기대승의 부친은 가족들과 함께 광주로 내려왔으며, 기대승 역시 이곳에서 태어나게 된 것이다.[4]

기묘사화는 기대승의 정신적 성장에 깊은 그림자를 남긴다. 그 일단을 다음의 글에서 엿볼 수 있다.

---

3 이식(李植), 「諡狀」(『高峯集』 附錄 卷1).
4 "선생의 본관은 행주(幸州)이니, 지금의 고양군(高陽郡)이다. 대대로 서울에 살았다. 물재(勿齋) 선생 기진(奇進)이 아우 준(遵)과 함께 유학(遊學)하였는데 아우가 논죄를 당하였기 때문에 이미 더 이상 당세에 대한 뜻이 없었으며, 모부인(母夫人)마저 돌아가시자 복제(服制)가 끝난 뒤 마침내 광주로 물러나 살았으므로 선생이 광주에서 태어난 것이다."(「고봉선생연보(목판본) 선생1세 조항」, 『국역 고봉집』 권1) 이 논문에서의 번역은 『국역 고봉집』(한국고전번역원, 2007)을 인용하면서 부분적으로 수정을 가하기도 하였다. 이후 기대승의 글에 대한 출처는 해당 글의 제목과 권수만을 밝히기로 한다.

나는 선생(김굉필을 말함 : 필자 주)의 도에 대하여 비록 그 일부분도 엿보지 못하고 있으나, 그윽이 뜻이 있었다. 다만 증거로 삼을 만한 문헌(文獻)이 없으므로 감히 함부로 말하지 못하고 다만 세상에서 선생을 좋아하고 미워하는 사실을 가지고 반복하여 말해서 후세 사람들에게 알려 주노니, 이것을 알기를 바란다.[5]

선생이 우리 유학의 도를 존숭하고 믿는 것은 지극한 정성에서 나왔다. 그래서 이현(二賢 : 조광조와 이언적을 말함. 필자 주)의 억울함을 씻어 달라고 청하여 사림(士林)의 뿌리를 든든하게 북돋아 온 세상 사람들에게 존경하고 본받아야 할 분이 누구인 줄을 알게 하였다.[6]

기대승은 김굉필이 유배 생활을 하다가 세상을 떠난 승평부에 임청대(臨淸臺)라든가 경현당(景賢堂) 등에 대한 이야기를 전해 듣고 그에 관한 글을 남긴다. 위의 두 글에서 우리는 기대승이 〈김굉필 - 조광조〉로 이어지는 기묘사림의 학맥을 조선 유학의 정통으로 삼고 있음을 읽을 수 있다. 동시에 그것은 자기 학문의 정신적 연원이 바로 이들에게 이어져있음을 드러내는 것이기도 하다. 이량(李樑)과의 정치적 얽힘 때문에 '소기묘'라는 이름을 얻기는 하지만, 그 이전에 이미 정신적 학맥은 이들 사림파에 이어져 있었다.

기묘사화를 비롯한 몇 차례의 사화가 일어난 이후 조선의 사림들 사이에는 시대와 정계 및 사회를 바라보는 시각을 공유하는 사람들이 늘어났고, 이들은 기묘당적이라든지 무오당적 등의 이름으로 정리되기 시작했다. 시간이 흐르면서 그 명단은 보완되어, 직접적인 관련이

---

5 기대승, 「경현당기(景賢堂記)」(卷2)
6 정홍명(鄭弘溟), 「행장(行狀)」(『고봉집』 부록 권1)

없었다 하더라도 명단에 추가되는 경우가 생겨났다. 그것은 해당 사화가 조선 전역의 지식인들에게 일정한 영향을 주었다는 증거일 것이다. 예컨대 기묘사화에 연관되었던 사람이 학문적으로 혹은 도덕적으로 인정을 한 기록을 남긴 사람을 후세에 추가하는 경우도 있었다. 심지어 기묘사화가 일어나 그것이 진행되는 추이를 지켜보던 사람이 그러한 현실에 절망한 나머지 벼슬길에 나아가기를 포기했다면, 후일 기묘명현(己卯名賢)으로 꼽히면서 같은 그룹으로 묶이는 경우도 있었다. 물론 기대승의 경우는 가문이 직접적으로 연관되었기 때문에 기묘사화의 핵심에 속하는 인물이었으므로 이에 해당하는 것은 아니지만, 사건의 정신적 지주이면서 핵심인 김종직 계열의 사림파를 자신의 학문적 연원으로 삼았던 것은 기본적으로 가문이 제공한 환경 탓이기도 하였다.

기대승의 학문 연원을 논의할 때 우리는 '김굉필 — 조광조'로 이어지는 사림의 학맥을 여러 전제 중의 하나로 여겨야 하는 것은 바로 이런 이유 때문이다. 뒤에서 다시 논의하겠지만, 그 전제에는 가문의 학문적 분위기와 정치적 입장이 자리하고 있다는 점을 지적해 두고자 한다.

3. 사승관계에 대한 기록에 대하여

기대승 자신이 남긴 기록을 중심으로 그의 사승(師承)을 살펴보면 흥미로운 몇 가지가 보인다. 우선 사승(師承)과 관련하여 그의 기록에 등장하는 내용을 정리해 보기로 하자.

번호	성명	학습 내용 및 관련 기록	관련 서적	출전
1	奇進	- 경서 전반에 대한 학습	孝經, 小學, 史略, 論語, 三經	〈自警說〉
2	鄭希廉	- 문장 첨삭 및 논평, 문장 및 경서 강독 - 昔我幼歲, 固陋而蒙, 學未知方, 倀倀佮佮, 家君有命, 歸依于公, 公不我鄙, 講論不窮, 羅列大小, 剖析異同, 叢雜紛紜, 約之以中, 教我之恩, 生我之功, 今其已矣, 瞻仰昊穹	韓愈 문장, 文選, 商書	〈自警說〉/〈祭鄭校理文〉, 高峯集 卷2
3	李弘幹	여러 생도들과 함께 공부함	小學	〈自警說〉
4	宋純	유생들과 講誦	孟子, 韓愈 문장	〈自警說〉
5	金麟厚	從遊, 高峯嘗就謁先生		〈高峯年譜〉/張維의 〈高峯先生文集序〉/

				김인후, 『하서전집』 부록 권2, 「敍述」
6	李滉	- 拜謁 - 國家文明之化, 盛於明宣之際, 如 月川, 西厓, 高峯, 寒岡數賢者, 輩出於陶山門下. - 鄭澈則學於奇大升, 而大升則學 於李滉.		〈高峯年譜〉/張維의 〈高峯先生文集序〉/ 허목, 「月川先生文集 序」, 『月川集』/김상 헌, 「故義兵將贈吏曹 判書重峯趙先生神道 碑銘」, 『淸陰集』卷28
7	李恒	拜謁, 一齋門下參函丈 退老堂中幾 往來(許曄의 輓詩)		〈高峯年譜〉/고봉 별집 부록 권2
8	書堂	- 자세한 기록은 없지만, 한동안 여러 선비들과 서당에서 공부하 였다는 기록이 있음	大學, 漢書, 韓 愈 문장, 孟子, 中庸, 古文眞寶 (前集), 古賦	〈自警說〉

　기대승의 가친(家親)인 물재(勿齋) 기진(奇進)의 경우는 나중에 다
시 논의하기로 하고, 다른 인물들을 먼저 살펴보자. 기대승의 사승
관계를 따질 때 역시 가장 중요한 기록은 〈자경설〉이다. 이 글은 기
대승 자신이 쓴 일종의 짧은 자서전이다. 〈연보〉에서 언급되어 있듯
이, 19세가 되던 해인 1545년 지은 이 글은 인종의 승하와 을사사화
발발 소식을 들은 그가 식음을 전폐하고 통곡을 하다가 자신을 경계
하기 위해 지었다고 한다. 그리 길지 않은 이 글 속에서 기대승은 태
어났을 때부터 19세까지 자신의 삶을 간략하면서도 요령 있게 서술하
고 있다. 여기에 언급된 사승관계는 기대승 자신이 인정하고 기술한
것이므로 일차적인 중요도를 가진다.

　다음으로 중요한 기록은 〈연보〉의 기록이다. 이는 기대승의 문집
을 편찬한 주체가 공식적으로 표현하는 글이기 때문에 적어도 문집

편찬 당시의 후학 및 가문이 그 점을 공유하고 인정했다는 의미로 받아들일 수 있기 때문이다. 〈연보〉에서는 〈저경설〉에 나타나 있지 않은 19세 이후의 사승 관계를 확인할 수 있다. 이 점 때문에 중요한 기록이라 하겠다.

그 외에 기대승 문집 속의 다양한 기록과 주변 인물들의 기록, 후대 문헌에 수록되어 있는 기록 등을 종합적으로 판단해야 한다. 그러나 이러한 기록을 대할 때는 반드시 기대승 집 안의 기록과 비교해서 신중하게 판단해야 한다. 또한 기대승의 스승인 것처럼 기록한 부분이 단순한 수사적 차원의 표현인지 실제로 사승 관계를 맺었다는 것인지, 정신적인 스승의 역할을 했다고 후대 사람들이 판단했다는 의미인지 아니면 사제 관계를 맺지는 않았지만 기대승 자신이 해당 인물을 스승처럼 대하고 생각했다는 의미인지, 다양한 측면을 면밀하게 살펴야 한다. 사실은 사승관계를 따지기 어려운 것은 바로 이런 점때문이다. 따라서 이 글에서는 기대승 문집에 나타난 기록을 중심으로 다른 문헌의 기록을 함께 살피는 입장을 견지하고자 한다.

이러한 점을 고려할 때 기대승의 스승으로 정희렴, 이홍간(李弘幹), 송순(宋純)을 먼저 꼽을 수 있다.

1) 기대승과 정희렴

정희렴(鄭希廉, 1495~1554)의 호는 용산(龍山), 본관은 서녕(西寧)이며 교리(校理)를 지냈다. 〈자경설〉 및 〈연보〉에 의하면 기대승이 정희렴을 처음 만난 것은 1542년(기대승 16세)이다. 그해 늦봄 그는 130구나 되는 장편으로 서경부(西京賦)를 지었는데, 정희렴에게 다음과 같은 논평을 들었다. "그 글을 읽어 보면 그 사람을 상상할 수 있는 것이니, 그 명성이 오래도록 사람들에게 퍼지겠다. 생각이 심원하고 기상이 장대하며 어조가 고상하고 문장이 통창하다. 비록 간간이 서툴고 껄끄러운 데가 있기는 하나, 단지 이것은 조그마한 흠일 뿐이다. 조금만 더 진취하면 곧 옛 작자(作者)의 경지에 이를 것인데, 더구나 그 밖의 과문(科文)이야 말할 나위가 있겠는가. 축하할 뿐이다. ……"

정희렴의 이름이 다시 등장하는 것은 1544년(18세) 때이다. 도회(都會)에 가기 위해 길을 나선 기대승은 4월 보름에 정희렴을 찾았고, 그의 명으로 지은 〈민암부(民嵓賦)〉에 대해 큰 칭찬을 받는다. 그리고 5월말까지 머물면서 한유(韓愈)의 글을 제문까지 읽었다. 도회에 갔던 기대승은 초가을이 되자 다시 정희렴을 찾아가서 보름 동안 한유의 글을 이어서 읽는다. 9월 초에는 ≪문선(文選)≫을, 10월 초에는 〈상서(商書)〉의 대문(大文) 일부분을 읽었다.

정희렴이 세상을 떠나자 기대승은 제문을 지어 조의를 표했다. 이 글 중에 다음과 같은 부분이 있다. "옛날 제가 어릴 때에, 고루하고 몽매해서, 배움에 그 방법을 알지 못하여, 무식하고 무지(無知)하였는데, 가군께서 명을 내려, 공에게 귀의하게 하셨습니다. 공은 저를 비루하다고 여기지 않으시고, 강론하기를 그치지 않으셨으며, 크고 작은 일을 나열하고, 같고 다른 이치를 분석하였습니다. 여러 가지 분분한 것들을, 중도로써 요약해 주셨습니다. 저를 가르친 은혜와, 저를

키워 주신 공로가, 지금은 끝났으니, 저 하늘을 우러러볼 뿐입니다."[7]

기대승이 10대에 스승으로 모시고 글을 읽은 가장 많은 기록은 정희렴과 관련된 것이다. 그런 점에서 정희렴은 기대승의 공부길에 큰 영향을 끼친 중요한 스승이라 할 수 있다.

2) 기대승과 이홍간

이홍간(李弘幹)을 기대승이 만난 것은 1543년(17세)의 일이다. 실록의 기록에 의하면 이홍간은 1542년 무렵부터 광주목사로 재임하고 있었다. 특히 백성 구휼에 큰 공을 세워서 조정의 신임을 받았다. 당시 기대승은 과거에 실패하고 산재(山齋)에서 공부를 하고 있었는데, 목사 이홍간이 향교의 재생들을 모아놓고 강을 한다는 소식을 듣고 그 모임에 참여하게 된다. 이 일을 계기로 기대승은 교적(校籍)에 이름을 올리고 소임을 맡아서 일을 하는 등 적극적으로 참여하면서 ≪소학≫을 읽는다. 그러나 오가는 길이 너무 멀어서 며칠씩 학업을 빠지게 되면서 이 또한 작파하고 만다.

기대승 입장에서는 이미 가친에게서 ≪소학≫을 읽은 터라 이홍간과 함께 강을 한 일에 대해 어떤 의미를 부여해야 할지 판단을 하기가 쉽지는 않다. 이홍간은 안로(安路)의 ≪기묘록보유(己卯錄補遺)≫

---

7 昔我幼歲, 固陋而蒙, 學未知方, 偒偒侉侉. 家君有命, 歸依于公. 公不我鄙, 講論不窮. 羅列大小, 剖析異同. 叢雜紛紜, 約之以中. 敎我之恩, 生我之功. 今其已矣, 瞻仰昊穹. (奇大升, 〈祭鄭校理文〉, 高峯集 卷2)

를 비롯하여 ≪기묘록속집(己卯錄續集≫ 등의 문헌에 기묘명현으로 기록되어 있는 인물이기 때문이다. 이는 기대승의 부친인 물재(勿齋), 숙부인 복재(服齋) 기준(奇遵, 1492~1521) 등과 정치적, 학문적 입장을 함께 하는 관계라는 의미다. 비록 고을의 목사가 향교에서 강을 한다고는 하지만 산재에서 공부하던 기대승이 굳이 그 먼 곳을 오가면서 이미 가친에게서 공부했던 ≪소학≫을 읽으러 다닌다고 하는 것은 선뜻 이해가 되지 않는다. 그런 점에서 이홍간과의 공부는 단순히 목사와 고을 선비 사이의 관계를 넘어서는 부분이 있었을 것으로 보인다.

그러나 이홍간 입장에서 보자면 심상한 일일 수 있다. 향교에서 강을 한 것은 해당 고을을 책임지고 있는 목사로서 고을의 향교 교육을 살려야 하는 책임 때문에 했을 가능성이 크다. 이홍간이 기대승을 불러서 ≪소학≫ 공부를 하는 모임에 참여하게 했다는 기록이 없는 한 이 일은 정치적, 학문적 입장을 과도하게 착색해서 해석하기가 어렵다. 그런 맥락에서 보면 여러 교생(校生)들과 함께 ≪소학≫을 읽은 것이 기대승의 공부길에 큰 영향을 미칠 정도로 사승 관계를 논의해야 하는가에 대해서는 의문을 표할 수 있다. 물론 작은 가르침을 받았더라도 스승이 아닌가 하는 주장을 할 수도 있겠지만, 그 이후 기대승의 어떤 기록에도 이홍간과의 공부가 등장하지 않는 것을 보면 큰 영향을 끼쳤다고 보기는 어려울 것이다.

3) 기대승과 송순

송순(宋純, 1493~1582)은 담양 출신으로 호는 면앙정(俛仰亭), 기촌 (企村), 자는 수초(遂初) 또는 성지(誠之), 본관은 신평(新平)이다. 그 는 1542년 4월부터 전라도관찰사로 재임한 바 있다. 기대승이 송순에 게 공부를 한 시기는 1544년(18세)이다. 당시 유생 중에서 더 배우기 를 청한 사람들을 선발하여 글을 강송(講誦)하도록 하고 그 성취를 확인하였다고 한다. 여기서 기대승이 읽은 책은 ≪맹자≫와 한유(韓 愈)의 글 일부였다. 기대승의 공부와 관련한 송순 기록은 이 내용이 전부라고 해도 과언이 아니다.

기대승이 송순을 위해 글을 남긴 것은 면앙정과 관련해서였다. 송 순은 면앙정을 경영하면서 지역의 지식인 사회에 중심인물로 활동하 였고, 그 과정에서 많은 지식인 문인들과 시문을 주고받았다. 면앙정 을 중심으로 시문을 남긴 사람들은 당대 명류들이었고, 기대승 역시 〈면앙정기〉를 쓴 바 있다. 송순이 정치적 격동기를 보내면서 사림의 입장을 대변한 점이 있고 그 때문에 귀양을 가거나 좌천을 당하기도 했지만, 기본적으로 그는 시문을 중시하는 편이었지 성리학을 깊이 연찬한 인물이라고 하기는 어려웠다. 기대승 입장에서는 ≪맹자≫도 이미 가친에게서 공부를 한 뒤였고, 18세의 기대승이라면 이미 ≪심 경(心經)≫을 읽고 있던 시기이므로 송순에게서 ≪맹자≫의 깊은 오 의를 새롭게 깨우쳤으리라고 보기는 어려울 것이다. 다만 그의 10대 시절 인연이 계속 이어지면서 송순의 회방연(回榜宴)에서 가마를 메 는 데까지 이르렀던 것이다.[8]

한편 회방연에서 기대승이 송순의 가마를 메었다는 기록을 통해서 두 사람 사이의 사제관계가 매우 긴밀했음을 짐작하는 경우에 대해서 다시 한 번 생각해 보아야 한다. 송순의 행장에 의하면 회방연을 한 시기는 1579년(기묘년)의 일이다. 기대승의 몰년이 1572년인 것을 감안하면 당연히 가마를 메었다는 기록에는 착오가 있다. 이들이 송순의 가마를 메었던 것이 회방연이 아니라 다른 자리였는지 아니면 회방연에 참여했던 인물에 대한 기록이 잘못되었는지 그 전후 사정이야 자세히 따져보아야겠지만, 적어도 문제의 회방연에 기대승이 참여하지 않았다는 사실만은 분명하다.

4) 기대승과 김인후

하서(河西) 김인후(金麟厚)와의 관계를 살피는 일은 더욱 신중을 요한다. 두 사람은 같은 지역에 살면서 일찍부터 교유가 있었을 법한

---

8 己卯, 家人設回榜宴. 朝庭有以啓聞者, 上命戶曹賜花宣醞, 一如新恩例. 鄭松江, 高霽峯, 奇高峯, 林白湖諸公與道伯邑宰赴會者甚衆, 夜深酒闌, 公微醺就寢室. 松江曰: "擧公藍輿, 也自不惡. 吾儕當爲之擔行." 遂扶擁而下, 觀者莫不艷歎. (宋煥箕, 〈議政府右參贊宋公行狀〉, 《俛仰集》 卷5) 송순의 가마를 멘 것으로 나오는 정철, 고경명(高敬命), 기대승, 임제(林悌) 등의 관계도 명확해 보이지는 않는다. 정철은 기대승과 사제지간이고, 고경명과 기대승은 명종 13년(1558)에 시행된 무오식년시(戊午式年試)에 함께 합격한 동년(同年)이며, 기대승과 임제는 어떤 관계였는지 기록이 명확하지가 않다. 다만 이들이 송순과의 관련 때문에 가마를 멘 것일 터인데, 이 점을 들어서 이들이 모두 송순의 제자라고 볼 수는 없다. 또한 이들은 좌주(座主)-문생(門生) 관계도 아니었다. 기대승과 고경명의 좌주는 이준경(李浚慶)이었다.

데도,[9] 정작 두 사람 사이의 만남에 대한 기록은 생각보다 그리 많지 않다.

하서전집에 의하면 기대승과 김인후 사이의 기록은 〈연보〉에 보인다. 가정37년~38년 2년 동안 太極陰陽一物과 관련된 시비와 四端七情之說에 관한 논의를 했다는 것이다. 김인후의 〈연보〉 기록에 의하면, 기대승은 고향으로 돌아온 후 매양 김인후를 찾아뵙고 의리를 토론했으며 퇴계의 사칠론(四七論)에 대해 깊은 의문을 가지고 김인후에게 질의를 했다는 것이다. 이에 대해 김인후는 명쾌한 분석과 논변으로 대답해 주었고, 기대승은 여기서 얻은 바가 있었다고 했다. 이후 기대승이 퇴계와 오랜 논변을 벌이게 된 것도 여기서 얻은 것을 서술한 점이 많다고 했다.[10] 이러한 서술은 김인후의 〈연보〉에 나오는 것이기 때문에 어느 정도의 편향성은 있겠지만, 기대승이 김인후에게 태

---

9 기대승은 이황에게 보내는 편지에서 김인후가 자신이 살고 있는 곳에서 오우명(五牛鳴, 약25리 가량)의 거리에 있노라는 언급을 한 바 있다. 해당 부분은 다음과 같다 : "이곳에 하서(河西) 선생 김공(金公)이 계신데 장성(長城)에 사십니다. 저의 집과는 단지 오우명(五牛鳴)의 거리이므로 제가 벼슬을 그만두고 돌아와서는 이 선생께 의지하여 전에 배운 것을 강습하려 하였습니다. 그런데 이 선생께서 갑자기 1월 16일에 병을 만나 돌아가시니, 사도(斯道)에 이보다 더 큰 불행이 있겠습니까마는 저의 불행은 더욱 심합니다. 매양 사색하다가 의심스러운 것을 여쭈어 볼 곳이 없을 때면 번번이 이 선생 생각이 나는데 뵐 수가 없게 되었으니, 아무 말 없이 조용히 앉아 슬픔을 참으려 하지만 스스로 억제할 수가 없습니다. 선생께서도 이 하서 선생과 오랫동안 서로 알고 지낸 사이이니 부음(訃音)을 듣고는 틀림없이 상심하고 애통해하셨으리라 생각됩니다."

10 時高峯退處于鄕, 每詣先生, 討論義理, 而深疑退溪四端七情理氣互發之說, 來質于先生, 先生爲之剖析論辨, 極其通透精密, 高峯所得於先生者如此. 故及先生歿後, 高峯與退溪講論四七互發之非, 多述先生之意以下之, 殆數萬言, 世所傳退高四七往復書, 是也. (金麟厚, 〈年譜〉, ≪河西全書≫)

극음양일물설이나 사칠호발설(四七互發說)에 대해 깊은 논의를 펴면서 질의를 했던 점은 분명하다.

그러나 이들 사이의 기록을 보면 사승관계로 볼 수 있는 표현은 없는 것으로 생각된다. 기대승의 〈연보〉에서나 김인후의 〈연보〉에서나 동일하게 이들의 첫 만남을 1558년(기대승 32세, 김인후 49세)이라고 기록하고 있다는 점에서 이들이 애초에 사승관계로 만난 것은 아니었다. 기대승의 〈연보〉에 의하면 1558년은 그에게 매우 중요한 인물들과 인연을 맺은 해이다. 7월에는 김인후를 '배알(拜謁)'했고, 같은 시기에 일재(一齋) 이항(李恒)을 '배알'하고 〈태극도설(太極圖說)〉에 대해 논의했다고 한다.[11] 8~9월 사이에 추만(秋巒) 정지운(鄭之雲, 1509~1561)을 만나 〈천명도설(天命圖說)〉에 대해 논하였다.[12] 10월에는 문과 을과(乙科)에 1등으로 합격하여 권지승문원부정자(權知承文院副正字)에 제수된 뒤 같은 달에 퇴계 선생을 경저(京邸)에서 '배알'했다고 하였다. 이 자리에서 정지운의 〈천명도설〉 논의가 나오게 되었고, 기대승은 그 문제를 11월에 다시 이항과 논의를 하게 된다.

기대승은 김인후를 종유(從遊)하면서 2년 동안 집중적으로 학문을 논의했다. 장유(張維)의 〈고봉선생문집서〉에서도 종유했다고 하였고, 김인후의 제문에서도 기대승은 후학(後學)을 자처하면서 '종유지락(從游之樂)'을 언급하였다.[13] 물론 종유했다고 해서 영향을 받지 않았

---

11 기대승의 〈연보〉에 의하면 김인후와 이항, 이황을 모두 '배알'했다고 표현하였다. '배알'은 선배 학자나 스승에게 모두 사용할 수 있지만, 그 맥락을 살펴서 사승관계를 따져야 한다. 이항에 대한 문제는 뒤에서 다시 다룰 것이다.

12 〈兩先生往復書〉에서 기대승은 정지운을 '秋巒丈'으로 표현하고 있다.

13 維嘉靖三十九年歲次庚申三月初七日, 後學高峯奇大升, 謹以酒果, 奠于近故河西先

다는 의미는 아니다. 기대승은 공부길에서 함께 토론하고 질의를 할 수 있는 좋은 선학으로 김인후를 대했으며, 그의 의견을 깊이 물었으며 같은 자리에서 시문을 즐기기도 했다.

5) 기대승과 이황(李滉)

〈연보〉에 의하면 기대승은 1558년 10월 무오식년시에 급제하고 난 직후 서울에서 퇴계 이황을 '배알'한다. 그 이후 정지운의 〈천명도설〉에 대한 자신의 생각을 이항, 이황과 차례로 논의하게 된다. 이렇게 해서 이황과의 사이에서 사단칠정에 관한 오랜 논쟁이 오가게 된다. 학문적 성장과 이론의 정립에서 언제나 논쟁을 담당하면서 오랜 기간 동안 함께 공부의 길을 걸어가는 사람이 필요하다는 점은 당연한 말이다. 그런 점에서 기대승과 이황은 서로가 논쟁의 당사자요 상대자로서 좋은 역할을 하면서 자기 공부를 완성해 나간 사이라고 할 수 있다.

기대승은 이황이 세상을 떠나자 영전에 올린 제문에서 "완악하고 비루한 자질로 실로 인도해 주시는 지극한 은혜를 입었다"[14]라고 표

生之靈曰: 嗚呼! 先生至於此耶? 微言, 將誰使之繹? 後學, 將誰使之覺耶? 甚矣, 吾道之衰也! 世豈復有斯人也哉? 余之以病而歸也, 庶幾依先生以祛蔽惑, 孰謂其遽至於此耶? 何天之不可恃也至於如此耶? 嗚呼! 先生今將返于眞宅矣. 從游之樂, 慕用之懷, 已矣已矣, 奈何奈何? 敬奠一觴, 永訣終天, 嗚呼痛哉! (奇大升, 〈祭文〉, ≪河西全書≫ 附錄 卷2)

14 嗚呼痛哉! 竊念頑鄙之資, 實蒙誘掖之至, 恩旣深而義重, 每因囂往而不敢置思. (밑줄 필자. 奇大升, 〈祭退溪先生文〉, ≪고봉집≫ 권2)

현하였다. 말하자면 이황에 대해 스승과 같은 분으로 모시고 공부를 하였다는 맥락으로 제문을 썼다는 의미다. 이 구절을 들어서 대체로 기대승을 이황의 문도로 보고자 하는 논의가 오랫동안 있었다. 그렇다면 과연 이 구절은 액면 그대로 사제관계를 의미하는 것으로 보아야 하는 것일까?

왕복 서간으로 서로의 학문을 크게 성장시키기도 했고 후대 성리학의 역사에 짙은 그늘을 남겼다. 이들이 끼친 영향력은 아무리 강조해도 지나치지 않을 것이다. 기대승이 이황에게 보낸 간찰을 보면 흥미로운 단어가 발견된다. 위에서 언급한 이황에 대한 제문은 다음과 같이 시작한다.

> 융경(隆慶) 5년(1571, 선조4) 세차 신미(歲次辛未) 1월 갑자삭(甲子朔) 4일 정묘(丁卯)에 후학 고봉 기대승은 먼 곳에서 주과(酒果)의 제전(祭奠)을 갖추어 재배(再拜)하고 곡하여 보내어 퇴계 선생의 영좌(靈座) 앞에 감히 아룁니다.[15]

기대승은 자신을 분명히 '후학(後學)'이라고 지칭하고 있다. 이 제문은 이황이 세상을 떠난 직후에 지어진 것이므로 기대승과 이황 사이의 관계를 정확하게 볼 수 있는 글이다. 뿐만 아니다. 십수 년간 왕복한 간찰에서도 기대승을 이황에 대해 늘 자신을 '후학'으로 자처하고 있다. 기대승이 이황을 스승처럼 훌륭한 현인이요 어른으로 대접하고 공부를 했던 점은 분명하지만, 사제지간으로 생각하지는 않았다

---

15 維隆慶五年歲次辛未正月甲子朔初四日丁卯, <u>後學高峯奇大升</u>, 遠具酒果之奠, 再拜 哭迸敢告于退溪先生靈座之前.(밑줄 필자. 위와 같음)

는 점을 보여준다. 기대승을 이황의 문도로 생각하고 기록하게 된 것은 두 사람이 모두 세상을 떠난 뒤의 일로 보인다.

비록 26년이라는 나이차를 극복하고 한 사람의 학자로서 13년 간이나 서간을 주고받으며 논쟁을 벌였던 두 사람이었지만, 시간이 흐를수록 기대승을 이황의 문도로 취급하려는 경향이 나타나기 시작했다. 이러한 현상은 기대승이 세상을 떠나고 한 세기가 지나기도 전에 이미 나타났다. 다음 기록을 보도록 하자.

> 정철(鄭澈)은 기대승(奇大升)에게 배웠고, 기대승은 이황에게 배웠습니다. 그리고 이이는 친히 이황의 가르침을 받았고, 또 조광조의 도덕을 사모하였습니다. 그러니 그 모유(謀猷)와 기개는 유래가 있는 것입니다.[16]

> 국가 문명의 치화가 명종·선조 무렵에 융성하여 월천(月川, 趙穆)·고봉(高峯, 奇大升)·서애(西厓, 柳成龍)·한강(寒岡, 鄭逑) 같은 여러 현인(賢人)이 도산(陶山, 李滉) 문하에서 무리 지어 나왔다. 내가 일찍이 세 현인의 글을 읽어서 옛사람의 정미(精微)한 학(學)을 연구하였다.[17]

대체로 17세기 전·중반에 지어진 이들 글에서 기대승은 이황의 문하로 분명하게 들어간 것을 볼 수 있다. 이 글들이 나오고 난 뒤인 1682년 박세채에 의해 ≪동유사우록(東儒師友錄)≫이 편찬되는데, 그

---

16 鄭澈則學於奇大升, 而大升則學於李滉, 珥則親承警咳於李滉, 又慕光祖道德. 謀猷氣槩, 有自來矣. (金尙憲, 〈故義兵將贈吏曹判書重峯趙先生神道碑銘〉, ≪청음집≫ 卷28)
17 國家文明之化, 盛於明宣之際, 如月川·西厓·高峯·寒崗數賢者, 輩出於陶山門下. 僕嘗讀三賢書, 究考古人精微. (許穆, 〈月川先生文集序〉, ≪月川集≫)

책의 내용이나 편향성과는 별도로 이 시기에 오면 학맥에 따른 당색이 명확해지고 그것을 정리하려는 움직임이 사회적으로 드러나게 된다. 학맥의 정치적 사회적 확장과 함께 주요 인물들에 대한 사승관계를 명확히 하려는 태도는 학파의 정체성과 학문적 연원 및 그 전승을 분명히 함으로써 그룹 내에서의 공동체 의식을 강화하려는 속성을 지니게 마련이다. 기대승은 바로 그런 의도로 편입된 것이라고 생각된다.

6) 기대승과 이항

앞서 언급한 바 있지만, 그의 〈연보〉에 이항(李恒, 1499~1576) 김인후나 이황처럼 '배알'한 것으로 표현되어 있다. 그러나 이항의 경우는 조금 다른 부분이 있다. 기대승이 남긴 다른 기록에 의하면 그는 분명한 사제관계를 가진다.

기대승이 이항을 처음 만난 것은 그의 나이 23세(1549) 때의 일이다. 기대승은 사마양시(司馬兩試)에 합격한 뒤 이항을 만나는데, 전라도 태인(泰仁)에 살고 있는 선비였기 때문에 배알한 것인지 아니면 다른 사람의 권유에 의한 것인지 확인할 수는 없다. 둘 사이의 만남이 다시 기록된 것은 기대승의 나이 32세(1558) 때의 일이다. 이 때 기대승은 문과에 응시하기 위해 서울로 가는 길이었다. 김인후를 배알한 뒤 상경하는 길에 태인에 들러 이항을 배알하고 〈태극도설〉에 대해 토론한다. 이후 다시 광주로 내려오는 길에 다시 그와 만나 토론을 이어갔다.

이항에 대해서 기대승은 이황에게 보내는 편지에서 이렇게 언급한 바 있다. "이곳에 일재(一齋) 선생이란 분이 계시는데, 성은 이씨(李氏), 이름은 항(恒), 자(字)는 항지(恒之)입니다. 태인현(泰仁縣)에 사는데, 덕이 이루어지고 행실이 높아 학자들이 많이 배우고 존대합니다. 저도 일찍이 그 문하를 왕래하며 일단의 논의를 시작해 놓고서 서로 결론을 내리지 못한 것이 있습니다."[18] 이항과 성리학적 논변을 이어가던 시기는 ≪주자문록(朱子文錄)≫을 편찬한 이듬해이기 때문에 기대승의 학문이 한창 무르익어 가던 때였다.[19] 그 시기에 가까운 곳에 스승으로 모실 만한 분이 있었고, 그 문하에 드나들면서 논변을 이어갈 수 있었기 때문에 그렇게 표현한 것으로 보인다.

또한 기대승이 세상을 떠났을 때 허엽(許曄)이 지은 만시에는 다음과 같은 부분이 나온다. "일재의 문하에서 함장께 문후했고, 퇴로의 당에는 몇 번이나 왕래했던가?"(一齋門下參函丈, 退老堂中幾往來? : 許曄, 「輓詩」, ≪고봉별집 부록≫ 권2) 여기서 일재는 이항을, 퇴로는 이황을 지칭한다. 이들의 학문적 입장과 관계가 어떻게 될지는 이 글에서 논의할 수 없지만, 적어도 이들이 사제관계로 분명한 영향을 주고받았다는 점은 지적할 수 있을 것이다.

---

18 此間有一齋先生, 姓李氏, 名恒, 字恒之, 居泰仁縣. 德成行尊, 學者多師尊之, 大升亦嘗往來其門, 有一段論議發端而不能相竟者. (奇大升, 〈答上退溪先生座前〉, ≪兩先生往復書≫ 卷1)

19 ≪주자문록(朱子文錄)≫의 편찬에 나타난 기대승의 학문적 수준 및 태도 역시 꼼꼼하게 연구되어야 한다. 이 분야에 대한 연구는 여전히 미흡한 것으로 보인다. 이에 대한 논문으로는 다음을 참고할 것 : 이동희, 〈고봉 기대승의『주자문록』편찬과 당시 그의 사상의 일단면〉, ≪유교사상문화연구≫ 제36집, 한국유교학회, 2009. 6.

3. 가학(家學)의 전통과 기대승 학문의 형성

　기대승의 학문적 연원을 논의할 때 가장 중요한 것은 가학이다. 널리 알려진 것처럼, 기대승의 부친 기진(奇進)과 숙부인 기준(奇遵)은 서울에서 살면서 성리학 공부에 매진하고 있었다. 그러던 차에 기준이 기묘사화에 연루되어 화를 당하는 것을 본 기진은 광주로 내려와 살게 된다. 기대승의 〈연보〉 및 〈자경설(自警說)〉에서 그의 공부와 관련하여 가장 자주 보이는 것은 부친에게서 경서를 비롯한 다양한 책들을 읽었다는 사실이다. 기준에게서 직접 수업을 받은 것은 확인되지 않지만, 기대승이 세상을 떠났을 때 윤두수(尹斗壽)가 지은 만장(挽章)에 다음과 같은 구절이 있다. "연원으로는 복로를 이어 받았고, 사우로는 도산이 있었네."(淵源傳服老, 師友有陶山) 여기서 복로는 바로 복재(服齋) 기준(奇遵)을 말하고 도산은 이황을 지칭한다. 기준은 조광조의 문인으로, 앞서 언급한 것처럼 기대승이 학문의 연원으로 〈김굉필－조광조〉로 이어지는 학맥에서 찾으려는 경향을 분명하게 보인 점을 감안한다면 숙부인 기준의 영향이 있었을 것이다. 그러나 더 명확하게는 부친인 기진의 영향을 직접적으로 받았다.

기대승은 부친에게서 받은 가학의 가르침을 잊지 않기 위해 메모 형태의 글인 〈과정기훈(過庭記訓)〉을 남겼다. 이 글은 제목 그대로 '아버지에게 받은 가르침을 기록'한 것이다. 그리 길지 않은 글이지만, 이 글은 기대승이 어떤 점에 초점을 맞추어 가르침을 받았으며 그것을 중요하다고 여겨서 기록했는지를 볼 수 있다. 부친의 가르침을 정리하는 '과정록(過庭錄)'류의 기록이 비교적 초기에 그 모습을 드러낸 것은 김종직(金宗直)의 ≪이준록(彝尊錄)≫이라 할 수 있다. 이 책에서 김종직은 집안의 보도(譜圖)를 비롯하여 부친 김숙자(金叔滋, 1389~1456)의 생애 및 사우(師友), 동년(同年) 등 다양한 기록, 부친의 가르침 등을 정리했다. 이러한 기록을 통하여 조선 전기 사림은 〈길재(吉再) – 김숙자 – 김종직〉으로 이어지는 도통(道統)을 논의할 수 있었을 것이다. 어떻든 기대승이 남긴 〈과정기훈〉은 김종직 계열의 사림의 학문적 경향을 잇는 흥미로운 자료임에 틀림이 없다. 기대승은 이 기록의 모델을 소백온(邵伯溫)의 ≪문견록(聞見錄)≫(흔히 ≪邵氏聞見錄≫으로 불림)을 들고 있는데, 이 책은 소백온이 자신의 부친인 소옹(邵雍)에게 받은 가르침을 기록한 것이다. 그렇지만 소옹이 북송오자(北宋五子)로 꼽히는 송나라 유학사의 중요한 인물이고, 이들의 학문적 성과를 조선의 사림들이 이어받았다는 점에서 그 관련성을 논의할 수도 있다.

총 11개 조항의 단편적인 기록으로[20] 이루어진 〈과정기훈〉의 내용

---

20 〈과정기훈〉을 남긴 기대승의 의도를 쓴 제1항을 제외하면 총10개 조항이다.

은 다음과 같다. .

① 〈과정기훈〉을 쓴 기대승의 의도
② 배움에 '부지런함[勤]'의 중요성
③ 학문의 목표는 벼슬이 아니라 효우(孝友)에 있음
④ 자연스러운 몸가짐의 중요성
⑤ 몸을 움직여 하는 효도
⑥ 형제 간의 우애
⑦ 기예(技藝)에 널리 통할 것
⑧ 궁핍한 이들을 구휼할 것
⑨ 친구 사귐을 신중히 할 것
⑩ 벼슬길의 어려움과 은거
⑪ 자신의 뜻을 펴기 위해 큰 벼슬을 바라지 말 것

벼슬에 큰 욕심을 내지 말 것, 부지런히 공부할 것, 공부의 목표는 효우(孝友)와 백성 구휼이라는 점, 신중한 교유 등이 주내용인데, 이는 어렸을 때부터 공부했던 ≪소학≫에서 늘 강조하던 내용이다. 특히 자신의 몸을 움직여야 한다는 점은 주목할 만하다. 해당 대목은 다음과 같다.

나는 너희들에게 연못에 가서 고기 낚고 산에 가서 땔나무 하고 거친 밭을 김매고 가꾸어 어버이를 섬기게 하려고 한다. 남이야 뭐라고 하든 무슨 걱정이 있겠느냐?[21]

---

21 予欲汝輩, 釣於淵, 蕘於藪, 鋤荒理穢以事親. 於人言何傷? (奇大升, 〈過庭記訓〉, ≪高峯續集≫ 권2)

자신의 육신을 움직여서 직접 노동에 종사하는 선비의 모습을 강조했다는 것인데, 이는 부친이 어렸을 때 가난하게 살았던 경험을 통해 효도라는 것이 그저 책과 입만으로 되는 것이 아니라는 점을 드러내려는 것이었다. 이 기록이 비록 기대승 15세 때에 작성된 것이라고는 하지만, 기록으로 남겨 평생의 지표로 삼았을 것으로 보인다.

이처럼 10대에 부친에게서 받은 실천유학적 면모가 그의 학문에 어떻게 영향을 끼쳤는지는 알 수 없다. 어렸을 때 누군가를 스승으로 삼고 공부를 한다면 당연히 주변의 뛰어난 인물을 모시고 하는 것은 당연한 일이다. 초학(初學) 단계가 지나면 대부분 멀리 스승을 찾아 부급천리(負笈千里)하는 것은 주변에 좋은 스승이 없기 때문이다. 학맥의 연원을 잇겠다는 상징적인 의미를 감안한다 하더라도 좋은 스승을 찾아 공부를 하러 가는 것은 조선 뿐만 아니라 어느 시대 어느 곳이라 하더라도 늘 있는 일이었다.

조선 전기는 조선의 유학이 심화되면서 유학자가 개인의 목소리를 내기 시작하던 때였다. 자기 목소리로 말한다는 것은 고려 말 중국에서 들어온 성리학이 어느 정도 깊은 연구를 통해서 조선의 현실에 뿌리를 내릴 준비를 한 상태라 하겠다. 그러나 그렇게 되기까지 조선의 유학은 각 지역에서 학문에 침잠하던 유학자들의 고군분투에 힘입은 바 크다. 그것은 성리학의 이론적 틀을 깔끔하게 정리하거나 혹은 자기 목소리로 해석해내는 사람들이 드물었다는 의미이기도 하다. 이런 현실에서 공부를 하고자 하는 유생들이 좋은 스승을 찾기란 쉬운 일이 아니었다. 기대승의 공부 역시 이런 현실을 마주하고 있었다. 그가 김굉필을 중심으로 하는 학맥에 자신의 공부를 기대고 있었던 것은, 일차적으로 사화에 연루되었던 가문의 어른들 탓이기도 했다. 그러나 정신적 연원이 현실에서의 공부를 실질적으로 성장시키는 것은 아니다.

그렇다면 기대승에게 가장 가능성이 높은 현실적 스승은 어디에 있었을까? 당연히 부친과 숙부였을 것이다. 그의 행적에서 기준에게 공부한 기간을 확인할 수는 없지만, 부친에게서 꾸준히 훈도를 받고 경서를 읽었던 것은 당연히 기대승 학문의 출발점이자 토대로서 작동했다. 조금 거칠게 말한다면, 자기 주변에 스승으로 삼을 만한 좋은 학자가 있는데 어째서 멀리까지 스승을 찾아 길을 떠날 필요가 있겠는가. 바로 이런 점이 기대승 학문의 중요한 토대로서의 가학(家學)을 언급할 수 있는 이유이다. 게다가 조선 성리학의 학맥이 확립될 정도로 아직 그 연구의 수준이 깊지 않았던 시기이므로, 기대승의 공부가 정신적으로는 김굉필 학맥에 기대면서도 현실적 공부의 출발점으로 가학을 첫손으로 꼽을 수 있다는 것이다.

기대승이 학문의 정신적 연원으로 생각했던 김굉필이 스스로 '소학동자(小學童子)'로 자처할 정도로 ≪소학≫의 내용을 생활 속에 실천하려고 노력했던 점을 감안할 때, 부친에게서 받은 가르침은 기대승의 실천적 면모를 강화시켰을 것으로 추정된다. 〈과정기훈〉에 기록되어 있는 내용으로 미루어 볼 때 가학의 기본적인 방향은 분명 유학의 실천적 면모를 드러내고 있으며, 그러한 영향을 받으며 어린 시절 공부를 했던 기대승에게 실천유학적 태도는 평생 동안 지탱되었을 것으로 보인다. 이렇게 공부의 실천적 면모에 토대를 두고 집안의 성리학적 연찬의 학문적 성과를 이었다면, 기대승의 학문 연원에서 가학의 전통은 아무리 강조해도 지나침이 없을 것으로 보인다. 가학의 구체적인 내용에 대해서는 더 많은 자료와 논의가 필요하겠지만, 기대승과 가학 사이의 관계는 그의 학문적 입장을 논의하는 중요한 토대로 여겨진다.

4. 기대승 공부의 두 가지 연원 : 시문(詩文)과 경학(經學)

기대승의 학문 이력은 크게 두 가지로 구분된다. 어렸을 때 서당에서 글을 배운 이후 정희렴, 송순 등으로 대표되는 문인들의 훈도를 받은 것과 부친에게 경서를 배운 이후 이항으로 대표되는 성리학자들의 훈도를 받은 것이 그것이다. 16세기 후반 이후 한 개인의 학문 이력에서 시문과 경학 두 분야의 영향 관계가 비교적 명확하게 드러나는 경우는 흔치 않다. 그것이 문집 편찬자들에 의한 변용에서 비롯된 것이든 후손들에 의한 조상 빛내기의 일환이든, 대체로 시문에 능한 사람들에 대한 폄시 풍토와 관련이 된 것으로 여겨진다. 아무리 뛰어난 문인이라 하더라도 시문 창작 능력으로만 평가를 받는 것은 조선 사회의 일반적인 분위기로 보아 달가울 리 없다. 이 때문에 시문 능력과 함께 그의 경학적 이력이나 공부를 내세우면서 그의 이력을 포장하는 경우도 있다.

이런 점에 비추어 볼 때 기대승 관련 기록은 흥미롭다. 이 정도의 학문적 영향력과 능력을 가지고 있는 사람의 문집에서 학문적 이력의 세부적인 부분까지도 자세하게 드러내고 있다는 점은 후대의 다른 사람 문집과는 차별성을 지닌다. 앞에서도 언급한 것처럼 기대승이 서당에서 여러 선비들과 함께 공부를 했다든지 정희렴과 같은 스승을 찾아가서 자신의 시문에 대한 첨삭을 받았다는 등의 기록을 남기고 있다는 점은 감각적 문인으로서의 기질을 보여주는 기대승의 한시 문학을 해명하는 단서를 제공한다. 이러한 글공부는 과거 시험을 준비하는 과정에서 나온 것일 수도 있으며, 실제로 이러한 공부가 도움이 되었음에 틀림없다. 그럼에도 불구하고 해당 기록을 남긴 것은 기대승의 학문적 연원에서 시문이 중요한 부면을 차지하고 있다는 점을 인식하고 있었기 때문일 것이다.[22]

그러나 기대승의 기록에서 시문 창작 훈련과 관련한 사승 관계를 언급하는 것은 흥미로운 일이다. 학문적 계보를 명확히 함으로써 그 계보 위에 위치한 자신의 지식 권력을 드러내려는 욕망이 본격적인 기록으로 정착되는 것은 17세기 이후로 보인다. 기묘명현들을 사림들의 정신적 스승으로 계보화하는 모습이 이미 나타나기는 하지만, ≪동유사우록≫과 같은 책에서 그 모습이 분명해진다. 그렇게 되면 조선은 시문 창작 문제를 소기(小技)로 취급하면서 학문의 여가에 틈틈이 하는 것으로 만든다. 예술적 혹은 문학적 글쓰기가 과거 시험에 커다란 비중을 차지하고 있지만, 누구도 그것을 학문의 본령 안에서 이루

---

22 기대승의 문학적 영향 관계에 대해서는 그동안 여러 연구 성과가 제출되었다. 다음 논문을 참조하라. 박준규, ≪호남 시단의 연구≫(전남대학교출판부, 1998); 김풍기, 〈고봉 기대승 문학의 형성과 호남시단〉(≪고봉 기대승의 문학 세계와 문화유산≫(소와당, 2013).

어지는 글쓰기와 연결시키려 하지 않는다. 시문에 뛰어나다는 평이 어떤 경우에는 당사자에 대한 일종의 폄하를 내포하기도 한 것은 바로 이런 맥락에서이다. 우리는 기대승의 자료에서 모든 글쓰기가 경학(經學)과 관련되기 이전의 모습을 발견한다.

한편으로는 과거 시험을 치르기 위해 스승을 찾아 시문 창작 훈련을 하기도 하면서, 다른 한편으로는 경학에 대한 치열한 공부길로 나서기 위해 스승을 찾아 글을 배운다. 기대승의 사승 관계를 단순히 경학에 맞추어 왔기 때문에 그의 다양한 분야에서의 스승을 전반적으로 포괄하기 어려웠던 것도 사실이다. 때로는 기대승의 경학적 면모에 맞추기 위해 송순과 같은 인물들의 성리학적 면모를 부각하려 노력하기도 했다. 그러나 기대승의 학문에서 경학 이상으로 시문 창작은 큰 비중을 차지한다.

조선 전기의 많은 지식인들이 과거 시험에 응시하기 위해 기대승과 같이 시문 창작 훈련을 했을 것이다. 그러나 구체적으로 어떤 인물을 모시고 어떤 글을 읽었는가 하는 자료는 많지 않다. 거기에 가학의 모습이 시기별로 정리되어 나오기 때문에, 지식인 가문에서 자손들을 어떤 방식으로 어떤 책을 통해서 교육하였는가를 엿볼 수 있다. 조선 지식인들의 글쓰기는 따로 다루어야 할 정도로 중요하고 복잡한 연구 주제이지만, 기대승의 문집에 나오는 자료는 성리학자들이 읽었던 글의 범주를 엿볼 수 있게 한다. 예컨대 ≪고문진보≫가 어떻게 조선 전기 사림들에게 수용되는지 그 양상을 보여줌으로써 조선 전기 사림들에게 이 책이 어떤 의미를 가지는지 따져보는 실마리를 제공한다. 고려 말에 들어와 김종직을 거쳐서 이황과 주변 인물들에게 널리 수용되는 양상을 보이는 이 책이,[23] 호남 지역에서 기대승 가문에서 널리 읽힌 모습을 발견하게 되는 것은 자못 흥미로운 일이다. 이들의 글쓰기가 어떻게 형성되고 발전하는지를 논의할 수 있는 계기로 보인다.

이러한 논의를 통해서 경학의 거대한 그림자에 가려서 제 몫을 평가 받지 못한 시문 창작과 같은 글쓰기가 새롭게 조명될 수 있을 것이다. 훌륭한 성리학자라면 그에 걸맞은 글쓰기가 동반되어야 한다. 글쓰기가 바로 개인의 철학적 사유를 구성하는 중요한 바탕이기 때문이다. 그런 지점을 언급해야 어린 시절부터 기대승이 노력해왔던 글쓰기가 단순히 과거 시험용이 아니라 자신의 경학적 연구 성과와 성리학적 주장을 명확히 쓰는 힘이었다는 점을 증명할 수 있기 때문이다. 그의 공부길에서 시문과 경학이 둘이 아니라 결국은 하나였다는 점을 언급하는 것은 바로 이러한 논의로 나아가기 위해서도 반드시 짚어야 할 점이다.

---

23 퇴계 일문의 《고문진보》 수용 문제는 정재철의 《고문진보 연구》(문예원, 2014), 149~203쪽에서 자세히 다룬 바 있으므로 좋은 참고가 된다.

II

고봉 기대승의 문인과 그 의미

박 동 욱(한양대학교 기초융합교육원 조교수)

1. 서 론[*]

고봉 奇大升(1527~1572)은 한국 지성사에서 빼 놓을 수 없는 인물
이다.[1] 31세에 『朱子大全』을 발췌하여 『朱子文錄』(3권)을 편찬할 만

* 본 논문 작성에 여러 가지 도움을 주신 기대승 선생의 후손인 기호철 선생에게
깊은 감사를 드린다.

1 기대승에 대한 선행 연구는 다음과 같다. 권순열, 「기고봉과 양송천」, 『전통과
현실』 7호, 고봉학술원, 1996; 김성기, 「고봉 기대승의 문학과 면앙 송순」, 『전
통과 현실』 7호, 고봉학술원, 1996; 김주한, 「高峯의 文學世界와 退溪」, 『전통과
현실』 8호, 고봉학술원, 1996; 유연석, 「高峯 奇大升의 表文研究」, 『전통과 현실』
7호, 고봉학술원, 1996; 이병기, 「奇大升의 弔挽詩에 대하여」, 『전통과 현실』 7
호, 고봉학술원, 1996; 李泌秀, 「高峯奇大升의 詩世界」, 동국대학교 석사학위논
문, 1996; 윤용남, 「奇大升論－高峰 奇大升의 文學觀」, 『조선시대 한시작가론』,
이회, 1996; 趙麒永, 「高峯 奇大升의 樓亭詩 存在樣相」, 『전통과 현실』 8호, 고
봉학술원, 1996; 趙麒永, 「高峯詩의 '觀物'精神」, 『동양고전연구』 8집, 동양고전
학회, 1997; 김성기, 「高峯의 贈詩 연구」, 『전통과 현실』 10호, 고봉학술원,
1999; 허경진, 「퇴계와 고봉이 주고받은 매화시에 대하여」, 『전통과 현실』 10
호, 고봉학술원, 1999; 金東俊, 「高峰 奇大升의 시세계」, 『한국한시작가연구』 6
집, 한국한시학회, 2001; 김태환, 「高峯 起興說의 미학적 의미－興의미적본질－」,
『정신문화연구』 제26권, 2003; 曹楨林, 「高峰 奇大升의 詩文學 연구」, 조선대학
교 박사학위논문, 2004; 권미화, 「高峰 文學觀의 性理學的 양상」, 『열상고전연
구』 33집, 열상고전연구회, 2011; 김병국, 「고봉 기대승의 문학 연구」, 『반교어

큼 주자학에 일가를 이루었고, 32세에는 李滉의 제자가 되어 그와 12년 동안 서한을 주고받으며 논쟁을 이어갔다. 주로 문학은 鄭希廉)과 宋純으로부터, 경학은 李恒(1499~1576)의 영향을 받았다. 이밖에도 金公緝, 金麟厚, 鄭之雲, 盧守愼, 梁應鼎 등을 스승으로 꼽을 수 있다.

그러나 그의 대단한 명성에도 불구하고 門人들에 대한 자료는 풍성하지 않다. 한참 학자로서 공부가 무르익을 즈음 46세의 짧은 나이로 세상을 떴으니, 많은 문인들을 배출하기에는 한계가 있었던 것으로 보인다. 그러나 그 보다 더 큰 이유로 그가 정치적 선명성을 잃었던 점을 꼽을 수 있다. 文昭殿 사건 이후, 乙巳削勳 때 퇴계를 돕다가 심하게 비판을 받고, 文元公 晦齋 李彦迪 神道碑를 퇴계의 권유로 쓴 것도 함께 비판을 받았다. 이러한 일련의 사건 때문에 고봉의 문인이라 자처하기를 꺼리게 되면서, 자연스레 고봉 문인들의 이탈 현상이 있었을 것으로 추정할 수 있다.

고봉은 김인후, 이항, 이황 등 여러 巨儒들과 만남을 가졌다. 이들 문인들과 고봉의 문인들은 여러 명 중첩된다. 생전에 고봉의 문인들로 활동했던 이들이, 고봉 사후에 김인후, 이항, 이황의 문인들로 편입되었을 가능성이 많다. 문제는 이들 중에서 누가 고봉의 문인들이었는지 정확히 가려내기 쉽지 않다는 점이다.

그의 탁월한 학문적 성취에도 불구하고 왜 정철을 제외하고는 주목할 만한 문인들의 존재를 확인할 수 없을까. 또 그의 주요한 특장

문연구』 30집, 반교어문학회, 2011. 최근에는 1회 고봉학술대회를 통해 여러 분이 발표를 했고, 그 학술 성과를 모아『고봉 기대승의 문학세계와 문화유산』(소와당, 2013)이 출간된 바 있다.

이 經學에 있었음에도 불구하고 경학 분야에 뚜렷한 계승자는 왜 존재하지 않는지, 의문스런 부분이 아닐 수 없다. 여러 선행 연구가 있었음에도 불구하고 고봉의 문인들에 대해 정리한 사례는 찾아볼 수 없었다. 이 연구가 호남의 거유였던 기대승의 문인들을 선명하게 밝히는데 도움을 주고, 호남의 지성사를 복원함에 작은 단초가 되기를 기대한다.

2. 고봉 문인의 실제와 의미

성명	생몰	본관	자	호	문집	의병	주요활동
金景生							『高峯集』에 제문이 있다.
朴之孝	1553~?	忠州	子敬	六柳亭		○	『고봉집』에는 기록이 없다.
徐孟宗							『고봉집』에 제문이 있다.
宋庭篁	1532~1557	洪州	天擎				金麟厚의 문인이며, 1557년에는 奇大升 밑에서 수학하였다.
沈友勝	1551~1602	青松	士進	晚沙			『고봉집』에 만시가 있다.
柳根	1549~1627	晉州	晦夫	西坰	『西坰集』		『고봉집』에 만시가 있다.
柳溉							『고봉집』에 만시가 있다.
李宏中	?~?	廣州		鶴梅		○	『고봉집』에는 기록이 없다.
李運鴻		光山	重之	灑掃堂			고봉이 남긴 시 한 편이 있다. 〈次李重之韻〉

李惟誨							『고봉집』에 만시가 있다.
李咸亨	1550~1577	全州	平叔	天山齋	『心經講錄』『心經標題』		『고봉집』에 제문이 있다.
李好閔	1553~1634	延安	孝彦	五峰·南郭·睡窩	『五峰集』		『고봉집』에 만시가 있다.
鄭雲龍	1542~1593	河東	慶遇	霞谷	『霞谷先生遺集』	○	월봉서원에 배향. 『고봉집』에는 기록이 없다.
鄭駕		瑞山				○	鄭希廉(1495~1554)의 아들
鄭澈	1536~1593	延日	季涵	松江	『松江集』		『고봉집』에 제문과 만시가 있다.
陳重厚							『고봉집』에 만시가 있다.
崔慶會	1532~1593	海州	善遇	三溪·日休堂	『日休堂實紀』	○	월봉서원에 배향. 『고봉집』에 제문이 있다. 1592년 임진왜란 때 의병장. 晉州城 싸움에서 전사.
崔時望	1548~?	江華	子裕	槐亭		○	월봉서원에 배향.
洪千璟	1553~1632	豊山	群玉	盤恒堂		○	
黃赫	1551~1612	長水	晦之	獨石	『獨石集』	○	『고봉집』에 만시가 있다. 황정욱의 아들.

2월에 도산으로 사람을 보내 奠祭하였다. 이달 19일에 宗家에서 時祀를 지낸 뒤 저녁 무렵에 歸全庵에 가서 구경하였다. 이때 아들 孝曾과 柳潚, 金景生, 李運鴻, 郭顯가 따라갔다. 선생이 산중턱을 둘러보더니 효증을 불러 한 곳을 지적해 보이면서 "사람의 일이란 알 수 없는 것이다. 훗날 모름지기 나를 이곳에 장사 지내도록 해라." 하였다.[2] 3월에 瑞石山을 유

람하였는데, 많은 문인들이 따라갔다.[3] 5월에 선생은 상소하여 면직을 요청하였다. 이달에 다시 소명을 내려 빨리 오라고 재촉하자, 선생은 또 다시 상소하여 사양하고 부임하지 않았으며, 여러 문인들과 함께 太極圖에 대하여 논하였다.[4]

고봉의 나이 45세 당시(1571)의 기록으로, 1572년에 세상을 떴으니 최 만년에 해당한다. 위 내용에 따르면 여러 문인들과 지속적으로 함께 활동했음을 알 수 있다. 고봉의 문집에 제문을 남긴 사람으로는 金景生, 徐孟宗, 李咸亨, 鄭澈, 崔慶會가 있고, 만시를 남긴 사람으로는 沈友勝, 柳根, 柳澈, 李惟誨, 李好閔, 鄭澈, 陳重厚, 崔時望, 黃赫 등이 있다. 이처럼 고봉의 문집에 만시와 제문을 남긴 이들 중 스스로가 문인이라 자임한 사람은 몇 명 되지 않는다. 특히 정철은 제문과 만시 모두를 남겼으며, 『고봉집』에 그와 관련된 기록이 여러 번 나오는 것으로 보아 각별한 사이였음을 짐작할 수 있다.

그 밖에 월봉서원에 고봉과 함께 제향된 문인들로 高敬命·鄭雲龍, 崔慶會, 崔時望 등을 들 수 있다. 사실상 이 정도가 지금 확인할 수 있는 문인들의 전부라 해도 과언이 아니다.

2 〈高峯先生年譜〉: 二月, 送奠祭于陶山. 是月十九日, 行時祀于宗家, 日晩, 往賞歸全庵. 時孝曾、柳澈、金景生、李運鴻、郭顯從, 先生周視中麓, 招孝曾指示一處曰: "人事不可知, 他日須葬我於此地可也"
3 〈高峯先生年譜〉: 三月十三日, 辭家廟往遊瑞石山. 門人從之者甚衆.
4 〈高峯先生年譜〉: 五月, 上章乞解. 是月, 又有召命促還, 上章乞解, 是月, 與門人講太極圖.

1) 의병 관련 문인들

鄭雲龍(1542~1593)의 본관은 河東 자는 慶遇, 호는 霞谷이다. 鄭汝立과도 친분이 있었으나 그의 사람됨을 꺼려하여 절교하고, 정여립과 가까웠던 李潑과도 교분을 끊었다. 1589년 정여립이 반란을 꾀하다가 죽은 뒤 그가 정여립에게 보낸 절교서 때문에 선조의 신임을 받고 王子師傳에 제수되고, 그 뒤 掌苑署掌苑·고창현감 등을 지냈다. 朴淳·高敬命 등과 같이 학문을 닦았으며 鄭澈과 교유가 깊었다. 뒤에 월봉서원에 배향되었다. 유희춘의 『眉巖日記』에 "楊士衡言光州鄭隨, 長城鄭雲龍, 皆奇高峯弟子, 有志行可取者也"라고[5] 나오는 것으로 보아, 기대승의 문인이 확실하다. 아직 그에 대한 자료로 언급되지 않았지만 황윤석의 『頤齋遺藁』에 〈霞谷鄭公傳〉이 있어 상세한 이력을 확인할 수 있다. 그는 임진왜란 때 전라도 감사 이광(李洸)이 싸움에 나가기를 주저하면서 오히려 의병을 방해하자 상소를 올려 이광을 치죄하기도 했다. 고창현감으로 부임하여 오천 김경수, 장성현감 이귀, 금강 기효간, 오봉 김제민 등과 장성 남문에서 의병청을 만들어 왜적에 맞서 싸웠다.[6]

朴之孝는 자는 子敬, 호는 六柳亭이다. 監察·司僕寺正 등에 제수되었으나 사양하고 벼슬에 나아가지 않았다. 壬辰倭亂이 일어나자 고경명과 함께 擧義할 것을 약속했으나, 고경명이 박지효에게 늙은 부모

---

5 『眉巖日記』丙子年 初七日 기록.
6 『호남절의록』에 "정운룡은 임진왜란 때 본 도 감사 이광이 의병을 훼방하면서 근왕에는 뜻이 없는지라 박종정·유사경과 함께 앞장서서 이광의 죄목을 밝히는 소를 지어 박희수에게 부쳐 용만의 行在로 보내었다. 조정이 이로 인해 이광의 죄를 다스리고 그를 고창현감으로 제수하였다."라고 나온다.

가 있는 것을 알고 걱정하여 만류했다. 丁卯胡亂에 號召使 金長生의 부름을 받아 義兵을 모집하여 全州에 이르러 和議가 이루어짐을 듣고 돌아왔다. 이때 함께 활동한 인물로는 고경명의 넷째 아들인 高循厚, 고경명의 손자인 高傳立, 高傳敏, 高傳川과 기대승의 손자인 奇廷獻 등이 있다.

李宏中은 본관이 廣州 호는 鶴梅이며, 문장이 뛰어났다. 通訓大夫의 품계에 올랐고 草溪郡守를 역임했다. 임진왜란이 일어나자 아우 李容中과 함께 격문을 만들었고 전투에 필요한 양식을 마련해서 전투 중인 錦山으로 보냈다.[7]

…전략…

至今燈下誨	등불 아래 가르침 생생도 하고
依舊眼前辭	눈앞에서 들은 말씀 그대로인데
獎勵難恩報	격려하신 그 은혜 갚기 어렵고
提撕獨我私	일깨우신 그 정리 유독 깊도다.
三年羞築室	삼 년간의 축실이 부끄럽지만
一卷在尊師	한 권의 서책 속에 스승 계시네.
已負淵氷戒	이미 연빙의 경계 둥져버리고
空成薤露詞	부질없이 해로사만 엮어냈으나
他時香一瓣	후일에 一瓣香을 태워 올리며
慟哭太山陲	태산의 언저리에서 통곡을 하리.

〈挽章[門人黃赫獨石]〉

---

7 丁希孟,〈日記〉: 十六日, 義穀一石, 載送于法聖浦[在本郡]. 有司李宏中、李容中、李洪鍾、李克扶, 受之義穀. 大將奇孝曾 [高峰先生子] 領近邑所聚米, 漕運于行在所, 日前長片箭并十箇, 白米五斗, 因校中人便, 送于義兵所. 吾雖如此, 境內大小民人, 數次勸送, 皆不肯許出, 不勤之責, 雖歸於都有司, 我何爲哉. 丁潑先送一斗米可嘉, 然若此而何以收之.

黃赫은 본관이 長水 자는 晦之 호는 獨石이며, 아버지는 廷彧이다. 임진왜란이 일어나자 護軍으로 등용되어 아버지 黃廷彧과 함께 사위인 왕자 順和君을 따라 강원도를 거쳐 회령으로 갔다가 모반자인 鞠景仁에게 붙잡혀 왜군에게 인계되었다가 1593년 부산에서 두 왕자와 함께 송환되었다. 그 뒤 순화군의 아들 晉陵君泰慶을 왕으로 추대하려 한다는 무고를 받고 투옥되어 옥사하였다.

만시는 전반적으로 스승의 훈도에 대한 생생한 기억을 떠올리는 내용을 담았다. 子貢이 스승인 공자가 죽자 心喪을 끝내고 다시 작은 집을 지어 삼년 동안 시묘살이를 했는데, 자신은 그렇게 하지 못했다며 선생님이 남기신 책으로 공부를 이어갈 것을 다짐했다. 스승을 잃은 상실감이 문면에 가득하다. 황혁은 자신의 아버지인 황정욱의 행장에서 아주 간략히 고봉에 대해 언급하였다.[8]

萬曆 원년(선조 6, 1573) 정월 17일 무술에 門人 宣務郎 校書正字 崔慶會는 삼가 淸酌 庶羞로 고봉 선생의 영전에 제사 드립니다. 아, 슬프오이다. 생각하면 우리 선생 동방의 위인이니 정숙한 기운 품부 받고 순수한 천품 뛰어났네. 退之·子厚 능가하여 문장이야 여사이고, 정자·주자 계승하여 도덕을 실천했네. 일찍이 대궐 시험에 당당히 선발되니 세상 경영 다들 희망 임금 사랑 깊었으나 선생의 본뜻만은 부귀에 있잖았네. 질병까지 또 겹치어 사직하고 와서 쉬니 옛 마을 강남땅에 푸른 송죽 한적해라. 단칸방에 마주한 건 서책 속의 옛 성인 맑은 눈에 깊은 생각 밤낮으로 공경하매 심오한 뜻 궁리할 제 여기저기 상고했네. 살아생전 같은 때

---

8 黃赫,〈先府君行狀〉,『獨石集』: 嘗與高峯先生, 討論經傳, 高峯服其詳確, 迨在南中, 語門人曰, "當今吾輩中, 講學精密, 無如黃某, 爾等他日, 入都求其師, 卽某其人也"

에 퇴계 선생 계시어 서로 학설 가지고서 같고 다름 가렸는데, 사단이며 칠정에다 태극이며 이기였네. 계속 서찰 말로 엮어 참 근원을 따져보니 그 견해 끝내 같아 한 곳으로 돌아갔네. 집 뒤의 산마루에 樂菴이라 이름 짓고 한가로이 노니는데 터도 넓고 샘물 달며, 놓인 것은 도서일 뿐 다른 경영 있잖았네. 중국 가라 왕명 계셔 우리 선생 일어났으나 그 명 도로 환수하여 서울에서 머물다가 여름 지나 가을 겨울 묵은 병이 발작하여 임금 하직 귀향하니 하 멀어라 남쪽 고향 아뿔싸 하늘이여 머나먼 객지에서 이내 소자 버려두고 돌아가게 하시다니 아, 슬프오이다. 없어지지 않은 文을 장차 누가 이어받고 떨어지지 않은 도를 어느 누가 이으리까. 선생께서 오신 것은 하늘의 뜻 있어선데 선생께서 가시다니 하늘 마음 못 믿겠네. 더구나 불초한 저는 일찍이 가르침 받아 몽매함을 깨우치고 꾸준히 지도받았으니 스승의 그 은혜는 하늘처럼 끝이 없어 이 생명 다하도록 한평생 배우려 했더니 嵩山 崋山 무너졌다 누굴 믿어 진물하며 蓍草 靈龜 사라져라 어디에서 계의할꼬. 무지몽매한 이 사람 슬픔으로 목메네. 선생 모습 그려보니 만날 것만 같은데 제물 삼가 올리자니 피눈물이 떨어지네 아, 슬프오이다 흠향하소서[9]

〈祭文[崔慶會日休堂]〉

---

9 기대승, 〈祭文[崔慶會日休堂]〉, 『高峯集』: 維萬曆元年正月壬午朔十七日戊戌, 門人宣務郎校書正字崔慶會, 謹以淸酌庶羞之奠, 致奠于高峯先生之靈. 嗚呼哀哉, 懷我先生, 大東之偉, 氣應精淑, 資挺純粹. 凌轢韓柳, 文章餘事, 紹程承朱, 道德實踐. 早策天庭, 擢立于選, 人推經世, 天寵又渥, 然先生志, 不在榮祿. 矧又疾病, 屢辭來休, 舊曲江南, 松竹幽幽. 一室相對, 黃卷古聖, 凝思瞭瞭, 夙夜起敬, 沈潛奧旨, 參互考稽. 生同一時, 曰惟退溪, 相將論說, 下析同異, 四端七情, 太極理氣. 連札編言, 究極眞源, 所見果符, 同歸一原. 屋後山巓, 有樂名菴, 優息爲所, 境廓泉甘, 圖書四壁, 餘外無營. 朝有有敎, 起我先生, 適還收命, 低佪洛城, 夏而秋冬, 舊疾復作, 辭闕還轅, 悠悠南極, 那意蒼天, 在途漠漠, 棄余小子, 奄觀大化, 嗚呼哀哉. 未喪之文, 將誰繼也, 未墜之道, 將誰紹也. 先生之來, 天固有意, 先生之去, 天固難恃. 矧我無似, 早承提耳, 撥開蔽昏, 誘掖諄悉, 函丈之恩, 與天齊極, 將期此生, 百年敎育, 嵩華忽頹. 誰賴鎭物, 蓍龜旣亡, 何所稽疑. 顧此侘侘, 慟切于私. 想像德容, 庶幾或接, 敬奠野蔌淚落淸血. 嗚呼哀哉. 尙饗.

崔慶會(1532~1593)는 본관이 海州 자는 善遇, 호는 三溪·日休堂이다. 임진왜란이 일어나자 의병장이 되어 금산, 무주 등지에서 왜병과 싸워 크게 이겼다. 이듬해 경상우도병마절도사로 승진했으나, 6월 제2차 진주성 싸움에서 9일 동안 싸우다가 성이 함락되자, 남강에 투신 자살하였다. 화순현읍지에 그의 〈投江詩〉가 실려 있다. 진주의 彰烈祠, 능주의 褒忠祠에 제향되었다. 그에 대한 기록으로는 『日休堂實紀』가 있다. 최경회가 남긴 제문에는 퇴계와의 서신 왕복 사실, 사망의 경위, 스승이 세상을 뜨자 느끼는 황망함과 계속 훈도 받지 못하는 아쉬움 등을 담고 있다.

[1]

中正參元會	중정함은 원회에 참여해서요
高明在積功	고명함은 끝없는 노력 덕이었다오.
敷施能有幾	풀어 베푼 것 과연 얼마이던고
摧慟遽無窮	창자 끊는 슬픔만 한이 없어라.
毁譽隨人異	비난, 칭찬 사람 따라 다르다지만
榮哀擧世同	영애는 온 세상이 한가지로세.
斯人更誰托	나는 다시 누구를 의탁할 건가
獨自怨蒼穹	혼자서 푸른 하늘 원망한다오.

[2]

函丈依歸日	함장께 의귀하던 그때 그날은
林泉退暇時	초야에 물러나신 때였더라오.
精微雖莫測	정미함은 헤아릴 수 없었지마는
晬盎正堪思	덕이 있는 자태는 느꼈더라오.
擬獲終身幸	평생 동안 다행으로 여기었더니

翻成罔極悲　망극한 슬픔으로 변해 버렸네.

天心遽如許　하늘 마음 갑자기 이와 같으니

摧咽更何歸　가슴 아파 목메네 어디로 갈꼬.

　　　　　　〈挽章五言二首 [門人崔時望槐亭]〉

　崔時望은 본관은 江華 자는 子裕 호는 槐亭이며, 崔命順의 아들이다. 1582년 식년시에서 급제하여 1587년 驪州監牧官이 되었고, 임진왜란 때 의병을 일으켜 효충선무공신이 되었으며, 1598년 장령·김제군수를 지냈다. 그 후 1615년 역변에 연루되어 도망갔다. 문집으로『槐亭集』이 있었던 것으로 보이나 찾을 수 없다. 洪鳳周(1724~1797)의『石崖集』에 〈槐亭集序〉가 남아 있다.

　[1]에서는 타고난 자질과 후천적 노력에 대한 찬탄으로 시작하여 짧은 생애에 대한 아쉬움 표한다. 비난을 하는 사람도 있고 칭찬을 하는 사람도 있지만, 살아서는 존경하고 죽어서는 애도하는 마음이야 다를 바 없다고 했다. 사후 당시에도 고봉에 대한 평가가 엇갈리고 있었음을 확인할 수 있다. [2]는 스승을 잃은 상실감이 주를 이루고 있다. 이 시로 보아서는 고봉의 은퇴 뒤에 배운 제자인 듯하다.

　鄭驕은『미암일기』와[10]『道東淵源錄』[11] 등에 나오는 것으로 보아 고봉의 문인임이 틀림없어 보이나, 의병으로 활동하다 죽었다는 사실 외에

10　柳希春,『眉巖日記』丙子年 初七日: 夕, 與楊士衡、崔尙重, 論文略語, 至夜深乃罷. 楊士衡言光州鄭驕、長城鄭雲龍, 皆奇高峯弟子, 有志行可取者也.

11　똑같은 내용의 글이 〈敍述〉,『河西先生全集』에 나온다. 高峯嘗就謁先生, 鄭驕亦從之, 及還. 高峯問曰, "河西如何?" 鄭答曰, "似非塵世上人物也, 氣像有三代之風矣" 高峯稱善觀云, 厥後, 鄭謂余曰, "河西面貌, 世間未見其相似者, 嘗見君臣圖象, 李太白面采, 唯恰似也, 言之亹亹不已"

상세한 행적은 확인할 수 없다. 그의 부친인 龍山 鄭希廉(1495~1554)은 고봉의 스승으로 알려져 있다. 고봉은 정희렴을 찾아가 賦를 지었다.

> 이해 늦봄에 모두 130구(句)가 되는 〈西京賦〉를 지었다. 龍山(鄭鷔이다)이 평론하기를 "그 글을 읽어 보면 그 사람을 상상할 수 있으니, 그 명성이 오래도록 사람들에게 퍼지겠다. 생각이 심원하고 기상이 장대하며, 어조가 고상하고 문장이 통창하다. 비록 간간이 서투르고 껄끄러운 데가 있기는 하나 단지 이것은 조그마한 흠일 뿐이다. 조금만 더 진취하면 곧 옛 作者의 경지에 이를 것인데, 더구나 그 밖의 科文이야 말할 나위가 있겠는가. 축하할 뿐이다.……" 하였다.[12]

1541년 고봉의 나이 15세 때의 일이다. 약간의 단점에 대해서 지적하고는 있지만 전반적으로는 격려와 칭찬을 담았다. 고봉과 정희렴은 사제 관계였으나 賦를 지도받은 것 이외에는 뚜렷한 사실 관계를 확인할 수는 없다.

尹軫(1548~1597)은 본관이 南原 자는 季邦, 호는 栗亭이다. 1592년 임진왜란이 일어나자, 金景壽를 맹주로 한 장성 남문창의에 참여하여 종사로 활약하였다. 1597년 왜적이 남원을 유린하고 장성에 침입하자, 그는 수백 명의 의병을 지휘하여 입암산성을 사수하려 했지만 힘이 부쳐 산성의 함락과 함께 순국하였다. 그의 처 권씨도 남편의 비보를 듣고 자결하였다. 조정에서는 승지를 추증하였으며, 산성 내에 순절비를 세워 충절을 기리도록 했다. 鳳巖祠에 제향되었다.

---

12 기대승, 〈自警說〉, 『高峯先生續集』: 春暮作西京賦. 凡百有三十句, 龍山評之曰, "讀其詞, 想其人, 宜其聲之久播於人. 思遠而氣壯, 語高而辭達. 雖間有生澁, 特是小疵, 一蹴便到古作者列, 況其外之科乎. 其可賀也已"云云.

洪千璥(1553~1632)의 본관은 豊山 자는 羣玉, 호는 盤恒堂이다. 奇大升·李珥·高敬命의 문하에서 배워 유학에 조예가 깊고, 충의 정신이 강했다. 임진왜란 때 군량의 수집·수송을 담당하고 정유재란 당시에는 의병 모집의 격문을 작성했다. 羅州敎授兼提督官, 中樞府僉知事를 지냈다.

2) 기타 관련 문인들

우연한 기회에 沙村 金允悌와 인연을 맺은 정철은 그의 각별한 보살핌을 받으며 당대 호남의 거유인 고봉 기대승의 문하에서 수학하게 되었다.[13]

高峰 奇大升이 일찍이 산에 올라가다가 맑고 깨끗한 水石 한 개를 보았다. 그때 어떤 사람이 고봉에게 묻기를 "세상 사람 중 이같이 맑은 돌에 비길만한 사람이 있습니까?" 하니, 고봉이 "오직 정철이 그러할 것이다." 라고 말하였다.[14]

송강과 고봉은 불과 9살 차이였지만, 각별한 사제 관계를 맺었다. 위의 글에 나타난 일화를 통해서도 고봉이 송강을 상당히 아꼈던 사실을 확인할 수 있다. 고봉은 〈憶季涵〉이란 시에서 송강을 한유의 제

---

13 정철은 27세에 등과하여 관계에 진출하기까지 10년 동안 전남 담양군 昌平의 唐旨山 아래에서 우거하였다.
14 『국역 송강집』, 별집 권2, 연보 상 辛亥조 참조.

자 李覯에게 빗대어 속히 재회하길 바라는 마음을 담았다. 송강은 고봉 사후에도 존숭하는 마음을 잊지 않았다. 송강은 고봉에 대한 제문에서 "선비들의 풍조가 더러운 데 물드는 것을 누가 능히 맑게 하며, 세상을 올바르게 다스리는 도리가 낮게 떨어지는 것을 누가 능히 높일 수 있겠는가 하는 생각이 들어서입니다. 그것을 높이고 맑게 하실 분은 오직 우리 선생님이시기 때문입니다."[15]라고 하였고, 또, 만시에서도 구구절절 스승에 대한 추도의 심정을 담은 바 있다. 고봉 사후에 세월이 제법 지나서도 월봉서원에 여러모로 도움을 준 사실이 확인된다.[16] 정철의 아들 鄭弘溟은 기대승을 사숙한 인물로 고봉의 행장을 지었고, 〈畸翁漫筆〉 등에 고봉에 대한 여러 기록을 남겼다.

유세차 계유년 2월 13일 갑자에 문인 이함형은 삼가 선생의 几筵에 제사 드립니다. 아 슬프오이다. 태산이 무너지고, 들보가 부러졌네. 세성은 아니 돌아오고, 하늘은 재앙 후회 않아 옛터엔 물만이 넘실대고 낙암엔 솔만이 푸르르네. 누굴 의지해 학업 마칠꼬, 의지할 데 없는 나의 생애, 남산의 긴 헤어짐 애달프고, 강사의 이별 가슴 아프네. 공사 간 슬픔 모두 같겠지만, 나만큼 애통한 이 없으리. 한 잔 술 받들어 정성 올리니, 쏟아지는 눈물 하염없어라. 영령이여 계시거든 살피시길 바랍니다. 아 슬프오이다. 부디 흠향하소서.[17] 〈祭文[李咸亨]〉

---

15 정철, 〈祭奇高峰先生文〉, 『松江集』: …士趨之汚, 孰能淑之, 世道之卑, 孰能升之, 升之淑之, 在吾先生…

16 〈月峯書院廟庭碑〉: 선생께서 돌아가신 후 7년 되던 해인 무인년(1578, 선조11)에 사림이 뜻을 모아 顧馬峯 아래 樂庵洞에 사당을 건립하였다. 이때에 黃岡 金繼輝 공이 본도의 監司로 있으면서 힘을 많이 썼고 또한 康津의 堰畓 30여 石地를 서원으로 넣어 주었다. 그 후에 松江 鄭澈 공이 감사가 되어 또한 많이 돌보아 주었고 노비와 田土도 지급해 주었다.

李咸亨은 본관은 全州 자는 平叔, 호는 天山齋이다. 李滉의 말년 제자이며 『心經講錄』과 『心經標題』 등의 주석서를 남겼다. 원래 自號를 大畜이라 했는데 이황이 山天으로 고쳤다. 후일 아버지를 따라 燕行에 참여하기도 했다. 퇴계와 고봉의 서신을 중간에서 전달하는 역할을 맡았다. 그에 대해서 이익이 〈山天齋李先生小傳〉을 남겼다. 제문에서는 매우 짧지만 진심에서 나온 추도를 잊지 않았다. 이함형처럼 퇴계와 고봉 양측에 속한 문인으로 종래는 퇴계의 문인으로 정리된 이가 적지 않을 것이니, 정밀한 추적이 필요한 부분이다.

夫子今亡矣	부자께서 오늘날 돌아가시니
斯文不在玆	사문이 이제는 없어졌구나.
兢持貫動靜	조심스런 마음가짐 동정을 꿰고
剖析入毫釐	의리 분석 어느 하나 아니 놓쳤네.
學博歸于約	널리 배워 約禮로 되돌아왔고
名高牧以卑	높은 이름 겸양으로 다스렸다네.
自然中有法	자연스런 가운데 법이 있었고
兼善外無私	겸선 외엔 아무런 사심 없었네.
遭遇雖云幸	성군을 만난 것은 다행이지만
敷施未可期	포부를 시행함은 기약 못하여
須從閒處養	한가한 처지에서 마음 기르며
猶作後來垂	후생에게 가르침을 전하고 싶어

---

17 기대승, 〈祭文[李咸亨]〉, 『高峯集』: 維歲次癸酉二月壬子朔十三日甲子, 門人李咸亨, 敬祭于先生几筵之前. 嗚呼哀哉! 泰山之頹, 樑木之摧. 歲未周兮, 天不悔尤, 古壟水兮湯湯, 樂菴松兮蒼蒼. 嗟卒業之疇依? 哀我生之無歸, 悼南山之一訣, 痛江寺之違別. 孰無痛於公私, 懷莫我之傷悲. 奉一杯以薦誠, 淚如傾以縱橫. 不亡者存, 庶其鑑昭. 嗚呼哀哉! 尙饗.

所以身思退	이 때문에 물러나길 생각한 거요
非緣世不知	세상이 몰라줘서가 아니었어라
恩深纔赴召	은혜 깊어 임 부름에 응하자마자
疾作更懷歸	병이 나서 다시금 귀로 올랐네.
楚國招魂急	초나라엔 혼백 부르기 급하고
秦京告訃遲	진나라엔 부음 알림 더디네.
人將誰依仗	사람들은 앞으로 뉘 의지할꼬
天未欲平治	하늘은 천하태평 원치 않는가.
敢厠升堂列	내 감히 제자의 열에 끼어들어서
曾容擔杖隨	일찍이 지팡이 지고 뒤를 따르며
開尊對殘菊	술상 차려 시든 국화 마주 대하고
投簡話新詩	간찰 보내 새로운 시 논하였었네.
豈識遙分日	어찌 알랴 먼 이별 그때 그날이
終爲永訣時	마침내 영결하는 때가 될 줄을
餘生空自惜	남은 생애 부질없이 애석하거니
未死倘相追	죽기 전에 우리 함께 추종하자던
隔歲言盈耳	지난해의 그 말씀이 귀에 울리니
臨風淚界頤	바람결에 눈물 흘러 뺨을 적시네.
分明遺訓在	분명하신 유훈이 남아 있으니
持此以爲師	이를 지켜 스승을 삼으오리다.

〈挽章五言 [門人柳根西冏]〉 3수 중 하나

고봉 선생 학문은 연원이 있나니, 도산을 사사하여 남김없이 토론했네.
처음에 타고났던 이 性에 대해, 도의 근원에서 진정 그 까닭을 탐구했다
네. 이기를 천명한 글 아직도 남아 있고 허령을 함양하여 存齋라고 호하
였네. 이제 광산에 이르러 사우를 참배하니 이내 백수 일찍이 문하에 올
랐음일세.[18]

---

18 기대승, 〈謹題高峯先生書院〉, 『高峯集』: 高峯爲學有淵源, 師事陶山極討論. 凡此

〈삼가 고봉 선생 서원에 제하다[謹題高峯先生書院 門人柳根西坰]〉

柳根(1549~1627)은 본관이 晉州 자는 晦夫, 호는 西坰이다. 黃廷彧의 문인으로 알려져 있다. 1591년 좌승지로서 建儲問題로 鄭澈이 화를 당할 때 일파로 몰려 탄핵을 받았으나, 文才를 아끼는 선조의 두둔으로 화를 면했다. 이듬해 임진왜란이 일어나자 의주로 임금을 호종했고, 예조참의 · 좌승지를 거쳐 예조참판에 특진되었다. 임진왜란으로 인한 명나라와의 관계에서 많은 일을 했으며 1601년 예조판서가되어 동지사로 다시 명나라에 다녀왔다. 1627년 정묘호란 때 강화에왕을 호종하던 중 통진에서 죽었다. 문집으로 『서경집』을 남겼다.

제문의 앞부분에서는 평소에 포부를 미처 다 펼치지 못하고 늦게나마 벼슬길에 올랐지만 병으로 인해 이내 사임하고 낙향하게 된 사실을 담담히 이야기하고 있다. 뒷부분에서는 자신과의 인연을 중심으로 하되 상실감이 주를 이루고 있다. 제문의 내용으로 봐서는 直傳제자는 아니고, 간혹 서신을 주고받으며 사제의 교분을 이어갔던 정도로 보인다.

池塘春草晩萋萋	못물의 봄풀이 늦게야 우거지니
隱几閑吟日向西	기대앉아 한가로이 석양에 읊었네.
風撼殘梅飄白雪	바람은 때늦은 매화를 흔들어 흰 눈이 날리는 듯
雨霑幽逕淨芳泥	비는 그윽한 길 적시어 향기로운 흙이 조촐하네.
垂楊帶霧村村暗	늘어진 버들 안개 피어 마을마다 자욱하고

厥初成者性, 苟求其故道之原. 闡明理氣書猶在, 涵養虛靈號曰存. 今到光山拜祠宇, 白首會是忝登門.

好鳥迎時樹樹啼	좋은 새 때를 맞아 나무마다 우는구나.
聞道新亭開勝槩	들었노라 새 정자에 경치도 좋다 하니
擬携藜杖步苔磎	청려장 끌고 이끼 길을 걸으리라

〈이중지의 시에 차운하다[次李重之韻]〉

李運鴻은 본관이 광산 자는 重之, 호는 灑掃堂이다. 1572년 2월에 고봉이 家廟에 時祀를 지내고 저녁 무렵에 歸全庵에 가서 구경했는데, 그때 동행한 인물이니 만년까지 곁을 지키고 있었던 제자였다. 이 시는 고봉이 제자에게 남긴 많지 않은 시 중 한 편이다.

3. 고봉 문인의 분산과 해체

　고봉의 명성에 비한다면 문인들의 실제는 초라한 형편이다. 그 많던 문인들은 다 어디로 갔을까? 고봉의 문인이라 자임했던 문인들의 문집에서조차 고봉과 관련된 기록을 거의 찾아볼 수 없었다. 게다가 당대는 물론이거니와 후대에 와서도 고봉에 대한 평가는 찾아보기 힘들고, 퇴계와 긴 논쟁을 했던 누군가로만 사람들에게 기억될 뿐이다.

山林白首意酸寒	산림의 백발 늙은이 세상 맛이 시고 찬데
鏡裏衰顔已減丹	거울 속의 쇠한 얼굴 붉은 빛이 줄었네.
薄畝揮鋤雖作苦	척박한 땅 호미질에 몸은 비록 고달프나
茅軒容膝可占安	조그마한 초가집에 편안함을 누린다오.
唐虞世去遊心遠	요순 세상 가 버리니 노닐 마음 멀어지고
周孔人亡行路難	주공 공자 떠났으니 길 가기가 어렵도다.
歲暮窮城還自喜	해 저문 궁성에 도리어 절로 기쁘니
不求肥馬挾金丸	금환 끼고 살진 말 타기를 원치 않네.

〈늙은 선비[老儒]〉

만년의 심사를 잘 반영한 시이다. 모든 것을 내려놓은 이의 편안함과 쓸쓸함이 공존한다. 이미 45세 때 그는 죽음을 예감하고 있었다. 46세 2월에 주청사로 불려 나갔지만 10월에 귀향길에 올랐다. 종기에 上氣症까지 겹친 탓에 11월 1일 향년 46세의 나이로 세상을 떠났다. 고봉의 삶은 지나치게 짧았다. 이처럼 짧은 생애 탓에 많은 문인을 배출하기도 유지하기도 쉽지 않았을 것이며, 뚜렷한 학문적인 후계 구도를 가질 수 없었던 큰 이유가 되었다.

퇴계와 고봉과의 관계도 주목할 필요가 있다. 퇴계와 고봉 사이에 1559년부터 1566년까지 8년 동안 이어졌던 四端七情 논쟁으로 고봉은 세상에 확실한 존재 증명을 한 셈이다. 그러나 이것을 꼭 긍정적으로 볼 수 없는 지점이 분명히 존재한다. 고봉은 학문적으로 퇴계와 맞상대를 할 만큼의 실력자로 명성을 얻었지만, 퇴계라는 커다란 그늘에 흡수 통합되는 피해(?)도 고스란히 입게 된다. 文昭殿 사건 이후, 乙巳削勳 때 퇴계를 돕다가 심하게 비판을 받고, 文元公 晦齋 李彦迪 神道碑를 퇴계의 권유로 쓴 것도 함께 비판을 받았다. 이로 인해 그는 정치적 선명성을 잃는다. 이러한 일련의 사건 때문에 고봉의 문인이라 자처하기를 꺼리게 되면서, 자연스레 고봉 문인들의 이탈 현상이 있었을 것으로 추정해 볼 수 있다. 결국 그는 퇴계의 문하로 흡수되었으며, 그것으로 인해 독립적으로 하나의 문파를 형성하고 문하생을 두는 데에 한계가 있었을 것이다. 퇴계의 주자선집은 퇴계 문하의 주요한 교재로 활용되었지만, 같은 주자의 선집인 고봉의 『주자문록』은 철저히 잊히고 사라졌다.

고봉은 젊어서 문학으로 세상에 이름이 났다. 박람강기하고 기개가 호걸스러웠으며, 담론을 함에 좌중 사람들을 복종시켰다. 과거에 급제한 뒤로는 淸名이 크게 드러났고, 또 顯職에 오르자 士類들이 推重하여 영수로삼았으며, 대승 역시 한 시대를 경륜하는 것으로써 자임하였다. 그러나그의 학문이란 단지 변론의 박식함과 크게 늘어놓는 데 힘쓸 뿐이요, 실지로 操存踐履하는 공력은 없었다. 또 이기기를 좋아하는 병통이 있어, 남이 자기에게 순종하는 것을 좋아하는 까닭에, 지조 있는 선비는 이에합하지 않았고 아첨하는 자들이 많이 추종하였다. 그리고 그의 지론 역시 因循에 힘쓰고 개혁을 좋아하지 않았으므로, 식자들이 더욱 취하지않았다. 젊었을 적에 曹植이 그를 보고, "사람이 뜻을 얻으면 반드시 時事를 그르칠 것이다"고 하였으며, 대승 역시 조식이 유자가 아니라 하여두 사람이 서로 용납하지 않았다. ……경오년(1570)에 바야흐로 僞勳을논의할 때, 대승이 듣고 홀로 말하기를, "을사년(1545)의 책훈은 거짓이아니요, 또 선왕이 이미 정한 것이니 지금에 削動하는 것은 옳지 않다"고하였는데, 邪黨이 대승의 말로 주장을 삼으니 식자들이 자못 옳지 않게여겼다. 대승이 이렇게 시속과 불합하고, 또 식자들이 그의 주장을 취하지 않게 된 데다, 임금으로부터도 보통의 대우를 받게 되자, 마음이 우울하여 뜻을 얻지 못하였다. 벼슬을 버리고 낙향하다가 도중에 병을 얻어古阜에서 객사하니, 그 才調를 아까워하는 사람이 많았다. 대승이 비록實才는 아니지만, 영특함이 남보다 뛰어나서, 이황과 사단칠정의 同異를爭辨함이 수천 언이었는데, 논의가 뛰어나서 학자들이 옳게 여겼다.[19]

---

19 李珥, 〈石潭日記〉, 『栗谷全書』: 少以文學名世. 博覽强記, 氣槩豪俊談論能伏一座人. 旣登第, 淸名大著, 李樑用事, 忌之落其職, 樑敗, 仕益顯, 士類推重, 以爲領袖, 大升亦以經綸, 一時自負. 而其學只務辨博宏肆而已, 實無操存踐履之功. 且有好勝之病, 悅人順己, 故介士不合, 而阿諂者多趨焉. 其持論亦務循常, 而不喜矯革, 識者尤不取之. 少時曹植見之曰, "此人得志, 必誤時事"大升亦以植爲非儒者, 兩不相許. …… 庚午年, 方論僞動, 大升聞之獨曰, "乙巳之動非僞, 且先王已定, 今不可削"邪黨以大升言爲主, 識者頗不韙. 大升旣與流俗不合, 又爲識者所不取, 自上亦待以尋常, 鬱鬱不得志. 棄官而去, 路得臀腫, 行至古阜村舍, 竟不起, 人多惜其才調. 蓋大升雖非實才, 而英特過人, 其與李滉爭辨四端七情之同異, 累數千言, 論議發越, 學者

이이와의 반목도 고봉에게 매우 불리하게 작용했다. 율곡은 고봉의 반개혁적인 태도를 비판하며, 슬쩍 조식의 말까지 첨부해서 자신의 사견만이 아님을 강조한다. 율곡은 〈석담일기〉의 다른 부분에서도 조식의 문인인 崔永慶의 말까지 빌려서 고봉에 대해 부정적인 평가를 내린 바 있다.[20] 이뿐 아니라 석담일기 여러 곳에서 고봉에 대한 비판의 예봉을 꺾지 않았다. 고봉을 추천한 퇴계에까지도 서슴없이 비판을 가했다.[21] 그렇다면 율곡에 대한 고봉의 평가는 어떠했을까?

율곡과 고봉은 같은 때에 벼슬을 하였다. 비록 나이의 차이는 있지만 진실로 도학으로써 서로 통할 만하였으나 끝내 사이가 좋지 않았다. 그 까닭을 알 수 없다. 어떤 사람은 "『대학』에 대한 논쟁에서 서로 지지 않으려 한 까닭에 그렇게 되었다"고 말하지만 어찌 그렇겠는가. 선인(先人: 정철)은 고봉보다 아홉 살 아래요, 소시부터 글을 배우며 선생으로 불렀다. 어느 날 기고봉, 尹月汀(윤근수)과 함께 湖堂에서 숙직할 때 고봉이 열을 올리며 율곡의 흠을 잡았는데, 선인이 조용히 말하기를 "선생께서

是之.

20 이이, 〈石潭日記〉, 『율곡전서』: 嘗聞客於崔永慶之座, 弔大升所親曰, "斯文不幸, 斯人遽歿" 永慶怫然變色曰, "奇明彦小有才學, 大有病痛, 以乙巳輩姦爲有功, 以南冥爲擾亂朝廷, 以此偏見, 若得施設, 必害於政, 此人之死, 豈足爲斯文之不幸乎" 永慶之言雖過, 而識者或不深非云.

21 이이, 〈石潭日記〉, 『율곡전서』: 기대승으로 말하면 재주는 豪邁하나 기질은 엉성하여 학문이 정밀하지 못하고 自信은 아주 높아 선비들을 경시하며 자기와 의견이 다른 사람은 미워하고 같은 사람은 좋아하니, 만약 임금의 뜻을 얻게 된다면 그 執拗의 병통으로 인하여 나라를 그르칠 것이다. 李文純 같은 현명함을 가지고서도 그 추천하는 바가 이와 같으니 사람을 안다는 것이 어찌 어려운 일이 아니겠는가.[奇大升則才豪氣麤, 學問不精, 自許太高, 輕視士類, 異己者惡之, 同己者悅之, 若使得君, 則其執拗之病, 將以誤國矣. 以李文純之賢, 所薦如此, 知人豈不難矣哉.]

이미 이모(율곡)와 道義로써 허락하셨으니, 매양 헐뜯음을 가하는 것은 옳지 않습니다."라고 하였다. 그러나 고봉은 더욱 분이 나서 풀리지 않았다 (월정의 말)[22]

고봉도 율곡에 대해서 좋지 않은 감정을 품고 있었던 것만은 분명해 보인다. 이러한 감정의 골에 누가 먼저 원인을 제공했는지 확실치는 않지만, 어떤 뚜렷한 계기라기보다는 서로가 감정적으로 맞지 않았다고 보는 것이 타당할 듯싶다. 고봉은 동인계에서는 퇴계의 문하로 존재감 없이 흡수되었고, 서인계에서는 율곡과의 반목으로 등을 지게 된다.

南門倡義는 임진왜란이 일어나자 고창과 장성 지역의 유림이 구국의 기치를 내걸고 왜군을 막기 위한 의병을 일으키면서 일어났다. 1차 남문창의는 1592년 8월 24일 金景壽를 맹주로 하여 金弘宇·奇孝曾·李守一 등이 장성현 남문에 의병청을 세우고 격문을 보내 인근 고을에서 수많은 의병을 모집하여 일어났다. 순창현감 金齊閔을 의병장으로 삼아 稷山邑에서 적을 무찔렀다. 2차 남문창의는 1593년 5월 29일 김경수가 다시 장성현 남문에 의병청을 열어 의병과 곡식을 모집하였으며, 장성현감 이귀는 관군 40명을 선발하고 邑兵 300명을 조련하는 등 의병을 지원하였다. 정확하게 고봉의 문인들 중 몇 명이나

---

22 鄭弘溟, '栗谷與高峯可以道學相契而終始牴牾', 〈漫述〉, 『畸庵集』 續錄 12권: 栗谷與高峯同時立朝. 雖年輩差池, 固可以道學相契, 而終始牴牾. 未知其故. 或云, "因大學爭辨不相下, 以致如此" 豈其然歟. …… 先子少高峯九歲, 而自少受書, 稱以先生. 平時與高峯及尹月汀同直湖堂, 高峯盛氣瑕點栗谷, 先子從容言 "先生旣與李某許以道義, 不當每加訾毁" 高峯愈恚不釋. 月汀言.

전란 중에 죽었는지는 확실치 않다. 확인되는 사람으로는 정즐, 최경회 정도다. 그의 학문을 계승해서 강학을 이어갈 사람도, 그를 추숭할 사람도 전란에 상당수 사라져 갔던 것으로 보인다.

4. 결 론

　살아있는 사람들의 권력이 이미 죽어 없어진 사람의 위상을 정해 주곤 한다. 그런 의미에서 문인들이 사라진다는 것은 자신의 존재감 도 사그라진다는 것을 뜻한다. 지금껏 퇴계와 율곡의 명성이 유지된 것은 본인의 탁월한 학문 탓이 크겠지만, 후배 문인들의 활동과 추숭 이 한 몫을 차지함을 부정할 수는 없다. 호남에서 주목할 만한 유학 자들의 존재가 끊어지면서 하서와 고봉은 잊힌 존재가 되었다. 그마 나 하서는 정조 때 하서의 문묘종사가 이루어졌지만, 고봉은 그러한 기회마저 영영 사라져 버렸다.

　고봉이 어떻게 존재했는가도 의미가 있지만, 어떻게 사라져 갔는지 에 대해서도 이제 집중할 필요가 있다. 그것이 잃어버린 고봉의 제 위치를 찾아주는 일임에 틀림없다. 잊히고 사라진 사람을 다시 기억 하는 일은 매우 고통스러운 작업이다. 자료는 없어지고 기억은 지워 졌다. 그러나 자그마한 단서를 통해서 새로운 기억의 생명을 불어 넣 는 것은 그만큼 매혹적이다.

　현재 고봉의 문인은 거의 없다 해도 과언이 아니다. 그의 짧은 생애 탓에 학문이 단절되었던 이유가 컸다. 그 외에는 정치적인 구도가 크게 작용한다. 퇴계를 통해 존재 증명을 했지만 퇴계를 통해 그는 지워졌다. 퇴계와의 관계를 마냥 긍정적으로 볼 수만은 없는 부분이다. 퇴계가 엄청난 흡입력으로 고봉의 기억될 공간마저 사라지게 한 것은 아닐까.

또 율곡과는 반목이 심했다. 고봉의 정치적 견해에 대한 율곡의 반감은 생각보다도 훨씬 더하다. 이로써 그는 퇴계에게 흡수되고 율곡에게 배척되었다. 그는 동인, 서인 어느 쪽에서도 지분을 확보할 수는 없었다. 이호민을 포함한 거의 모든 문인들의 문집에서 고봉과 관련된 기록을 찾아보기 힘들었다. 의식적으로 기억에서 삭제하지 않고서는 설명하기 힘든 부분이다. 奇自獻(1562~1624) 같은 사람의 정치적 선택도 고봉에게 불리하게 작용했던 것 같다. 그는 서인계에게 지탄을 받았고 동인계도 호의적으로 보지 않았다.

고봉의 문인들은 의병으로 활약한 이가 많다. 정확하게 그 숫자가 어떻게 되는지 현재로서는 파악할 수 없다. 하지만 이때 고봉의 문인들 중 상당한 인물들이 전란에 목숨을 잃었던 것만은 분명해 보인다. 제자의 활동과 지명도가 스승 사후에 스승의 위치를 규정한다. 그를 가장 확실하게 기억해 줄 사람들의 부재는 그의 부재를 가속화시켰다.

본고는 고봉의 문인이 사라졌다는 것을 증명한 셈이다. 잊힌 그를 온전히 복원하는 데는 왜 잊혔는가에 대한 원인을 찾아보는 작업이 우선이어야 한다. 남은 자료가 많지 않지만 좀 더 치밀하게 하나하나 모아 분석할 필요가 있다. 이 작업을 계기로 관련 문인들의 자료 속에 흩어져 있는 고봉의 흔적들을 정밀히 추적해 볼 것을 기대한다.

[참고문헌]

奇大升,『高峯集』
柳希春,『眉巖日記』
李　珥,『栗谷全書』
鄭弘溟,『畸庵集』

권미화,「高峰 文學觀의 性理學的 양상」,『열상고전연구』33집, 열상고전연구회, 2011.
권순열,「기고봉과 양송천」,『전통과 현실』7호, 고봉학술원, 1996.
김동준,「高峰 奇大升의 시세계」,『한국한시작가연구』6집, 한국한시학회, 2001.
김병국,「고봉 기대승의 문학 연구」,『반교어문연구』30집, 반교어문학회, 2011.
김성기,「고봉 기대승의 문학과 면앙 송순」,『전통과 현실』7호, 고봉학술원, 1996.
＿＿＿,「高峯의 贈詩 연구」,『전통과 현실』10호, 고봉학술원, 1999.
김주한,「高峯의 文學世界와 退溪」,『전통과 현실』8호, 고봉학술원, 1996.
김태환,「高峯 起興說의 미학적 의미 - 興의 미적본질 - 」,『정신문화연구』 제26권, 2003.
김풍기 외,『고봉 기대승의 문학세계와 문화유산』, 소와당, 2013.
유연석,「高峯 奇大升의 表文硏究」,『전통과 현실』7호, 고봉학술원, 1996.
윤용남,「奇大升論 - 高峰 奇大升의 文學觀」,『조선시대 한시작가론』, 이회, 1996.
이병기,「奇大升의 弔挽詩에 대하여」,『전통과 현실』7호, 고봉학술원, 1996.
이비수,「高峯 奇大升의 詩世界」, 동국대학교 석사학위논문, 1996;
조기영,「高峯 奇大升의 樓亭詩 存在樣相」,『전통과 현실』8호, 고봉학술원, 1996.
＿＿＿,「高峯詩의 '觀物'精神」,『동양고전연구』8집, 동양고전학회, 1997.
조정림,「高峰 奇大升의 詩文學 연구」, 조선대학교 박사학위논문, 2004.

허경진, 「퇴계와 고봉이 주고받은 매화시에 대하여」, 『전통과 현실』 10호, 고봉학술원, 1999.

Ⅲ

고봉 기대승과 일재 이항의 학술교류와 논쟁

김 경 호(전남대학교 호남학연구원 인문한국 교수)

1. 들어가며 – 무엇을 독해할 것인가?*

   이 글은 16세기 호남의 대표적인 두 유학자였던 일재(一齋) 이항 (李恒, 1499~1576)과 고봉(高峯) 기대승(奇大升, 1527~1572)의 만남과 교류, 그리고 그 과정에서 토론되었던 학술적 주제를 '관계와 논쟁'이 라는 두 측면에서 고찰한다. 일재와 고봉의 학술교류 관계의 해명을 통해서 그들이 수행하였던 성리학 논쟁을 재구성하고, 논쟁의 의미와 철학적 의의를 고찰하는데 목적이 있다.

   고봉과 일재의 삶의 모습을 관계의 측면에서 탐구하는 것은 그들 이 일상을 통해 구축했던 인적 규모와 분포를 확인하는 것이고, 논쟁 의 측면은 이들이 성취한 학술적 역량의 심급(審級)을 따지는 것이 다.[1] 그러나 이 글은 단순히 일재와 고봉의 인적 관계망과 학술적 역

---

* 이 글은 『율곡사상연구』 29집(사단법인 율곡연구원, 2014.12)에 『일재 이항과 고봉 기대승의 교류와 논쟁에 대한 재독해 – 1560년대를 전후한 호남유학의 철 학적 문제의식』으로 게재되었음.

1 논쟁의 측면은 '논쟁은 전쟁이다'라는 개념적 은유에서 확인되는 것처럼, 일종 의 전투행위이다. 전투에는 무승부란 없다. 승자와 패자가 있을 뿐이다. 그렇 기 때문에 논쟁의 과정은 경쟁하는 대상자들의 학술적 우열을 가시적으로 보

량을 탐구하는 것에 그치지 않는다. 우리의 탐구는 일재와 고봉이 교류했던 사실과 성리설의 재구성에 국한되지 않고, 교류와 논쟁을 통해서 그들은 무엇을 설명하고자 하였는가를 묻는다.

물음이 항상 답을 예비하는 것은 아니지만 적어도 근본적인 물음의 제기는 일재와 고봉의 추상적인 논의를 보다 명료하게 만들고 단순화 한다. 이와 같은 물음을 통해서 우리는 그들이 주장했던 논점들의 철학적 의미를 확인하고 아울러 그들이 지향했던 성리학적 사유의 지평에 한 걸음 근접할 수 있게 될 것이다.

이 글에서 다루는 논제는 일재와 고봉이 토론하였던 태극음양의 문제이다. 태극음양의 문제는 리기의 짝개념으로 전환되어 '리기는 일물(一物)인가?' 아니면 '리기는 이물(二物)인가?'를 다투는 것이다. 이 논제는 성리학의 토대를 규정하는 존재론적 성격을 띠고 있기에 주장하는 바에 따라 철학적 관점이 극명하게 드러나게 된다. 태극음양의 문제 이외에 16세기 중후반 호남유학에서 주요한 철학적 관심사는 인심도심과 사단칠정의 문제였다.[2]

여주게 된다. 우리는 이러한 상황을 고봉과 일재를 통해 확인할 수 있을 것이다. G. 레이코프·M. 존슨, 임지룡 외 옮김, 『몸의 철학: 신체화된 마음의 서구 사상에 대한 도전』, 박이정, 2002 참조.

2 태극음양에 대한 해석이 호남 유학자들 사이에 논란이 되면서 두 가지 새로운 철학적 주제가 부각한다. 그 하나는 태극음양에 대한 해석의 연장에서 제기되는 리기일물설에 근거한 인심도심에 대한 논의이고, 다른 하나는 사단과 칠정에 대한 리기론적 해석인 사단칠정론이다. 인심도심 논의는 명나라 정암 나흠순의 논의를 수용한 소재 노수신에 의해 주도되고, 이를 일재와 고봉이 비판하는 형식으로 진행되었다. 이들의 논쟁은 『소재집』과 『일재집』, 『고봉집』에 산재해 있다. 사단칠정에 대한 논의는 고봉과 퇴계 사이에 논란이 되었고, 이것은 『고봉집』과 『퇴계전서』를 통해 확인할 수 있다.

일재와 고봉은 호남유학을 논의할 때 항상 거론되는 인물이다. 은봉(隱峰) 안방준(安邦俊, 1573~1654)은 고봉의 명쾌한 의론과 일재의 강하고 굳세어 굽히지 않는 기개를 말하고,[3] 매산(梅山) 홍직필(洪直弼, 1776~1852)은 호남의 학문을 평가하면서 일재와 고봉을 뽑는다.[4] 이처럼 일재와 고봉이 후대의 학자들에 의해 호남의 저명한 유학자로 거론되지만, 이들의 학맥이나 두 사람의 학술사상을 비교한 연구 성과는 많지 않다.

철학분야에서 일재에 대한 기존의 연구는 자료의 부족으로 인하여 매우 제한적으로 수행되었다.[5] 일재에 대한 연구에 비하여 고봉은 리기론과 사단칠정론,[6] 경세론 등 다양한 방면에서 연구가 진행되었다.[7]

---

3 은봉(안방준)은 자신보다 앞선 시대의 명유로 일재와 고봉을 거론한다. 은봉은 일재와 고봉 이외에 하서(김인후)는 학문과 조행 그리고 절의와 문장이 뛰어나고, 미암(유희춘)은 박학과 넓은 문견이 두드러지며, 죽천(박광전)은 독실하다고 평가한다. 朴光前, 『竹川集』 卷7, 附錄, 「行狀」.

4 일재(이항)와 고봉(기대승) 이외에 하서(김인후), 은봉(안방준), 손재(박광일)가 포함된다. 洪直弼, 『梅山集』 卷19, 「答林來卿宗七」. "湖南之學, 河西高峯一齋隱峯遜齋最著焉."

5 1970년대에 유명종은 일재의 리기론을 '내재관적 리기혼연사상'으로 규정하고 있다는 것이 주목된다. '내재관' '리기혼연'이라는 개념이 다소 모호하기는 하나 일재의 성리학적 특징이 내향적 층위에서 리기의 혼연함을 주장한 것에 있다고 한 평가는 학술적으로 의미가 있다. 유명종, 「일재 이항의 내재관적 이기혼연사상」, 『철학연구』 21집, 1975 참조.

6 고봉의 성리학에 대한 평가적 시도는 윤사순의 초기 연구가 주목된다. 윤사순은 리기론이 갖는 사유의 이중성을 지적하면서, '주기론적 경향'이 있지만 그럼에도 '주리론적 성격'이 강하다고 분석한다. 이후의 연구에서도 고봉의 리기론은 대체로 '애매하다'는 중론이다. 윤사순, 「고봉심성설의 리기론적 특색─그의 사칠론의 특색에 관한 재평가」, 『아세아연구』 49, 고려대 아연, 1973; 고봉 성리학의 애매성에 대해서는 다음을 참조하라. 이동희, 「율곡 성리학과 고봉 성리학 비교」, 『동양철학연구』 제44집, 동양철학연구회, 2005.

1990년대 이후부터 2000년대에 진행된 일재와 고봉에 대한 연구는 이 글에서 다루고 있는 태극음양의 문제를 포함하여 탐구되고 있다. 정병련은 일재가 정암(나흠순)의 리기일물설을 수용하면서도 주관적인 관점을 잃지 않고 독자적인 사유를 전개했다고 평가한다.[8] 정대환은 일재의 리기일물설은 회암(주희)에 의해서 이분법적으로 나뉜 리기설을 일원적으로 재통합하여 파악하려는 시도라고 이해한다. 이에 비하여 고봉의 경우는 일원론이 갖는 윤리적 한계를 극복하기 위해 이원론을 주장하였다고 평가한다.[9]

이처럼 기존의 연구는 일재와 고봉을 동시에 논의하면서도 그들의 개별적인 성리 이론이 갖는 특징이 무엇인가를 밝히는데 초점이 맞춰져 있었다. 태극음양에 관한 논의도 개념분석에 치중하고 있어 개념적 이해에는 도움을 주지만, 그러한 논의의 발생원인과 학술적 의미 그리고 그 논의가 철학적으로 어떤 의미가 있는지를 해명하기에는 한계가 있다.

이 글에서는 기존의 연구 방법과는 다른 관점을 취한다. 이 글은 기본적으로 기간의 선행연구를 토대로 하여 일재와 고봉의 태극음양과 관련한 논쟁을 주제로 다루지만, 논쟁을 가능하게 했던 인적 관계

---

7 2002년 이전의 고봉연구의 현황에 대해서는 다음을 참조하라. 황의동, 『고봉 기대승의 철학연구』, 고봉학술원, 2002. 일재와 고봉의 인심도심에 관한 논의는 다음을 참조하라. 고봉의 최근 연구는 다음을 참조하라. 남지만, 『고봉 기대승의 성리설 연구』, 이화, 2012.

8 정병련, 「일재 이항의 리기일물 변증」, 『범한철학』 제9집, 범한철학회, 1994; 정병련, 「일재 이항의 리기일물설」, 『유학연구』 제3집, 충남대 유학연구소, 1995.

9 「일재 이항의 성리설(2)」, 『동서철학연구』 제25호, 한국동서철학회, 2002 참조.

의 지형을 함께 검토함으로써 그들의 철학적 입장에 대한 재평가를 시도한다.[10] 일재와 고봉의 학술논쟁이 어떠한 기반위에서 출현하였으며, 그러한 논의는 철학적으로 어떠한 의미를 갖고, 학술사라는 시각에서 어떻게 규정될 수 있는가를 탐구하는 것이다.

고봉과 일재는 기본적으로 성리학을 학습한 유학자들이다. 이들은 성선설을 근본으로 하여 인간과 우주자연이 합일되어야 한다는 천일합일의 당위성을 리와 기의 짝 개념을 통해 합리적인 설명을 시도한다. 이 도전은 특히 성인의 학문을 성취하려는 '성인-되기'를 지향하고 있다.[11] '성인-되기'의 실천적 과제는 우리가 성리설을 통해 무엇을 사유할 수 있으며, 어떤 실천을 통해 이 세계를 살아갈 것인가를 문제 삼는다.

'성리'의 개념에 주목하는 유학자들은 자기 자신이 이 우주에서 '어떤 존재인가?'를 묻고, 그러한 존재는 '무엇을 해야 하는가?'와 같은 보이지 않는 책무를 설정한다. 이들의 물음은 성리학이 제안하는 규범의 원천은 무엇인가 하는 점에 닿아있다. 이렇게 본다면, 고봉과 일재가 논의하였던 태극음양이나 리기의 문제 혹은 인심도심과 같은 주제들은 일견 사변적이지만, 사변의 이면에는 앎의 일반화를 통한 이론의 '체득(體得)'이라는 실천적 관점이 제기되어 있다.

---

10 박학래는 한국 유학의 지형을 '사회관계망'이라는 관점에 근거하여 탐구하면서 '관계적 인간관(relational concept of man)'이라는 개념을 사용하고 있다. 이 개념은 필자의 방법론과 부합한다. 박학래, 『사회관계망과 한국 유학 연구 ― 근현대 유학자 사회관계망 구축에 유의하여』, 『율곡사상연구』 26집, (사)율곡연구원, 2013 참조.

11 고봉의 수양론은 다음을 참조하라. 김경호, 「기대승의 수양론 연구」, 『유교사상연구』 37, 한국유교학회, 2009.

이 글은 학술과 도덕실천을 통해 성인-되기를 수행하면서 같음과 다름의 차이성에 주목했던 고봉과 일재의 태극음양에 대한 이해를 성리학적 사유 지층을 논의한다. 필자는 고봉과 일재의 인적 네트워크를 확인하고, 동시에 당대의 학술적 동향과 쟁점 그리고 그러한 논의의 지성사적 의미와 철학적 의의를 고찰고자 한다.

고봉과 일재가 제기하는 성리학적 물음, 이를테면 태극음양과 인심도심에 대한 문제제기는[12] 아무런 토대 없이 구성된 것은 아니다. 그들의 논의는 그들에 앞서 진행되었던 성리학적 사유에 대한 치열한 탐구와 성찰을 통해 제기된다. 고봉과 일재의 학술사상은 전통을 근거로 하여 자신의 시대에 재해석 가능한 새로운 유학을 모색하고 있었던 셈이다.

우리는 이 글에서 전통시대의 학술과 사유의 흔적을 다루고 있지만, 현재화된 물음의 반복을 통해서 고봉과 일재가 제안한 논점의 차이성을 확인할 것이다. 그리고 그 차이의 발견을 통해서 적어도 맞지 않는 것을 답이라고 억지로 주장하지는 않을 것이다. 아니 오히려 답을 제시하지 못할 수도 있다. 다만 차이를 구성하는 요소들의 응답들의 누적을 통해서 우리는 물음에 유효할 수 있는 가능한 답들의 목록은 제안할 수 있을 것이다.

---

12 고봉과 일재의 인심도심에 관한 논의는 다음을 참조하라. 정대환, 「일재 이항의 성리학(二)」, 『철학연구』 제96집, 대한철학회회, 2005; 김낙진, 「기대승의 인심도심설과 주리론적 경향성」, 『전통과 현실』 8호, 고봉학술원, 1996.

2. 사유의 토양과 발견적 지점은 어떻게 만나는가?

철학적 물음은 '아무 것도 없는 상태' '제로베이스(zero base)'에서 이루어지지 않는다. 질문을 던질 만한 조건이 갖추어져야 물음이 가능해진다. 16세기 조선유학계는 14세기 후반이후 중국으로부터 유입되었던 성리학적 사유의 누적기를 거쳐 조선의 현실에서 되물음할 수 있는 토양을 갖추게 된다.

15세기 후반에서 시작되어 16세기 중반까지 이어진 일련의 사화(士禍)는 성리학의 발아를 위한 유학적 관료와 지식인들의 피를 요구한 사건들이었다. 사화의 사건구조를 통해 드러난 사실 가운데 하나는 성리라는 개념에 함축되어 있는 도덕과 의리 실천의 정당성이었다.[13] 이것을 위해 지식인들은 가치투쟁의 현장에서 권력의 전횡과

---

13 무오사화(戊午士禍, 1498년, 연산군4년)에서 갑자사화(甲子士禍, 1504년, 연산군 10년), 기묘사화(己卯士禍, 1519년, 중종14년)를 거쳐 을사사화(乙巳士禍, 1545년, 명종즉위년)에 이르는 네 차례의 사화는 각기 다른 정치적인 사안이 문제가 되어 발생하지만, 그 결과는 훈구세력에 의한 사림의 탄압으로 귀결된다. 기성의 정치권력을 기반으로 하는 훈구대신들은 자신들이 확립한 가치질서와 기득권에 도전하는 신진사류들과 대립한다. 신진사류들의 학술은 송대에 탄생

폭력성에 저항할 수 있게 되었다.

피의 대가를 지불한 토양에서 살아남은 자들의 도학은 성리학적 훈육과 강학, 자기성찰의 계기적 학습을 통해 새로운 전기를 맞게 된다. 16세기 중반, 격동의 정치사 속에서도 꾸준히 유입되고 배포된 성리관련 서적들의 보급과 서원운동은 조선성리학의 발아 현상을 추동한다. 고봉과 일재의 만남과 학술논쟁은 이 같은 시대적 환경을 배경으로 전개된다.[14]

일재와 고봉이 만났다는 기록은 『고봉집』의 연보에 보이는데, 이 기록도 판본에 따라 차이를 보인다.[15] 1907년 15권 11책으로 간행된 목판 중간본(重刊本)의 연보에는 2회 만난 것으로 기록되어 있고, 1970년 15권 11책으로 간행된 석인(石印) 삼간본(三刊本)에는 1회만 기록되어 있다. 『일재집』 연보에도 일재와 고봉이 만났다는 기록은 2회 보인다. 『고봉집』과 『일재집』의 기록을 재구성하면 다음과 같다.

1차: 1549년 고봉(23세)이 태인에 거주하는 일재(51세)를 배알의 일재를

한 '도학'이라는 학술경향과 연결되며, 이 도학은 천리와 성선론을 전제로 천인합일을 강조하면서 '리'를 근거로 삼는다는 점에서 성리학이라고도 한다. 이처럼 성리 개념에는 도덕과 의리, 천리와 성명이 포함되는데, 조선의 신진사류들은 주희에 의해 추인된 『소학』적 실천을 성리학의 핵심으로 간주한다. 『소학』을 비롯한 성리학 서적의 유통과 관련해서는 다음을 참고하라. 김경호, 「16세기 조선 지식인 사회의 심경 수용과 철학적 담론의 형성」, 『동양철학』 19, 한국동양철학회, 2003.

14 호남유학의 다양한 인물과 이들의 관계망을 통해 형성된 학맥과 사상은 다음을 참조하라. 고영진, 『호남사림의 학맥과 사상』, 혜안, 2007.

15 목판 초간본은 1629년 3권 3책으로 선산부사였던 손녀사위 조찬한에 의해서 간행된다.

배알한다.[고봉, 목판본]

2차: 1558년 7월, 서울로 향하던 고봉(32세)이 태인의 일재(60세)를 방문하여 '태극도설'에 대해 토론한다.[고봉, 석인본]

3차: 1558년 11월, 고봉이 광주로 귀향하던 중 태인에 들러 일재를 예방하고 '태극도설'을 재론한다.[고봉, 석인본] - 1559년 일재(61세) 연보: "지난해 가을에 고봉이 과거에 응시하기 위해 서울로 가는 길에 선생을 찾아가 절하고 태극의 설에 대해 논하였다. 하루 종일 변론하고 질문했는데도 마침내 한 가지로 결말내지 못했다. 겨울에 고향으로 돌아와 또다시 전의 주장을 거듭 아뢰고 물러나 하서 김인후에게 여쭈니, 하서가 고봉의 설을 옳다고 하였다."[16]

4차: 1572년 고봉(46세)이 주청사(奏請使)의 부름을 받고 서울로 향하던 중 음4월 2일에 태인에 거주하던 일재(74세)를 방문한다.[고봉, 목판본] - 1572년 일재(74세) 연보: "4월에 고봉이 지나가다 방문하다."[17]

두 사람의 연보 기록에 따르면, 호남의 태인에 거주하던 일재를 광산에 살던 고봉이 방문하면서 시작된 이들의 인연은 총4회의 만남으로 이어진다.[18] 만남을 통해 이들은 자신의 학술과 사상을 토론하고, 해결되지 않는 남은 문제들에 대해서는 서신을 통하여 의견을 교환한다.

이들이 토론했던 주제는 주로 태극음양(太極陰陽)과 관련된 문제였다. 하지만 일재가 소재(蘇齋) 노수신(盧守愼, 1515~1590)의 인심도심(人心道心)에 대한 견해를 비판하고, 고봉도 정암(整庵) 나흠순(羅欽

---

16 李恒, 『一齋集』 부록, 「연보」, 기미.

17 李恒, 『一齋集』 부록, 「연보」, 임신.

18 일재와 고봉의 문집을 통해 확인할 수 있는 것처럼 이들이 만났던 것은 '기록의 차이'가 있다. 상이한 기록의 차이를 어떻게 이해해야 할까? 문집이 후대인들에 의해 제작된다는 점을 감안한다면, 이 문제는 그리 단순하지 않다. 여기에는 후대의 정치공학적인 측면이 깊게 자리하고 있어서 논란의 여지가 있다.

順, 1465~1547)의 『곤지기(困知記)』를 논박하는 「곤지기론(困知記論)」을 저술하여 소재의 인심도심설을 비판한 바 있다.[19]

일재와 고봉의 태극음양에 대한 토론은 주변의 지인들의 관심으로 이어져 일재의 사위이자 제자인 김종룡(金從龍)을 매개로 하여 일재와 사돈인 하서(河西)·담재(湛齋) 김인후(金麟厚, 1510~1560)가 참여한다. 그리고 고봉을 매개로 '일재－하서－고봉'의 태극음양에 대한 논의는 안동의 퇴계(退溪) 이황(李滉, 1501~1570)에게도 전해지게 되고, 퇴계는 이들의 토론에 깊은 관심을 가지게 된다. 게다가 태극음양을 리기로 해석하는 문제는 「천명도」의 내용과 연관되기 때문에 경기도 고양의 추만(秋巒) 정지운(鄭之雲, 1509~1561)도 간접적으로 관련된다. 인심도심의 문제와 관련해서는 고봉과 교유하면서 퇴계와도 교류하였던 구암(龜巖) 이정(李楨, 1512~1571)이 연관되고, 진도에 유배되었다가 해배되어 서울에 거주하던 소재에게 연결된다.

여기에 덧붙여 고봉과 일재가 교유했던 인물들의 규모를 고려한다면, 이들의 토론은 우리의 예상보다 훨씬 광범위하게 유포되었을 가능성도 있다. 일재와 고봉의 인적 관계망은 학맥(學脈)과 혼맥(婚脈)으로 복잡하게 연결되어 있다.[20]

일재와 고봉은 매당(梅堂) 김점(金坫, ?~1560)을 통해 연결된다. 매당은 일재의 제자이면서 고봉과는 사돈 간이다. 매당의 딸은 고봉의

19 1565년에 고봉은 리기일물설에 기반한 소재(노수신)와 정암(나흠순)의 인심도심체용론을 논박하고, 나정암의 「困知記」를 논평한 「困知記論」을 저술한다.
20 이 글에서는 고봉과 일재의 관계적 네트워크를 주로 호남지역에 한정한다. 고봉의 경우, 출사하여 서울에 거주하면서 많은 명사와 교류하는데 율곡 이이나 우계 성혼도 포함된다.

장남인 기효증(奇孝曾, 1550~1616)의 아내이다. 일재의 스승은 송당(松堂) 박영(朴英, 1471~1540)으로 알려져 있으며, 진주 산청의 남명(南冥) 조식(曺植, 1501)과는 막역한 친구사이다. 일재는 하서(河西)·담재(湛齋) 김인후(金麟厚, 1510~1560)와는 사돈 간이다. 일재의 딸이 하서의 장남 김종룡(金從龍)의 아내이다. 서울 출신인 일재가 호남의 태인에 정착하여 지역에 정착할 수 있었던 요인 가운데는 장성의 울산김씨 문중과 광산의 행주기씨 문중이 일재와 혼맥으로 연결되어 있다는 점도 고려되지 않을 수 없다.

일재의 제자는 매당을 비롯하여 나주의 건재 김천일(金千鎰, 1537~1593) 등이 있는데,[21] 건재는 하서와 미암(眉巖) 유희춘(柳希春, 1513~1577), 제봉(霽峰) 고경명(高敬命, 1533~1592)과 교유한다. 제봉은 서하당(棲霞堂) 김성원(金成遠, 1525~1597)과 인척이다. 일재는 태인, 나주, 담양, 창평, 광주 등 호남지역의 인사들 이외에도 추만 정지운(鄭之雲, 1509~1561), 옥계 노진(盧禛, 1518~1578), 소재 노수신(盧守愼, 1515~1590)과 교유하고, 이들은 고봉, 하서와도 연결된다.[22]

고봉은 하서와 사돈이다. 그의 장녀가 하서의 손자 김남중(金南重,

---

21 李恒, 『一齋集』 부록, 「門人錄」 참조. 「문인록」에는 김천일, 유몽학, 김점, 김제민, 변사정, 기효간 등 42명이 기록되어 있다.

22 『一齋集』의 「사우록」에는 박영, 김식, 윤정, 김정, 이언적, 이황, 김인후, 박소, 송인수, 성운, 조식, 백인걸, 민기, 유희춘, 노수신, 노진, 박순, 기대승, 나식, 종성령 이구, 최응룡, 한수, 남언경, 임훈, 김범, 신잠, 홍봉세, 허엽, 정유길, 김귀영, 이양원, 정지연, 심호, 심의겸, 정지운, 김약회, 박지화, 박민헌, 이조, 고한좌, 이준민, 홍성민, 김우홍, 최옹, 이양국, 박광옥, 이억인, 방응현, 김영정, 서구연, 조사응, 남언기, 신옥, 한호겸 등이 등재되어 있다. 李恒, 『一齋集』 부록, 「사우록」.

김종룡의 아들)의 아내이다. 고봉의 장남인 기효증의 딸이 선산부사를 지낸 현주(玄洲) 조찬한(趙纘韓, 1572~1631)의 아내이다. 고봉의 문집은 손녀사위인 현주가 출간한다.[23] 고봉의 제자로는 송강(松江) 정철(鄭澈, 1536~1593) 이외에 일휴당(日休堂) 최경회(崔慶會, 1532~1593), 서맹종(徐孟宗), 김경생(金景生, 1549~?), 산천재(山天齋) 이함형(李咸亨, 1550~1586), 오봉(五峯) 이호민(李好閔, 1553~1634), 서경(西坰) 유근(柳根, 1549~1627), 독석(獨石) 황혁(黃赫, 1551~1612), 만사(晩沙) 심우승(沈友勝, 1551~1602), 진후중(陳重厚), 괴정(槐亭) 최시망(崔時望, 1548~?), 이유회(李惟誨), 유은(柳溵, 1540~?)[24] 등이 있고 송정황(宋庭篁, 1532~1557)도 포함된다.

　일재와 고봉의 인맥은 두 집안과 사돈 관계를 맺고 있는 하서의 인맥을 통해 지역의 명문가로 확산된다. 하서는 그의 딸을 제자와 친구의 아들에게 시집보낸다. 하서의 장녀는 제자인 월계(月溪) 조희문(趙希文, 1527~1578)의 아내이고, 2녀는 소쇄원의 주인인 소쇄옹(瀟灑翁) 양산보(梁山甫, 1503~1557)의 아들인 양자징(梁子澂, 1523~1594)의 아내이며, 3녀는 미암 유희춘의 아들인 유경렴(柳景濂)의 아내이다.

---

23 奇大升, 『高峯集』, 「拔」. 조찬한은 『고봉집』을 발간하면서 발문을 직접 작성하고, 서문은 17세기를 대표하는 두 학자 계곡 장유와 여헌 장현광이 작성한다. 17세기 초기 영남 유학을 대표하는 여헌이 『고봉집』의 서문을 작성한 것은 선산부사였던 조찬한의 부탁도 있었겠지만, 고봉과 여헌의 성리학적 사유에 있어서 접속 가능한 지점이 있다는 것이 또다른 요인일 것이다. 고봉과 여헌은 기존의 성리학적 주장을 수용하면서도 새로운 관점을 통해 재해석을 시도하고, 리기심성을 분별하면서도 혼융의 관점에서 파악하는 학술적 유사성을 보인다.
24 고봉의 제자로 적시한 인물들은 그들이 고봉의 제문을 작성하면서 문인이라고 밝힌 경우이다. 奇大升, 『高峯別集』 부록, 「祭文」 참조.

하서와 미암은 동복에 유배되었던 신재(新齋) 최산두(崔山斗, 1483~1536)에게 수학한 동문이기도 하다. 하서의 문인으로는 조희문, 양자징 이외에 변성온(卞成溫, 1540~1614), 송강 정철(鄭澈, 1536~1593), 금강·인재 기효간(奇孝諫, 1530~1593), 고반 남언기(南彦紀, 1534~?), 덕계 오건(吳健, 1521~1574) 등이 있다.

하서의 제자 가운데 송강은 고봉의 문하이기도 한데, 그는 사촌(沙村) 김윤제(金允悌, 1501~1572)의 손녀사위이자 제자이다. 사촌은 나주목사를 지낸 담양창평의 광산김씨 문중을 대표하는 인물 가운데 한 명이다. 사촌은 소쇄옹과 소쇄옹의 이종사촌인 면앙정(俛仰亭) 송순(宋純, 1493~1583)과 교유한다. 서하당 김성원은 사촌의 조카이고, 의병장 김덕령(金德齡, 1568~1596)은 사촌의 증손이다. 하서의 제자이자 고봉의 제자로『주자문록』을 편찬했던 홍주 송씨 문중의 송정황도 혼맥으로 연결된다.

서하당 김성원의 장인은 식영정의 주인인 석천(石川) 임억령(林億齡, 1496~1568)이다. 석천을 비롯한 식영정의 사선 가운데 3명이 사촌과 연관된다. 사촌의 조카인 서하당 김성원, 손녀사위인 정철, 제봉 고경명은 모두 광산김씨 문중과 연결된다. 석천은 눌재(訥齋) 박상(朴祥, 1474~1530)의[25] 제자다. 박상은 1515년 담양부사 재임 시에 순창군수 충암(冲菴) 김정(金淨, 1486~1521), 무안현감 석헌(石軒) 유옥(柳沃, 1487~1519)과 함께 단경왕후신씨의 복위를 청원하는 상소를 올렸던 인물이기도 하다. 나주에 거주하던 사암(思庵) 박순(1523~1589)은

---

25 광산에 거주하였던 눌재 박상은 고봉과 함께 월봉서원에 제향되고 있다. 용아 박용철은 눌재의 16대손이다.

박상의 동생인 육봉(六峰) 박우(朴祐, 1476~1547)의 둘째 아들이다.

일재와 고봉과 관련된 인적 네트워크는[26] 그 속내를 들여다보면 이처럼 광범위하다. 좁게는 호남의 태인과 광산이라는 지역에 머물지만, 이들과 관계를 형성한 인맥 가운데는 각 지역을 대표하면서 전국적인 명망을 가진 인물들이 포진해 있다. 그렇기 때문에 일재와 고봉의 태극음양에 관한 토론에서 비롯된 성리학 이론에 대한 논의는 서울과 안동 등 전국단위 학술토론으로 확산된다. 이 점을 고려한다면, 1558년부터 1560년 사이에 집중되었던 고봉과 일재의 논쟁은 사실 고봉과 퇴계의 사단칠정논변의 선구라 해도 지나치지 않다.[27]

26 인적 네트워크는 개인 문집과 읍지 등의 자료를 통해 확인하였다. 『健齋集』(金千鎰), 『高峯集』(奇大升), 『岐峯集』(白光弘), 『畸庵集』(鄭弘溟), 『訥齋集』(朴祥), 『俛仰集』(宋純), 『眉巖集』(柳希春), 『思菴集』(朴淳), 『石軒集』(柳沃), 『遜齋集』(朴光一), 『松江集』(鄭澈), 『松堂集』(朴英), 『松川遺集』(楊應鼎), 『玉峯集』(白光勳), 『一齋集』(李恒), 『霽峯集』(高敬命), 『竹川集』(朴光前), 『河西集』(金麟厚), 『玄洲集』(趙纘韓); 『光州邑誌』, 『潭陽郡誌』, 『瀟灑園事實』, 『昌平邑誌』

27 기존의 한국유학사에서 1558년에 촉발되어 1560년까지 지속된 고봉과 일재의 '태극음양'에 대한 논쟁은 고봉과 퇴계의 사단칠정논쟁에 가려져서 배제된 면이 없지 않다. 태극음양에 관한 논의는 전국단위 규모의 성리학 주제에 대한 토론의 서막이라고 평가할 수 있다.

3. 이 논쟁은 왜 제기되었는가?

　규범의 원천과 근거에 대한 성리학의 집요한 요청과 탐색은 가변성과 항구성이라는 일견 모순적인 두 측면을 하나의 틀에 담으려고 하는 성리학적 기획에서 비롯한다. 성리학자들은 자신들이 살아가고 있는 당대의 현실이 제기하는 시대적 가치와 규범을 제안하면서 이것이 동시에 인간의 항구적인 정당성을 담보할 수 있는 보편체계임을 증명하려한다. 우주자연과 인간에 대한 재발견을 통해 유학적 가치와 규범의 원천을 찾고자 했던 북송대의 유학자들이 그러했고, 16세기 조선의 성리학자들도 그러했다.

　이들은 전변하고 변혁되어 온 유학의 오래된 사유 패턴 속에서 자신들이 살아가고 있는 현실적 가치를 담보하는 '유학의 도'를 찾고자 했다. 그래서 이들은 유학의 개념을 체계화하면서 도덕적이고 규범적인 세계상을 찾고자 한다. 이 점에서 우리는 고봉과 일재의 성리학 개념과 이론에 대한 논쟁의 지향점을 가늠할 수 있다.

　고봉과 일재에 의해 제기된 태극음양에 대한 논의는 조선성리학의 발전도상에서 마땅히 제기될 수 있는 성리학 이해의 근본적인 문제 제기이다. 태극음양론은 성리학적 사유의 존재론적 토대를 지지하는 핵심이론이기 때문이다. 주자가 염계를 북송성리학의 비조의 자리에 정위시키게 되는 이유도 그가 '태극도'와 '태극도설'을 재발견하여 성리학의 우주론과 존재론을 확고하게 정립하기 때문이다. 이런 점에서 태극음양의 문제는 중요한 것임에 틀림없다.

그렇다고는 하지만 태극음양의 문제는 성리학을 이해하기 위한 도입 단계의 개념과 이론이다. 조선유학이 16세기 중반까지 태극음양의 문제에 집중하고 있다는 것은 이 논의의 중요성에 대한 각별한 관심에서 비롯된 것일 수 있다.[28] 반대로도 생각할 여지도 있다. 16세기 중반 조선유학의 성리학 이론과 개념에 대한 이해 수준은 우리가 알고 있는 것과는 달리 여전히 초보적인 단계에 머물고 있다는 것이다.

이러한 주장은 논란의 여지를 안고 있다. 그럼에도 불구하고 이 글은 고봉과 일재의 태극음양에 대한 논쟁은 상식으로 받아들이고 있는 조선성리학의 수준에 대해 '다르게 생각하기'를 제안한다. 통상 퇴계와 율곡의 성리철학이 제안되는 16세기를 조선 성리학이 만개한 시기

---

28 조선유학에서 태극음양과 관련한 초기 논의는 1517년, 망기당(조한보)과 망재 (손숙돈)가 토론하였던 무극태극의 문제에서 비롯한다. 이 논의에서 망재를 대신하여 회재(이언적)는 망기당의 관점을 비판한다. 망기당은 도가적인 관점에서 무극이 태극을 포함한다는 주장을 제기한 반면, 회재는 태극의 관점에서 무극을 포섭하는 방식을 취한다. 이 논쟁은 조선성리학이 철학적 논점을 발견해 나가는 초기단계의 한 사례이다. 조선유학의 태극 해석에 대한 논의와 무극태극에 대한 회재의 비판에 대해서는 다음을 참조하라. 곽신환, 「조선유학의 태극 해석 논변」, 『동양철학연구』 제47집, 동양철학연구회, 2006, 159~161쪽; 김경호, 『동양적 사유는 어떻게 탄생했는가』, 글항아리, 2012, 222~228쪽.

라고 인식하지만, 그렇지 않다는 점이다. 적어도 16세기 전반기 조선의 성리학은 초보적인 단계에 있었고, 그러한 상황은 일재와 고봉이 태극음양의 리기론적 해석에 대해서 토론하는 1560년대를 전후한 시기까지 지속된다.[29]

그렇지만 이 시기는 조선 성리학이 초보적인 단계를 벗어나고 있다는 징후를 동시에 보여준다. 고봉과 일재의 태극음양에 대한 토론과 고봉과 소재, 일재와 소재 사이에 이루어지는 인심도심에 대한 논의가 진행될 뿐만 아니라[30] 고봉과 퇴계의 사단칠정론, 추만의 「천명도설」에 논의가 이루어지는 것이 1550년~1560년대이다. 이 시기는 조선성리학이 비약적으로 도약을 위한 전환적 단계라고 할 수 있다.

1550년~1560년대를 이와 같은 관점에서 볼 경우, 고봉과 일재에 의해서 토론되고 있는 태극음양의 논의는 새롭게 볼 여지가 생긴다. 당대 동아시아 학술의 총아라고 할 수 있는 『주자대전』을 통독하고 그 내용을 『주자문록』으로 정리한 고봉의 입장에서 일재가 구사하고 있는 개념과 논리는 어떻게 보였을까? 고봉은 일재에게 보내는 편지에서 "의논이 격발하여 성을 내는 데 가깝습니다."라고 말한다. 반대

---

29 오항녕은 일재와 고봉의 성리학 토론에 대해 다루면서, 이 시기를 '조선성리학의 성립기'로 파악하고 있는데, '성리학이 아직 경화되지 않고 나름의 독자적인 의미를 표출하던 때'라고 보고 있다. 오항녕, 「일재 이항의 생애와 학문 – 조선 성리학 성립기의 한 지식인의 삶과 생각」, 『남명학연구』 제3집, 경상대 남명학연구소, 1993. 95쪽 참조.

30 1560년대를 전후하여 인심도심에 대한 논의를 주도하는 인물은 소재 노수신이다. 소재는 정암 나흠순이 『곤지기』에서 제안하는 주자성리학에 대한 새로운 해석을 타당하다고 여기면서 인심도심체용설을 수용하고 있다. 이에 대해서 일재와 고봉은 소재의 논의에 반대 입장을 표명한다.

로 일재는 고봉에게 "공은 스스로 도를 안다고 하면서 자신의 부족한 것을 버리고 남의 좋은 점을 따르지 못하니, 이것이 바로 내가 우려하는 바입니다."라고 한다.[31] 두 사람의 논의는 평행선을 긋고 있음이 확인된다. 이들은 분명 관점이 서로 다른 것이다.

일재와 고봉이 논의했던 태극음양론은 태극음양을 일물로 볼 것인가? 아니면 서로 다른 존재로 볼 것인가? 하는 문제로 압축된다. 이 논의가 문제적인 이유는 이것을 통해서 성리학자들의 세계이해 방식의 근거가 정초되기 때문이다. 성리학에서는 이 세계가 리와 기의 짝 개념에 의해 구성된다고 보고 있지만, 만일 리와 기의 우열 혹은 선후 따지게 된다면, 리와 기 중 하나를 선택하게 된다. 그 선택적 입장이 성리학자들의 세계 이해의 근거를 확정한다.

---

31 奇大升, 『高峯集』『兩先生往復書』卷1, 「奉復奇正字」.

4. 고봉과 일재의 논쟁은 어떻게 진행되었는가?

　우리는 고봉과 일재의 태극음양론의 관점을 구체적으로 확인하기 이전에 먼저 태극음양에 대한 성리학적 논의를 검토할 필요가 있다. 회암(晦庵) 주희(朱熹, 1130~1200)의 태극음양에 대한 이해는 염계(濂溪) 주돈이(周惇頤, 1017~1073)의 『태극도설(太極圖說)』에서 비롯한다. 염계의 『태극도설』은 이렇게 시작한다.

　　무극이면서 태극이다. 태극이 움직여 양을 낳고, 움직임이 극단에 이르면 멈추게 된다. 멈춤은 음을 낳고, 멈춤이 극단에 이르면 다시 움직인다. 한번 움직이고 한번 멈춤이 서로 뿌리가 된다. 음으로 나뉘고 양으로 나뉘어 양의가 정립된다. 양이 움직이고 음이 따라서 수화목금토를 낳는다. 다섯 가지 기가 순리에 따라 펼쳐져 사계절이 운행된다. 오행은 하나의 음양이고 음양은 하나의 태극이며, 태극은 본래 무극이니, 오행의 생성에 각각 그 성을 하나씩 가진다.[32]

---

32 周敦頤, 『太極圖說』.

회암은 「태극도설」을 자신의 철학적 관점에 따라서 해석하면서 태극과 연결되어 있는 무극을 『시경』의 은유적 표현과 연결한다. 『시경』의 '소리도 없고 냄새도 없는 하늘'이 '조화의 중심축'이 되고 '만물의 뿌리'가 된다고 하는 은유적 표현을 인용하여 '무극이태극(無極而太極)'을 해석하는 것이다. 이 방식은 절대적인 본연의 세계는 언어로 설명할 수 있는 단계가 아니라는 뜻이 함축되어 있다. 설명이 아닌 시적 상징으로 대체하는 방식을 취한다.

회암은 태극과 무극을 분리된 두 상태로 구분하지 않는다. 무극이란 단지 태극을 형용한 것이라고 한정한다. 태극 밖에 다시 무극이 있는 것이 아님을 강조한다. 다시 말하면, '무극이태극'이란 태극 위에 따로 무극이 있는 것이 아니고 태극이 어떤 사물이 아니라는 것을 형용한 것이라는 뜻이다. 태극은 형상이 없으니 다만 리일 뿐이라는 것이 회암의 해석이다.

이렇게 보면, 염계가 「태극도설」에서 설명했던 우주의 근거와 인간의 존재론적 근거에 대한 해명 방식은 회암에게 태극, 곧 리의 문제로 정리된다. 태극으로서의 리는 조화의 중심축이고 만물의 근거이며 주재이다. 회암은 불변의 리와 가변적인 기를 구분하면서 염계가 제안했던 '무로부터 유로의 사유' 방식을 '유로부터 무로의 사유'로 전환한다.[33] 이 같은 사유방식은 리와 기를 구분하면서 동시에 분리될 수 없는 것으로 보는 관점인데, 고봉은 이것을 공유한다.

한편 주자철학의 체계에서 명확하게 리로 번역되는 '무극이태극(無

---

33 김경호, 『동양적 사유는 어떻게 탄생했는가』, 글항아리, 2012, 144~158쪽 참조.

極而太極)'은 기론적 관점에서는 달리 독해될 수 있다. 무극이태극은 무극으로부터 태극으로의 전화 과정으로 보는 것이 그것이다. 즉 '무로부터 유'가 생성되는 인식이다. 이것은 도가의 방식과 닮아 있다. 도가적 사유방식과는 다르지만, 기론의 토대에서 무극이태극을 달리 해석하는 방식은 북송오자 가운데 한 사람인 횡거(橫渠) 장재(張載, 1020~1077)의 태허(太虛) 개념에서 발견된다. 조선성리학에서는 화담(花潭) 서경덕(徐敬德, 1489~1546)의 기론적 세계관에서 그와 같은 유사성을 찾을 수 있다.

그렇지만 화담의 경우 그가 기론자라고 하여도 리라는 용어를 사용하지 않는 것은 아니다. 그도 '리지시(理之時)'와 같이 리 개념을 사용한다. 다만, 그가 사용하는 리는 기에 따르는 조리(條理)와 같은 것이다. 즉 절대적이고 추상적인 원리나 법칙과 동일시되는 리가 아니라는 점이 다르다. 화담의 관점은 기를 위주로 하는 사유방식인데, 리기가 일물이라는 관점을 일재는 공유한다.

이처럼 태극이나 태허를 통해 우주의 근거를 추론하는 성리학의 사유체계는 이 개념에 자신들의 이론적 토대를 구축한다. 그래서 태극의 개념이 중요할 수밖에 없다. 그런데 한 가지 놀라운 성리학적 사유는 이 태극이 총체 혹은 통체의 보편적인 것으로 언급되지만, 한편으로는 개별자의 특수성을 지칭하기도 한다는 점이다. 그래서 통체일태극(統體一太極)이고, 동시에 각구일태극(各具一太極)이다. 이러한 사유 방식을 우리는 어떻게 이해할 수 있을까?

우리는 성리학이 리-기, 음-양의 짝 개념으로 성립하였다는 것을 알고 있다. 그리고 도(道)의 형용할 수 없는 개념을 이해하기 위해서 『주역』에서는 기(器)의 개념을 짝하고 있음도 알고 있다. 그러면 태극에 짝하는 개념은 무엇일까? 여기서 제안된 개념이 염계에게는 '무극'이었지만, 회암은 이 무극 개념을 태극에 내재화시킨다. 태극은 더 이상 구분될 수 없는 제1자라는 것이다. 그러한 일자로서의 태극이 기(질)로 구성되는 구체적 사물세계에 드러나는 것이 리이다.

이렇게 보면, 성리학적 사유는 절대적인 리 개념이 기와 짝하여 세계를 구축하는 도식으로 설정된다. 여기서 우리는 태극음양을 통해, 리－기의 짝 개념을 통해 우주자연과 인간의 존재 근거를 거대한 존재의 대연쇄를 통해 파악하려는 상관적 사유 방식을 만나게 된다.

1558년, 일재와 고봉은 정주성리학에서 형성된 태극음양 개념을 수용하면서 자신들의 성리학적 논거에 대해 토론한다. 이들은 리기에 대한 서로 다른 이해의 지반에서 태극음양에 대해서 논의한다.[34] 고봉이 일재와 태극음양에 대해 논쟁을 시작한 전말은 다음과 같은 진술을 통해 확인된다.

무오년(1558) 가을에 제가 과거에 응시하러 서울로 떠날 때에 일재선생을 찾아뵙고 이야기하던 차에 우연히 태극설에 이야기가 미쳤습니다. 논의에 수긍할 수 없는 것이 있어 종일토록 변론하고 힐문하였으나 끝내 동의를 얻지 못하고 자리를 파하였습니다. 겨울에 서울에서 고향으로 돌아와 다시 일재선생을 찾아뵈었으나 논의는 전날처럼 동일하지 않았습니다. 후일 하서선생을 뵙고서 그 태극설에 대해 여쭈었더니, 하서의 의

---

34 일재와 고봉의 태극음양론에 관한 상세한 내용은 다음을 참조하라. 최정묵, 「고봉 기대승의 태극·이기론」, 『유학연구』 제23집, 충남대 유학연구소, 2010; 정대환, 「일재 이항의 성리학(一)」, 『동서철학연구』 제25호, 한국동서철학회, 2002.

견은 저의 의견과 같았습니다. 종룡은 하서의 아들이기 때문에 하서와 저 사이에 있었던 의논의 대략을 들었고, 또 그는 일재의 사위이어서 자기가 들은 것을 일재에게 알렸습니다. 그런 일이 있은 뒤에 일재는 하서의 하인을 통해 저에게 편지를 전하였는데, 하서 선생께서 그 편지를 보시고는 마침내 짧은 편지를 일재에게 보냈고, 또 저에게 보낸 일재의 편지와 일재에게 보낸 짧은 편지를 저에게도 전하셨습니다.[35]

고봉은 퇴계에게 보내는 편지에서 태극논쟁의 발단과 그것이 하서에게로 확대된 경위에 대해 설명한다. 정리하면, 32세(1558년)의 고봉이 과거시험을 위해 상경하던 길에 일재(60세)를 찾아가서 우연히 태극도설에 대해 논의하게 되고, 그해 귀향하던 길에 다시 들러서 재론하게 된다. 그리고 1559년에는 일재와 하서(50세)가 태극에 대해서 논의하고,[36] 고봉과 일재도 김종룡의 말을 근거로 토론을 지속한다.[37]

이 사이에 하서가 일재에게 편지를 보내고[38] 일재는 고봉에게도 편

---

35 奇大升, 『高峯集』 『兩先生往復書』 卷1, 「上退溪先生」.

36 李恒, 『一齋集』, 「答金厚之」 己未. "太極之論, 再三力焉, 吳非好勝也, 深有憂焉...." 일재는 하서에게 보내는 이 편지(1559년)를 통해 자신이 태극에 대해 논의를 지속하는 이유를 밝히고 있다. 자신은 논쟁에서 이기를 좋아해서 그런 것이 아니라 호남의 빼어난 두 도학자인 하서와 고봉이 태극음양, 리기를 이물(二物)로 보는 견해에 빠져 있음을 우려하기 때문이라고 밝힌다.

37 李恒, 『一齋集』, 「與奇明彦大升」 己未; 奇大升, 『高峯集』 『兩先生往復書』 卷1, 「贈奇正字」.

38 奇大升, 『高峯集』 『兩先生往復書』 卷1, 「湛齋與一齋小束」. 하서는 일재에게 보내는 짧은 편지에서 도(道)와 기(氣)의 구분에는 계한(界限)이 없을 수 없으니, 태극과 음양이 일물(一物)이라고 해서는 안 될 듯하다고 하면서, 주자의 인승마 은유를 논거로 제시한다. 주자가 '태극이 음양을 탄 것이 마치 사람이 말을 탄 것과 같다.'라고 한 말을 인용하여 하서는 일재가 태극음양을 일물로 보는 관점에 대해 "결코 사람을 말이라고 해서는 안 된다."라고 비판하고 있다.

지를 보내 태극음양, 리기일물에 대한 논쟁이 확대된 것이다.[39] 일재
는 1560년 1월 고봉에게 한 차례 편지를 더 보내어 정론을 제시하
고,[40] 고봉은 1560년 8월 태극음양에 관한 논쟁의 경위를 담은 편지
를 퇴계에게 보낸다. 퇴계는 고봉이 보낸 내용을 확인하고 '기를 섞
어서 일체로 인식하고 일물로 파악(雜氣而認爲一體看作一物)'하는 일
재의 견해를 비판하면서 자신의 태극음양에 대한 입장을 표명한다.

여기서 의문이 생긴다. 32세의 신진의 학자였던 고봉이 60세의 노
대가인 일재를 찾아가서 성리학의 존재론적 근거에 대한 토론했던 것
은, 어떻게 가능할 수 있었을까? 추정할 수 있는 근거는 있다. 고봉은
『주자대전』을 통독하여 이미 편집할 정도의 학술적 역량이 있었던
것이다. 그러니 태극음양일물 혹은 리기일물을 강력하게 주장하는 일
재의 주장에 대해 다른 견해를 제시하고 토론할 수 있었던 것이다.

일재와 태극음양에 대해 토론하기 한 해 전인 1557년, 고봉은 송정
황의 도움을 받아 『주자대전』의 주요한 내용을 발췌하여 『주자문록』
4책을 편집한다. 송정황은 사촌 김윤제의 아우 김윤경의 사위로 하서
의 문인이기도 하다.

만남과 토론을 통해서 일재는 태극은 리와 기를 겸한다는 주장을
펼치게 되고, 고봉은 태극이란 다만 리일뿐이고 기와는 관련되지 않
는다고 주장한다. 고봉은 주자의 말한 "태극은 다만 하나의 리 자뿐

---

39 일재는 1560년(62세)에 고봉이 태극
40 일재는 고봉에게 "리기는 비록 이물이나 그 체는 하나이니, 대개 하나이면서
　둘이고 둘이면서 하나인 것입니다."라고 자신의 입장을 밝힌다. 李恒, 『一齋集』,
　「答奇明彦」庚申 正月六日. "理氣雖二物, 而其體則一也. 蓋一而二, 二而一者也."

이다." "이른바 리와 기는 결단코 이물(二物)이다."라는 근거를 들어 일재를 논박한다.[41]

고봉과 일재의 서로 다른 관점은 염계의 〈태극도〉에 대한 세부적인 설명에서 명확하게 드러난다. 일재는 고봉에게 이렇게 말한다.

> 나의 생각에는 〈태극도〉 속에 이른바 '음양에 섞이지 않는다.'고 한 것은 그 상일권(上一圈)에서 태극의 본체를 도출해서 말한 것이니, 이것은 오로지 리만을 말한 것이지 기를 말한 것이 아니다. 그러므로 '음양에 나아가서 그 본체가 음양에 섞이지 않는다는 것을 가리켜 말한 것일 뿐이다.'라 하였다. 그 하일권(下一圈)은 리·기를 겸하여 말한 것으로, 이 것은 바로 태극의 전체·대용이 갖추어지지 않음이 없기 때문에 '음양은 하나의 태극으로 정조·본말이 피차가 없는 것이다.'라고 한 것이다. 그 런데 공은 상일권의 리와 하일권의 도를 분별하지 않고서 통틀어 태극은 음양에 섞이지 않는다고 하니, 이것은 얼마나 잘못 본 것입니까. 역에 '태극이 양의를 낳는다.'라고 하였으니, 대개 양의가 생기기 전에 양의가 어디에 있으며, 이미 양의가 생긴 뒤에는 태극의 리가 또한 어디에 있겠 습니까? 이러한 가운데 깊이 생각하여 밝게 분별한다면 거의 리기가 혼 연한 일물이라는 것을 알게 될 것입니다.[42]

일재는 개념적인 층위에서 태극본체를 말할 경우에는 기를 제외한 리의 측면에서 말할 수 있다는 것을 인정한다. 그러나 그것은 어디까 지나 원리적인 측면에서 말할 수 있는 것이지 현상적인 사물의 세계 에서는 리기는 분리될 수 없음을 강조한다. 리와 기는 혼연한 일체라

---

41 奇大升, 『高峯集』 『兩先生往復書』 卷1, 「答一齋書」.
42 李恒, 『一齋集』, 「與奇明彦大升」 己未. "余曰太極圖中……則庶見理氣之渾然一物耳."

는 것이 일재의 주장이다. 그렇기 때문에 일재는 "서로 떠나면 물이 없다[相離則無物]"고 보는 것이다.[43] 이에 비하여 고봉은 태극음양은 질적으로 다른 것임을 주장한다. 이것은 하서의 입장도 마찬가지다.

일재와 고봉의 태극음양에 대한 논쟁이 하서에게 확대되면서 주목되는 것은 이들이 자신들의 논지를 강화하려는 목적에서 '말타기 은유'를 끌어들인다는 사실이다. 태극음양이 질적으로 다른 것이면서도 동시에 분리될 수 없다고 하는 주장을 관철하기 위해서 하서는 일재에게 회암(주희)이 제안했던 말타기 은유를[44] 끌어들여 논의한다. 이에 대해 일재는 다음과 같이 반박한다.

보내준 편지에는 또 "주자는 말하기를 태극이 음양을 타는 것이 마치 사람이 말을 타는 것과 같다고 했으니, 결코 사람을 말이라 해서는 안 됩니다."라고 하였는데, 이 말은 주자가 사물을 빌려서 리가 기를 타는 것을 형용한 것일 뿐이고 참으로 사람과 말의 관계와 같다는 것은 아닙니다. 사람과 말은 혹 타기도 하고 혹 떨어져 있기도 하여 말을 얻으면 타고 얻지 못하면 걷기도 합니다. 저 리·기가 어떤 때는 타기도 하고 어떤 때는 떨어지기도 한다는 것입니까? 리가 기를 얻으면 타고, 얻지 못하면 걷는다는 것입니까? 이것은 그렇지 않습니다. 주자가 사물을 빌려 비유한 일을 지나치게 믿고서 리·기를 너무 심하게 구분해서 사람과 말이 같지 않은 것처럼 여기는 것입니다.[45]

---

43 李恒, 『一齋集』, 「與奇明彦大升」己未. "余所謂相離則無物五字, 幸勿凡視也."
44 회암에게서 보이는 말타기 은유는 人乘馬 은유를 말하는데, 다음을 참조하라. 이향준, 『조선의 유학자들 켄타우로스를 상상하며 이와 기를 논하다』, 예문서원, 2011 참조.
45 李恒, 『一齋集』, 「答湛齋書」. "來書又云 朱子曰 太極之乘陰陽, 如人之乘馬, 則決不可以人爲馬也. 蓋此則朱子借物形容理乘氣也, 非眞人馬然也. 人馬則或乘或離, 得馬則乘, 不得馬則徒行. 夫理氣, 亦或乘或離耶. 理得氣則乘, 不得氣則徒行耶. 是

하서는 일재에게 회암이 태극동정을 설명하기 위해서 사용하였던 말타기[人乘馬] 은유를 들어 태극음양이 일물이 아님을 논증하고자 한다. 그러나 일재는 하서가 제안하고 있는 '말타기 은유'는 논점의 오류임을 지적한다.[46] 일재는 이 비유에 대해 단지 '주자가 사물을 빌려서 리가 기를 타는 것을 형용한 것일 뿐(朱子借物形容理乘氣)'이라고 본다. 일재는 은유는 은유에 불과하다고 일축하는 것이다. 일재의 지적은 여헌 장현광의 입장과 통한다.[47]

그런데 흥미로운 것은 고봉의 태도이다. 고봉은 일재와의 토론에서는 하서의 입장을 옹호하고 있지만, 변론에 적극적이지 않다는 점이다. 이것은 무엇을 말하는가? 고봉이 비록 리기일물의 관점에 대해서는 비판하지만, 리기가 별개의 것으로 구분된다는 것에 대해서는 반대

不然, 朱子假物比喩之事, 君實過聽, 分理氣太甚, 而如人馬之不同."

46 말타기 은유의 다른 해석의 가능성에 대해서는 다음을 참고하라. 김경호, 「말타기와 그릇 은유의 변형 그리고 혼성」, 2014년 동양철학연합학술대회 발표집. 이 글에는 성리학의 사유언어들을 인지과학적인 성과에 기반한 언어철학과 인지언어학의 영상도식, 은유이론, 프레임 이론 등을 활용하여 메타적 관점에서 말타기-그릇 은유를 분석하였다. 말타기 은유는 회암이 자신의 성리철학적 사유를 설명하기 위해 채용한 이래 많은 학자들이 자신의 리기 혹은 심성 개념을 설명하는데 사용되며, 퇴계의 경우에는 말타기 은유를 통해 자신의 리기호발설을 설명하고 있으며, 율곡도 같으면서도 다른 맥락의 말타기 은유를 사용하면서 자신의 기발리승일도설을 제안한다. 율곡은 특히 말타기 은유의 변형을 통해 그릇 은유를 새롭게 제안하고 있다는 점이 주목된다.

47 張顯光, 『旅軒集』卷5 性理說, 「경위설」. "만약 사람과 말을 하나는 리에 비유하고 하나는 기에 비유하면 주인과 심부름꾼의 나뉨이 제법 그럴 듯하게 됩니다. 그렇지만 두 사물로 리기를 비유하면 아마도 사람들은 리기에 두 근본 있는 것처럼 의심하게 됩니다. 사람이 비록 말을 타지만, 혹 말 없이 가는 경우도 있으니, 리는 과연 기를 기다리지 않고 스스로 가는 경우가 있습니까? 이렇기 때문에 참으로 사람과 말을 리와 기에 서로 비유하는 것은 마땅하지 않습니다."

하기 때문이다. 말타기의 은유가 갖는 상징적인 의미를 고봉은 수용하기는 하나, 그것이 지시하는 논리까지 수용하기에는 부담스럽다.[48]

일재와 고봉이 각기 달리 해석하는 말타기 사유에는 그들이 주장하는 바에 대한 강력한 부각과 은폐라고 하는 은유적 사유가 깊이 개입되어 있다. 태극음양이 일물이라고 주장하는 일재의 관점은 일체라는 개념을 부각함으로써 리를 기적인 특성으로 파악하는 것이다.

이것은 기론의 입장이다. 반면 태극음양이 질적으로 다른 것임을 주장하는 논의는 태극과 음양의 개별적 특성을 강화함으로써 태극으로서의 리는 기와 동질적인 것이 될 수 없음을 강조한다. 이것은 리론의 입장이다.

그렇다면, 일재와 고봉이 토론하였던 '태극음양은 일물인가?, 아닌가?' 혹은 '리기일물인가? 아닌가?' 하는 논점은 어떤 의미를 함축하고 있는 것일까? 고봉과 일재의 태극음양에 대한 논의는 사실 그들이 세상의 존재론적 구조를 어떻게 파악하고 있는지를 가시적으로 드러낸다.

고봉은 이 세계의 근본적인 구조가 리(태극)에 의해서 구축되지만 기(음양)의 속성이 동시에 요청되는 것이라는 입장을 보여준다. 당연히 태극과 음양은 구분되는 것이면서 공존할 수밖에 없는 개념이다. 그러나 일재는 태극이 곧 음양이라고 주장한다. 이 관점은 표면적으

---

48 고봉은 퇴계와 사단칠정에 대해 논의하면서 말타기 은유에 대해 재론한다. 퇴계가 자신의 리기호발설의 논리를 강화하는 입장에서 말타기 은유를 제시하지만, 고봉은 이 논점에 대해서 적극적이지 않다. 이에 대해서는 다음을 참조하라. 리기용, 「退溪·高峰·栗谷·牛溪의 理氣論的 特性 : 인승마의 비유를 중심으로」, 『우계학보』 제30집, 우계문화재단, 2011.

로는 태극과 음양이 일물이라고 하지만, 은폐된 층위에서는 태극이 곧 음양이라면, 음양이 기이기 때문에 태극은 당연히 기의 속성에 포섭된다고 하는 사유가 제안되어 있다. 따라서 고봉의 입장에서는 리기를 혼연한 일체, 일물로 보는 기론의 관점은 배척될 수 밖에 없다.

5. 논쟁이 갖는 철학적 의미는 무엇인가?

우리가 사는 세계는 어떻게 이루어져 있을까? 인간뿐만 아니라 자연세계를 구성하는 것들은 어떻게 존재하게 되는 것일까? 이 의문은 인간이 자신과 동질적이면서도 타자로서의 자연을 발견하면서 갖게 된 근본적인 물음이다. 이 물음 해결하기 위한 인간의 관심과 문제의식은 장구한 시간의 역사를 통해 인간의 학술과 문화를 구성하게 된다. 고봉과 일재의 태극음양에 대한 논의도 이 같은 사유의 연장에 있다.

그러면 이제 이렇게 물어보자. 태극음양을 통해 존재의 근거를 확보하려는 고봉과 일재의 이론은 어떠한 철학적 의미를 갖는가? 그들의 논의는 조선유학사에서 어떠한 위치를 점하는가? 그리고 이 논의는 현대의 우리에게 어떠한 사유를 촉발시키는가?

고봉과 일재의 태극음양에 대한 논의를 16세기 조선성리학의 학술사적 관점에서 조명한다면, 이들의 논의는 조선유학을 진일보시킨 발전적 일면이라는 것을 확인하게 된다. 우리는 고봉과 일재가 살았던 시기, 곧 16세기 중반의 성리학을 곧장 퇴계와 율곡이 제안했던 성리학으로 연결시켜 이해한다.

그러나 퇴계와 율곡에 의해 제안된 성리학의 수준은 이전과는 비교할 수 없다. 왜냐하면 고봉과 일재의 태극음양에 대한 논쟁은 조선성리학이 낮은 수준에서 존재론의 영역에 머물고 있기 때문이다. 이 논쟁이 시사하는 것은 무엇보다 태극음양과 같은 토론을 통해 조선성리학이 새롭게 도약할 수 있는 가능성이 대두되었다는 점이다. 철학적 사유의 변형과 도약을 위한 가교 역할을 하는 것이 이들의 논의가 갖는 학술사적 의미이다. 조선성리학이 존재론의 구도에서 가치론의 구조로 변형되는 분수령이자, 기론 중심의 사유체계가 리론의 사유로 전화되는 분기점에 고봉과 일재의 논쟁이 자리한다.

또 하나 특별한 점은 고봉과 일재의 학술토론은 당대의 성리학 이론에 대한 심화와 확산에 기여한다는 것이다. 분명 남도의 벽지인 태인과 광산에 거추하는 두 학자의 논의였지만, 이들의 토론은 전국적으로 확산되어 간 사실이 확인된다. 이러한 과정은 조선성리학의 학술적 발전을 추동하는 계기적 동력이 되었고, 그 과정에서 조선성리학은 동시대의 동아시아 지적 흐름 속에서 기능할 수 있는 역량을 확보하는 셈이다.

광산-태인, 호남, 조선의 영역에서 동아시아의 학술로 전환될 수 있는 계기를 제공하는 것이 일재와 고봉의 토론이다. 동시에 토론을 통해 심화되고 강화되는 학술역량은 철학적 관점을 공유하는 새로운 학술 집단의 형성 가능성을 보여준다. 퇴계가 언급하는 것처럼 호남 유학의 지적 풍토가 재발견되는 지점은 현재적 관점에서 곱씹어보아야 할 반성의 시작점이다.

그리고 무엇보다 의미 있는 것은 고봉과 일재의 성리학에 대한 논쟁이 무의식적인 영역에서부터 추동하고 있는 중요한 철학적 사유의 한 관점을 가시적으로 보여주고 있다는 점이다. 그것은 태극음양론에 내함 되어 있는 상관적인 사유 방식이다. 이미 이와 유사한 사유방식은 주자학의 태극론에서 발견되고 있지만, 일재와 고봉의 논의에서 이 점은 더욱 두드러진다.[49]

인간과 세계의 존재방식에 대한 서구의 지적 전통에서는 인지적인 방식에 근거한 분석적 사유(Analytic Thinking)를 제안하고 있지만, 동양의 전통적 방식에서는 인지보다는 직관적인 측면이 선호된다. 여기에는 자연세계에 존재하는 돌과 같은 무생물의 존재로부터 나무와 새에 이르는 식물과 동물과 인간에 이르기까지 모든 존재가 연속되어 있다는 '상관성(Correlativeness)'의 관념을 전제로 한다. 감응과 공명을 통해 이루어지는 일종의 연결짓기와 같은 사유패턴을 우리는 상관적 사유(Correlative Thinking)라고 한다.[50] 이와 같은 사유 방식은 우

---

49 이와 같은 태극음양 혹은 리기를 통해서 자연세계와 우주가 상관적으로 연결되어 있다는 사고는 여헌 장현광의 리기경위설을 통해 보다 명확하게 드러나게 된다. 여헌은 『고봉집』의 서문을 작성한다.

50 영국의 동양학자인 그레이엄은 인간과 세계의 존재방식에 대한 지적 흐름을 두 가지 패턴으로 정리한다. 인지적인 방식에 근거한 분석적 사유(Analytic Thinking)와 직관적인 방식에 근거한 상관적 사유(Correlative Thinking)가 그것이다. 그에 따르면, 서양의 지적 전통은 상관적 사유의 흐름이 전혀 없는 것은 아니나 주로 분석적 사유에 치중하였고, 동양의 지적 전통은 관계적 속성을 중시하는 상관적 사유에 치중되어 있다고 본다. 그레이엄은 동양적 사유의 양식을 상관적 사유라 규정하고, 이것을 특히 음양론을 통해 확증한다. 이와 같은 그레이엄의 두 가지 사유 방식에 대한 규정은 인지와 분석, 직관과 경험을 이

주에 존재하는 모든 것, 모든 존재가 상호 연관성을 맺고 영향을 주고받고 있다는 점에서 '존재의 대연쇄'[51] 관념과 유형적으로 닮아 있다.

상관적 사유는 모든 존재는 상관적이라고 하는 소박한 인식에서 비롯한다. 고봉이나 일재의 경우도 우주에 존재하는 모든 존재는 상관적이며 그래서 존재의 대연쇄를 통해 연결되어 있음을 자신들의 태극음양에 대한 논의를 통해 제기한다. 그들이 비록 인간과 자연세계의 사물들이 존재의 위계를 갖고, 그러한 존재의 위계가 구별된다고 말하나, 이 나눔은 각각의 존재가 갖는 역할로 연결된다. 모든 존재는 자신의 존재이유를 확인하고, 마땅히 이 세계를 구성하는 존재로

원적으로 파악한다는 점과 음양론을 상관적 사유의 사례로 특정하고 있다는 점에서 비판을 제기할 수 있다. 그레이엄이 제안하고 있는 상관적 사유의 개념이 제한적이라는 점에서는 일정한 한계가 있지만 이를 통해 모든 존재가 관계적으로 연속되어 있다고 하는 관계성에 대한 성찰을 가능하게 한다는 점에서 유의미한 점이 발견된다. 이와 관련해서는 다음의 단행본과 논문을 참조하라. A. C. 그레이엄, 이창일 옮김, 『음양과 상관적 사유』, 청계, 2001; 김영건, 「상관적 사유와 심미적 질서」, 『철학논집』 26권, 서강대학교 철학연구소, 2011.

51 '존재의 대연쇄'는 러브조이가 서양철학의 지적 흐름(관념사)을 탐구하면서 제안한 개념이다. 이 개념은 신으로부터 인간과 동식물 그리고 무생물에 이르기까지 모든 존재가 사슬의 고리를 이루고 있으며, 각각의 단위는 또 다른 다른 단위의 관념을 구성하는 다른 존재의 사슬과 연결되어 있다고 본다. 러브조이가 관념사의 탐구 방법으로 제안했던 이 개념은 인간의 사유는 은유적 방식에 의해 구성된다고 주장하는 인지언어학자인 레이코프와 터너에 의해서 '존재의 대연쇄 은유(Great Chain of Being metaphor)'로 변용된다. 이 존재의 대연쇄 은유는 우리로 하여금 자연계에 존재하지 않는 사물이나 동물, 추상적 개념이 어떻게 상상 가능한지 그 내적 연관관계를 추론할 수 있게 한다. 성리학에서 만물의 동일성을 추상적 개념인 태극이나 천리로 설명하면서, 천인합일을 말하는 방식도 이와 같은 사유와 은유의 연장선에 있다. '존재의 대연쇄'에 대해서는 다음을 참조하라. 아서 O. 러브죠이, 차하순 옮김, 『존재의 대연쇄』, 탐구당, 1994.

서의 역할을 수행한다. 이와 같은 존재의 상관적 관계의 연쇄를 설명
방식이 태극음양의 논의 구조 속에서 발견되는 것이다.

6. 결론을 대신하여

　　호남의 유학자인 고봉과 일재에 의해 1560년을 전후한 시기에 제기되었던 태극음양에 관한 논쟁과 논점의 차이는 조선유학사에서 성리학적 이론이 착근되어 가던 상황을 반영하고 있다는 점에서도 주목된다. 이들의 토론은 망기당과 망재의 '무극태극' 논변을 정리한 회재의 논의를 발전적으로 확장하고 있다는 점이다.[52] 이 점에서 우리는 당대의 학술적 경향의 일단을 확인하게 된다.

　　그렇다면 태극음양에 대한 철학적 관점이 새로운 논점으로 부각되었다는 것은 학술사와 철학적으로 어떤 의미가 있을까? 체계적인 학술논의를 근간으로 하는 철학의 관점에서 회재의 무극태극론은 개념화의 측면에서 한계가 있다. 하지만 이 논의에서 회재는 태극을 리로

---

52 회재는 을사사화 이후 공신록에 올랐다는 출처의 문제가 제기된다. 의기와 기개로 기묘명현의 후예라는 의미의 소기묘(小己卯)로 평가되던 고봉이 사림을 탄압하는 사화에 연루되었던 회재의 신원에 앞장서고, 또 회재의 신도비명을 짓는 일련의 과정은 의혹을 유발한다. 어쨌든 고봉은 회재의 리학적 학술경향을 높이 평가하고 있는 것만은 틀림없다.

포착하면서 태극음양을 일원적인 기로 보는 논의에 반대하고 있다. 회재의 논의는 고봉과 일재의 태극음양론과 일정부분 연관된다. 고봉과 일재도 리론과 기론의 층위에서 대립한다. 일재는 명확히 리기일물의 기론적 입장에서 서 있고, 고봉은 애매하지만 리기일물을 비판하는 입장에서 리기불상잡을 강조하면서도 리기불상리에도 충실한 논점을 보여준다.

이러한 점을 지성사적 관점에서 포착한다면, 이들의 논의는 당시 주류를 형성하던 화담류의 기론적 흐름에서[53] 리론으로 전환되는 국면이라고 할 수 있다. 회재의 논의가 전환의 단초였다면, 고봉과 일재의 논의는 좀 더 진전된 전환의 도상에 위치한다. 이 같은 경향성은 사단칠정을 중심으로 하는 심성론에 관한 논쟁에서 보다 명확하게 드러나게 된다.

1560년대에 나타나고 있는 이 같은 경향성은 어떠한 철학적 의미를 갖는 것일까? '무극태극'이나 '태극음양'에 대한 논의는 큰 틀에서 본다면, 결국 성리학의 존재론적 근거를 확보하기 위한 논의라고 할 수 있다. 리론의 관점에서건 기론의 관점에서건 근원 혹은 근원적 개념에 대한 정초는 철학의 근간을 이룬다. 태극음양론은 바로 성리학적인 존재론에 대한 탐구인 셈이었고, 일재와 고봉은 그러한 입론을 통해 자신의 철학적 견지를 확보하고자 하였다.[54]

---

53 화담의 기를 위주로 하는 견해에 대해서는 다음을 참조하라. 김경호, 『인격성숙의 새로운 지평 – 율곡의 인간론』, 정보와 사람, 2008, 41~77쪽.
54 회재와 일재, 고봉의 태극음양에 대한 논의가 존재론에 대한 철학적 관심이었다고 한다면, 이 논의에 후속하는 고봉과 퇴계의 사단칠정에 대한 논의는 가치론에 대한 철학적 관심의 표출이었다.

고봉과 일재가 만남과 서신 교환을 통해 토론했던 태극음양과 같은 성리 개념은 후속되는 토론을 예비한다. 왜냐하면 상반된 견해는 개념과 이론의 같고 다름에 대한 연속적인 새로운 물음을 제기하기 때문이다. 물음을 제기하는 것은 '맞다/틀리다'의 문제가 아니다. 물음은 문제 해결의 한 과정으로 설정되는 것이다.

　　좋은 물음은 우리로 하여금 자연스럽게 물음의 근원에 대해 성찰하게 한다. 고봉과 일재가 제기했던 태극음양에 대한 물음들이 여기에 속한다. 이들의 물음과 문제제기에는 분별의 방식이 부각되어 있지만, 사실 그 이면에는 통합적 사유가 은폐되어 있다. 성리(性理)를 통해 우주자연과 합일할 수 있는 성선적 가치와 '성인－되기'를 성취하기 위한 인문정신의 탐구과정을 일재와 고봉을 통해 발견한다.

　　우리는 전통시대의 삶과 사상을 묵수적인 태도로 호명할 것이 아니라 전향적인 해석을 통해 새로운 전통을 기획할 필요가 있다. 그러할 때 현대(modern)와 마주한 전통의 창신(創新)이 가능하다. 지나온 시간들의 집적으로서 과거가 아니라 오래된 미래를 향해 열려있는 현재가 구성될 수 있다. 고봉과 일재의 태극논쟁과 같은 전통적 사유를 단순한 해명이 아니라 새로운 물음의 제기를 통해 재성찰할 필요성이 제기되는 것은 이와 같은 이유 때문이다.

[참고문헌]

『太極圖說』

『健齋集』(金千鎰), 『高峯集』(奇大升), 『岐峯集』(白光弘), 『畸庵集』(鄭弘溟)

『訥齋集』(朴祥), 『梅山集』(洪直弼), 『俛仰集』(宋純), 『眉巖集』(柳希春),

『思菴集』(朴淳), 『石軒集』(柳沃), 『遜齋集』(朴光一), 『松江集』(鄭澈)

『松堂集』(朴英), 『松川遺集』(楊應鼎), 『玉峯集』(白光勳), 『一齋集』(李恒)

『霽峯集』(高敬命), 『竹川集』(朴光前), 『河西集』(金麟厚), 『玄洲集』(趙纘韓)

『光州邑誌』, 『潭陽郡誌』, 『瀟灑園事實』, 『昌平邑誌』

고영진, 『호남사림의 학맥과 사상』, 혜안, 2007.

김경호, 『동양적 사유는 어떻게 탄생했는가』, 글항아리, 2012.

_____, 『인격성숙의 새로운 지평 – 율곡의 인간론』, 정보와사람, 2008.

남지만, 『고봉 기대승의 성리설 연구』, 이화, 2012.

이향준, 『조선의 유학자들 켄타우로스를 상상하며 이와 기를 논하다』, 예문
서원, 2011.

황의동, 『고봉 기대승의 철학연구』, 고봉학술원, 2002.

아서 O. 러브죠이, 차하순 옮김, 『존재의 대연쇄』, 탐구당, 1994.

A. C. 그레이엄, 이창일 옮김, 『음양과 상관적 사유』, 청계, 2001.

G. 레이코프·M. 존슨, 임지룡 외 옮김, 『몸의 철학: 신체화된 마음의 서구
사상에 대한 도전』, 박이정, 2002.

곽신환, 「조선유학의 태극 해석 논변」, 『동양철학연구』 제47집, 동양철학연
구회, 2006.

김경호, 「16세기 조선 지식인 사회의 심경 수용과 철학적 담론의 형성」, 『동
양철학』 19, 한국동양철학회, 2003.

_____, 「기대승의 수양론 연구」, 『유교사상연구』 37, 한국유교학회, 2009.

_____, 「말타기와 그릇 은유의 변형 그리고 혼성」, 2014년 동양철학연합학
술대회 발표집.

김낙진, 「기대승의 인심도심설과 주리론적 경향성」, 『전통과 현실』 8호, 고

봉학술원, 1996.

김영건, 「상관적 사유와 심미적 질서」, 『철학논집』26권, 서강대학교 철학연구소, 2011.

리기용, 「퇴계·고봉·율곡·우계의 이기론적 특성: 인승마의 비유를 중심으로」, 『우계학보』제30집, 우계문화재단, 2011.

박학래, 『사회관계망과 한국 유학 연구 – 근현대 유학자 사회관계망 구축에 유의하여』, 『율곡사상연구』26집, (사)율곡연구원, 2013.

오항녕, 「일재 이항의 생애와 학문 – 조선성리학 성립기의 한 지식인의 삶과 생각」, 『남명학연구』제3집, 경상대 남명학연구소, 1993.

유명종, 「일재 이항의 내재관적 이기혼연사상」, 『철학연구』21집, 1975.

윤사순, 「고봉심성설의 리기론적 특색 – 그의 사칠론의 특색에 관한 재평가」, 『아세아연구』49, 고려대 아연, 1973.

이동희, 「율곡 성리학과 고봉 성리학 비교」, 『동양철학연구』제44집, 동양철학연구회, 2005.

정대환, 「일재 이항의 성리학(二)」, 『철학연구』제96집, 대한철학회회, 2005.

_____, 「일재 이항의 성리학(一)」, 『동서철학연구』제25호, 한국동서철학회, 2002.

정병련, 「일재 이항의 리기일물 변증」, 『범한철학』제9집, 범한철학회, 1994.

_____, 「일재 이항의 리기일물설」, 『유학연구』제3집, 충남대 유학연구소, 1995.

최정묵, 「고봉 기대승의 태극·이기론」, 『유학연구』제23집, 충남대 유학연구소, 2010.

IV

고봉 학문의 산실 귀전암과 낙암

기 호 철(서울대고병리학연구실) · 조 근 우(마한문화연구원)

1. 들어가며

　거유 고봉 기대승 선생은 성리학자일 뿐만이 아니라 문학자였고 정치가였으며 교육자였다. 우리는 지난 2013년 고봉학술대회를 통해 문학자 고봉 선생의 모습을 발굴하여 이를 드러내 보여 이제는 많은 이들이 고봉 선생께서 문학자이기도 하다는 사실을 알게 되었다. 그에 이어 올해는 교육자 고봉 선생의 모습을 알아보려고 이렇게 다시 한자리에 모였다.

　고봉 선생의 학문은 누군가로부터 배운 것이 바탕이 되었으며, 그의 걸출한 학문은 제자들에게 전수되었다. 그렇다면 고봉 선생은 어디에서 누구에게 배웠고, 어디에서 누구를 가르쳤을까? 고봉의 위대한 사상을 논한 글마다 많은 제자를 길렀다고 쓰고 있지만, 정작 그들에게 고봉 선생께서 누구를 어디에서 가르쳤느냐고 묻는다면 그 누구도 시원한 대답을 못하는 실정이었다. 이것이 오늘날 고봉학 연구의 부끄러운 현실이다. 우리는 고봉 선생께서 누구에게 배웠고, 누구를 가르쳤는지 김풍기 교수, 박동욱 교수, 김경호 교수 세 분의 발표를 통해 조금이나마 알게 되었다.

그렇다면 어디에서 배웠고, 어디에서 가르쳤을까?

고봉 선생 〈연보〉나 선생께서 19세에 쓴 〈자경설〉을 통해 생가와 집 근처 암자 그리고 광주향교 등에서 배웠다는 것은 쉽게 알 수 있다. 그러나 20세부터 선부군 삼년상을 마친 31세까지 공부한 곳은 알지 못하며, 44세 낙향하여 낙암을 지어 제자를 기르기 이전 출사와 은거를 반복하던 시기에 가르친 곳은 알지 못한다.

그렇다면 선생께서는 44세 이후에야 비로소 문인을 받아들인 것일까? 그렇지 않다. 선생 29세인 "을묘년에 부친상을 당하여 3년 동안 여묘살이를 하였는데, 이 무렵에 원근에서 찾아와 배우는 이가 많았다."는 〈행장〉 기록을 보면 이미 20대말부터 문인을 길렀다는 것을 알 수 있다.

낙암은 고봉 선생의 강학처 가운데 마지막 3년의 강학처에 불과할 뿐이지 생평 문인을 기르던 곳이라고는 할 수 없을 것이다. 그러나 우리는 선생께서 44세에 지어 문인을 길렀다는 낙암을 제외한 강학처는 전혀 알지 못한다.

기록에 의하면 고봉 선생이 문인을 기르고 만나던 장소는 낙암과 더불어 귀전암, 백운정, 동료가 있었던 것으로 전한다. 이 가운데 낙암 아래 있었다는 백운정은 강학처라기 보다는 정자의 기능에 충실한 곳이라고 할 수 있으며, 동료는 낙암 아래에 있는 문인들의 기숙사와 같은 곳이니 낙암과 하나로 보아야 할 것이다. 그렇다면 낙암과 귀전 암이 고봉 선생의 강학처라 할 수 있을 것이다.

이글에서는 교육자 고봉 선생께서 문인을 기르던 낙암과 귀전암은

어디이며 어떤 내력을 지닌 것인지 살피고자 한다. 그런데 ≪고봉집≫
전체를 유심히 살핀 분이라면 귀전암과 낙암에 대한 기록에서 납득하
기 어려운 점이 있다는 것을 알 수 있을 것이다. 당대의 기록과 후대
기록에 차이점이 드러나는데, 이런 차이점은 시간이 흐를수록 강고한
전승이 되어 확고한 사실로 믿어 왔다. 이런 점들도 아울러 살피고자
한다.

2. 기록에 보이는 귀전암과 낙암의 관계

≪고봉집≫과 <연보> 그리고 관련 인물들의 기록을 보면 문인을 기른 강학처로 귀전암과 낙암이 언급되어 있다. 고봉 선생에 대한 가장 신뢰할 수 있는 기록은 무엇보다도 행장이다. 행장은 시호를 내리는데 반드시 필요한 것으로 이름난 학자가 고인의 행적을 직필(直筆)하는 것이다. 그렇기에 문인(門人)이나 후손이 초고(草稿)를 작성하고 찬술(撰述)하는 학자가 이를 바탕으로 산삭(刪削)하여 서술한다는 것은 익히 알려진 사실이다. 고봉 선생의 〈행장〉은 선생의 문인(門人)인 송강(松江) 정철(鄭澈, 1536~1593)의 아들이며 송익필(宋翼弼, 1534~1599)과 김장생(金長生, 1548~1631)의 문인으로 문명(文名)을 떨친 담양 지실[芝谷]의 정홍명(鄭弘溟, 1592~1650)이 쓴 것이다. 〈행장〉에는

경오년(1570, 선조4)에 벼슬을 그만두고 남쪽으로 돌아와 있었다. 소명(召命)이 이르렀으므로 수백 언(言)의 상소를 올려 고질병으로 출사할 수 없다는 뜻을 아뢰었다. 이내 청량봉(淸涼峯) 아래에 작은 암자를 지

어 '귀전암(歸全庵)'이라 이름을 붙이고 그곳에서 노년을 마치기로 계획
하였다.[1]

라고 하여 1570년에 벼슬을 그만두고 고향으로 내려와서 청량봉 아래
에 귀전암을 지어 노년을 마칠 생각이었다고 하였다. 이곳이 강학처
로 언급되지 않았으며 실제 귀전암을 지었다는 이야기도 없다. 그런
데 이와 관련되는 내용이 1570년(선조3) 선생께서 44세 때의 〈연보〉
에는

> 2월에 남쪽으로 귀향하였다. …… 5월에 낙암(樂庵)이 완성되었다. -낙
> 암은 고마산(顧馬山) 남쪽에 있다. 그 아래 동쪽에 또 몇 칸의 집을 지어
> 찾아오는 학자들을 거처하게 하고 '동료(東寮)'라고 이름을 지었다. 선생
> 이 퇴계 선생에게 올린 편지에 "집에서 가까운 산기슭에 조그마한 초암
> (草庵)을 새로 지었는데 한가하게 노닐며 쉴 곳으로 삼을 생각입니다.
> '낙(樂)'자로 현판을 걸고자 하는데, 이는 전에 보내주신 편지에 '가난할
> 수록 더욱 즐길 수 있어야 한다'는 말씀을 통해 제 마음에 원하고 사모
> 하는 바를 부치려는 것입니다.' 하였다.[2]

고 되어 있다. 같은 경오년의 〈행장〉에는 청량봉 아래 귀전암으로,
또 다른 기록인 1630년에 간행된 ≪고봉속집≫에 수록된 〈연보〉에는
고마산 남쪽 낙암으로 기록되어 차이가 있다. 그럼 같은 해에 귀전암

---

1 庚午。解官南歸。因召命至, 上疏累百言, 陳以痼疾不能從仕之意。卽於淸凉峯下搆
  小庵, 號以歸全, 爲終老計。≪고봉집≫ 부록 권1; ≪기암집(畸庵集)≫ 권10 〈고
  봉기선생행장(高峯奇先生行狀)〉
2 기호철 2013, 〈부록 고봉선생 연보 고증〉, ≪고봉기대승의 문학세계와 문화유
  산≫, 문문 고봉연구회

과 낙암을 함께 지은 것일까? 그렇지는 않은 듯하다. 그것은 고봉이 1570년 4월 17일에 퇴계에게 보낸 편지에

고향으로 돌아와 방 안에 누워서 고루한 저의 학문을 익히고 뜻을 캐어 보니 자못 맛이 있어, 가난한 거처를 편안히 여기고 변변찮은 음식을 달게 여기는 것을 거의 바랄 수 있게 되었습니다. **집에서 가까운 산 언덕에 작은 초암(草庵)을 신축(新築)**하여 노닐며 지낼 곳으로 삼기로 하고, 낙(樂) 자를 그 초암의 이름으로 걸고자 합니다. 이는 대개 전번에 주신 글에 "가난을 마땅히 즐겁게 여겨야 한다.[貧當可樂]"는 말씀을 통해 제 마음에 소망하는 바를 부치려는 것입니다. **산이 비록 높지는 않으나 시계(視界)가 두루 수백 리**나 되므로 집이 완성되어 거처하게 되면 진실로 조용하게 수양하기에 합당한 곳이니, 그곳에서 종사(從事)한다면 정경(情境)이 조발(助發)하는 취흥(趣興)이 없지 않을 것입니다. 이 밖의 잡다한 일들이야 개의할 게 뭐 있다고 다시 운운하겠습니까. 바라건대, 양찰(諒察)하시고 비평해 깨우쳐 주심이 어떻겠습니까.[3]

라고 〈행장〉에서 인용한 그 내용이 나오기 때문이다. 이는 고봉이 직접 퇴계에게 편지에서 말한 것이므로 신뢰할 수 있을 것이다. 다시 말하여 경오년 2월에 낙향한 이후 계획한 대로 4~5월에 이르러 건물을 거의 완성한 단계에 이른 것이다. 그런데 '집에서 가까운 산 언덕에 작은 초암(草庵)을 신축(新築)'한다고 하였으므로 귀전암과 낙암을 동시에 건축한 것은 아니고, 또한 귀전암과 낙암이 다른 건물일지라도 멀리 떨어진 것은 아니라는 점은 분명하다고 하겠다.[4] 더군다나

---

3 ≪고봉집≫양선생왕복서 제3권 경오년(1570) 4월 17일 〈선생께 답하여 올리는 편지[先生前答上狀]〉
4 〈석인본 연보〉에는 宣祖壬辰倭亂後에 "서원을 망월봉(望月峯) 아래 동천(桐川)

'산이 비록 높지는 않으나 시계(視界)가 두루 수백 리'나 되는 곳이라고 한 것은 야트막하면서도 시야가 좋은 곳이라는 말이다. 문인(門人)인 일휴당(日休堂) 최경회(崔慶會, 1532~1593)는 선생을 기리는 〈제문(祭文)〉에서

집 뒤의 산마루에	屋後山顚
낙암이라 암자 지어	有樂名菴
한가로이 노니는 곳	偃息爲所
터는 넓고 샘물 다니	境廓泉甘
사방 벽엔 도서들뿐	圖書四壁
다른 일은 경영 않네	餘外無營[5]

라고 하여 선생의 집 뒤쪽 산마루에 낙암이 있는데 책을 비치한 서실이었다고 하였다. 그렇다면 귀전암을 지으려했다가 이를 낙암이라고 한 것일까? 그도 아닌 것이 1571년(선조4) 선생께서 45세 때의 〈연보〉에는

2월에 도산으로 사람을 보내 전제(奠祭)하였다. 이달 19일에 종가에서 시사(時祀)를 지내고서 저녁 무렵에 **귀전암(歸全庵)에 가서 구경**하였다. 이때 아들 효증(孝曾)과 유은(柳溵), 김경생(金景生), 이운흥(李運興), 곽호(郭顥)가 따라갔다. 선생이 산중턱을 둘러보더니 효증을 불러 한 곳을 지적해 보이면서 '사람의 일이란 알 수 없는 것이다. 훗날 모름지기 나를 이곳에 장사 지내도록 해라.' 하였다.

가로 옮겼는데, 낙암(樂菴)과는 20리 거리다."라고 하여 전근대 시대에 현 월봉서원과 낙암을 20리 길로 여겼다는 것을 알 수 있다.
5 ≪고봉집≫ 고봉별집 부록 제1권 〈제문(祭文)〉 7

라고 하였으니, 귀전암이 있었던 것은 분명하다. 그러면 귀전암과 낙암은 도대체 어떤 관계일까? 1646년(인조24) 고봉은 '문헌(文憲)'이라는 시호를 받게 되었는데 택당(澤堂) 이식(李植, 1584~1647)은 〈시장(諡狀)〉에서

경오년(1570, 선조3) 봄, 휴가를 얻어 고향으로 돌아갔다. 이때 온 경중(京中)의 사대부들이 나와서 전송하였다. 공은 고향에 돌아와 **고마산(顧馬山) 남쪽에 서실을 짓고 퇴계의 글 가운데 "가난할수록 더욱 도를 즐길 수 있다.[貧當益可樂]"는 말을 취하여 '낙암(樂菴)'이라 편액을 걸고 학문을 닦는 곳으로 삼았다. 이에 종유하는 제자들이 더욱 많아졌다.**[6]

라고 하였다. 이식은 정홍명이 지은 〈행장〉을 보고서 〈시장〉을 지었을 터인데 이처럼 청량봉 귀전암을 고마산 낙암이라고 다르게 적었다. 이식은 정홍명이 지은 행장이 잘못되어서 고친 것은 아닌 것으로 보인다. 그 10년 뒤인 1655년(효종6) 4월 2일에 월봉서원에 사액(賜額)하고서 예조 좌랑 원격(元格)을 보내어 제사를 지내게 하였는데 그 〈치제문(致祭文)〉에는

나아감과 물러남에 있어선	出處行藏
오로지 의로움을 따랐었고	惟義之趨
평소 행동 더욱 곧게 하여	素履彌貞
영고성쇠에 변치 아니했네	不替榮枯
귀전암이라 이름 붙였으니	歸全揭菴

---

6 《택당집(澤堂集)》 택당선생별집 권10 〈대사간 증이조판서 고봉 기선생 시장 (大司諫贈吏曹判書高峯奇先生諡狀)〉

석인이 즐기는 곳이었네	碩人之娛
깊이 생각하고 연구하여	覃思玩索
훌륭한 도학을 맛보았네	味道之腴[7]

라는 구절이 있어 〈행장〉과 같이 귀전암이라고 하고 있다. 국가적 행사에 쓰이는 공신력을 가진 글에서 고봉 선생께서 문인을 기른 서실을 어떤 것은 낙암이라고 하고 어떤 것는 귀전암이라고 하였다. 이런 혼동에도 불구하고 우리는 한 가지는 분명히 확인하게 되었으니, 17세기 중엽에 귀전암이든 낙암이든 모두 고봉의 서실(書室)이며 강학처라고 인식했다는 사실이다.

이런 혼동의 이유를 알아보기 위해 그간 알려지지 않은 광산구 안청동에 살던 유학자 우헌(寓軒) 박상현(朴尙玄, 1629~1693)이 지은 〈낙암중창기(樂菴重創記)〉을 살피고자 한다. 박상현은 손재(遜齋) 박광일(朴光一, 1655~1723)의 아버지로 고봉의 방오대손인 장성의 송암(松巖) 기정익(奇挺翼, 1627~1690)과 둘도 없는 벗이었다. 기정익의 도움으로 우암(尤庵) 송시열(宋時烈, 1607~1689)의 문인이 되었으며 명재(明齋) 윤증(尹拯, 1629~1714)과도 벗으로 지내며 세 사람은 성리학 논쟁을 벌이기도 했다. 정확한 작성 연대는 확정하기 어렵지만 낙암이 중창된 1650년 그가 불과 22살에 쓴 글로 추정된다. 좀 길지만 전체를 보면 다음과 같다.

백우산(白牛山) 동쪽 고마산(顧馬山) 정상에 낙암이 있으니 지난날 건륭

---

7 ≪고봉집≫ 〈논사록(論事錄) 치제문(致祭文)〉

(乾隆) 연간에 고봉 기 선생이 처음으로 이 암자를 지어 한두 승려와 함께 지냈던 곳이다. 성인(聖人)과 유현(儒賢)의 경전을 당신의 소임으로 삼아서 인의(仁義)의 시초를 살피며 예악(禮樂)의 실마리를 탐구하고서 공자께서 칭탄한 안연(顔淵)의 안빈낙도(安貧樂道)를 즐기려는 것으로 원대한 뜻이었다. 마음이 너그러우면 몸도 편안하기에 유유자적 이 암자에서 즐기려는 깊고도 지극한 뜻이었다. 어쩌면 성리학의 즐거움을 마음에서 얻고자 암자에 기거하였을 것이니 '락(樂)' 자의 뜻이 깊다고 하겠다. 도학을 하는 학자가 안빈낙도 할 줄을 몰랐다면 누가 이 이름이 인정을 헤아린 것인 줄 알겠는가. 낙암에서 선생의 **백운정(白雲亭)이 몇 리 가까이에 있었다. 선생께서 서거하신 후에 옛 암자 하나만이 남아** 애석하였다. 그러나 암자가 오래가지 못하여 **옛터에 잡초가 무성하게 더럽혀진지 16년**이 되었다. 산문(山門)의 승려 응종(應宗)이 전에 있던 것이 지금 사라진 것을 탄식하여 곧 **중창을 계획하여 옛 암자보다 더 넓혔으니, 이때가 숭정 23년 경인년(1650, 효종1) 봄**이었다. 낙성하는 날 나에게 기문을 청하였기에, 나는 기 선생께서 암자에 이름 지은 뜻이 오래도록 사라지지 않게 되어 대단히 기뻐서 즐거이 기문을 짓는다.[8]

이 〈낙암중창기〉를 통해 우리는 새로운 사실 몇 가지를 알 수 있다. 첫째 낙암은 고봉 선생께서 지은 것이지만 한두 승려와 함께 지냈고 중창을 승려 응종(應宗)이 주관한 사실을 통해 사찰 한 편에 지

---

8 牛山之東，顧馬之巔，有樂菴焉，昔在隆慶間高峯奇先生始搆此菴，與一二浮屠處焉。聖經賢傳以爲己任，窺仁義之原，探禮樂之緖，而於仲尼顔子樂處所樂，深致意焉。心廣體胖。優游以樂於此菴。故因命之曰樂菴。蓋斯道之樂。得之於心。而寓之於菴。樂字之義深矣。學者於道。不知所樂則孰知斯名之稱情也哉。菴之距先生白雲亭數里而近矣。自先生去後。獨有巋然一舊菴。惜乎。菴之不能久也。古址遺礎榛茂荒穢者一十有六年矣。山之僧應宗。慨然於古有而今無。乃謀重創而增其舊制。時崇禎二十三年庚寅春也。落成之日。請予記之。予深喜奇先生名菴之義久而不朽也。樂爲之記。(《우헌집(寓軒集)》 권5〈낙암중창기(樂菴重創記)〉)

│ 그림 1. 문헌공묘산도

은 초암(草庵)이었다는 사실을 알 수 있고, 둘째, 선생의 유적으로는 낙암과 백운정이 있었으나 백운정은 일찍이 사라졌고 낙암은 1634년 (인조12)에 무너져 그 16년 뒤에 확장하여 중창하였으며, 셋째, 승려 응종은 고봉 선생의 뜻을 살려 낙암이라는 이름으로 중창하였다.

〈낙암중창기〉에서는 선생의 유적으로 낙암과 백운정만 거론되었고 귀전암은 전혀 언급되지 않았다. 그럼 귀전암은 도대체 무엇을 이르는 것인가? 이로부터 100여년 뒤 고봉의 6대손 국천재 기언관(奇彦觀, 1706~1784)의 행적을 송규헌(宋奎憲)이 〈행장〉으로 작성한 것에는

> 광주 백우산에 터를 잡아 집을 지었다. 산에 있는 귀전암은 바로 문헌공께서 예전에 사시던 곳이고 묘소가 있는 곳이었다. 암자는 오래도록 묵혀두어 무너졌으므로 공이 어린나이에도 진력하여 고쳐 수리하여 시원스레 면모를 일신하니 집안 아저씨인 낙암(樂庵) 기정룡(奇挺龍, 1670~1738)이 감탄하여 이르기를 "누가 어린아이가 선조를 계승하여 지었다고 하겠는가."라고 하였다. 이때부터 새집을 국천재(菊泉齋)라고 이름 짓고 주위에는 책과 꽃이며 나무, 주렴과 탁자를 벌여두었다. 소탈하게 유유자적하니 바라보면 세상일을 잊은 듯 보였다.[9]

라고 하여 국천재가 바로 귀전암으로 백우산 고봉 선생 묘소 인근 산에 있는 것이라고 하였다. 그러나 ≪행주기씨대동보≫ 기언관(奇彦觀) 항에는 "선영 아래에 암자를 짓고 국천이라는 현판을 내걸었다.[構庵于先塋之下, 扁以菊泉]"라고 국천재가 선영 아래에 있었다고 적혀 있어 행장과도 그 내용이 다르다. 물론 고봉 후손들에게 문자가 아닌 귀전암에 대한 전승이 오늘날까지 이어졌을 가능성은 있다. 그러나

---

9 원문의 결자와 오자는 필자가 교감한 것이다. 卜築于州之白牛山, 山有歸全菴, 卽文憲公舊棲, 而幽宅在焉。菴久寢圮, 公嘗以孤童, 出力重葺, 嚐然改觀, 族父樂庵挺龍歎曰：“孰謂童子而肯堂〈肯〉構?” 至是名其新居曰'菊泉齋'、 左右列圖書、 花木、 簾凡[几]、 瀟灑優遊自適, 望之若遺世者然。(≪행주기씨대동보≫ 정(貞) 〈국천기공행장(菊泉奇公行狀)〉)

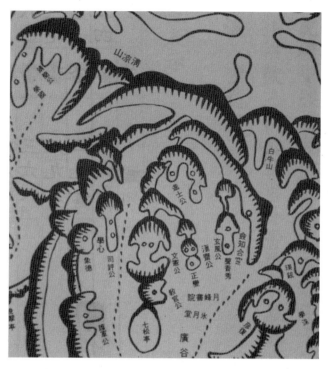

｜그림 2. 문헌공묘산도 세부(청량산과 백우산이 따로 나타난다)

전승은 입에서 입으로 전하며 와전될 가능성이 대단히 높다. 여기에서 보듯이 국천재의 위치 하나만으로도 오늘날 귀전암이라고 비정하여 기념하는 곳이 아닐 가능성은 충분하다. 게다가 여기서는 고봉 선생 행장에서 말한 청량봉이 아니라 백우산이라고 하였다. 오늘날 고봉의 후예나 너브실 사람들은 거개가 청량봉이 백우산이라고 이해하지만, ≪행주기씨대동보≫에 실린 〈문헌공묘산도(文憲公墓山圖)〉를 보아도 청량산과 백우산이 각각의 산으로 되어 있어 전승이 거듭될수록 잘못이 진실로 바뀐다는 사실을 알 수 있다.

위와 같이 문헌을 통해 귀전암과 낙암을 살펴보았다. 우리는 ≪고봉집≫에 나타나는 귀전암과 낙암에 대한 기록을 통해 필요충분조건을 갖추지 못한 내용들이 있어 혼동을 일으켰고 이런 불충분한 내용이 〈연보〉 등에 정리되고 전승이 거듭되며 애초와는 다른 모습으로 바뀌게 되었다는 점을 살폈다. 이런 문제에도 불구하고 귀전암과 낙암이 고봉 선생의 서실이었을 뿐만 아니라 많은 문인을 기르던 강학처이기도 했다는 사실은 확인할 수 있었다.

3. 귀전암과 낙암의 위치와 그 모습

귀전암과 낙암은 도대체 어디에 있었으며 어떤 모습이었을까? 하나씩 살펴보기로 하자.

1) 낙암

낙암은 두동을 지나 고마산 남쪽 광산구 신룡동에 있으며 석축과 계단이 흐트러진 곳에 〈낙암구지〉라는 비석이 세워진 곳이 그곳임에 틀림이 없는 듯하다. ≪행주기씨대동보≫에 실린 〈덕성군묘산도(德城君墓山圖)〉를 보면 청량산 아래에 고마산(叩馬山)이 있는데 여기에 그려진 건물이 낙암이 아닐까 생각된다.

이 묘산도를 보면 앞서 살핀 〈문헌공묘산도(文憲公墓山圖)〉와 약간의 차이가 있다. 바로 백우산이 따로 보이지 않고 청량산이 고마산으로 이어진 것으로 되어 있다. 이는 오늘날의 지도와 달리 묘산을 중

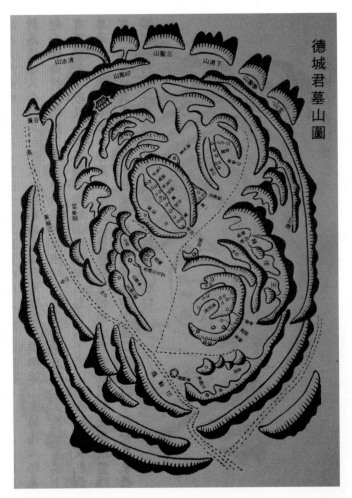

| 그림 3. 덕성군묘산도

심으로 그린 때문이지만 고마산도 청량산 아래라는 당시 사람의 인식
이 잘 나타나 있다.

앞서 살핀 〈행장〉을 다시 살펴보자.

낙암은 고마산(顧馬山) 남쪽에 있다. 그 아래 동쪽에 또 몇 칸의 집을 지어 찾아오는 학자들을 거처하게 하고 '동료(東寮)'라고 이름을 지었다. 선생이 퇴계 선생에게 올린 편지에 "집에서 가까운 산기슭에 조그마한 초암(草庵)을 새로 지었는데 한가하게 노닐며 쉴 곳으로 삼을 생각입니다. '낙(樂)'자로 현판을 걸고자 하는데, 이는 전에 보내주신 편지에 '가난할수록 더욱 즐길 수 있어야 한다'는 말씀을 통해 제 마음에 원하고 사모하는 바를 부치려는 것입니다.' 하였다.

이를 통해 낙암은 고마산(顧馬山)[10] 남쪽 산등성이에 있던 초암(草庵)으로 그 아래 동쪽에는 몇 칸짜리 '동료(東寮)'라는 부속 건물을 구비했다는 것을 알 수 있다. 동료는 찾아오는 학자들의 기숙사였다. 앞서서 살핀 기록을 통해 터가 드넓은 낙암에는 서적을 비치하고 학문에 전념할 수 있도록 꾸몄으며 감천(甘泉)도 있었다. 고봉집을 보면 낙암을 찾아온 문인 학자들에게 지어준 시가 상당 수 있는데 며칠 머물며 인근 백운정에서 어울리기도 하였던 것을 확인할 수 있다.

이번에 새로이 발굴한 박상현의 〈낙암중창기〉에 따르면 고봉은 낙암을 지어 한두 승려와 함께 지냈으며 이 낙암은 1634년(인조12)까지 65년 쯤 그대로 남아 있었다. 그러나 낙암이 사라진지 16년이 지난 1650년(효종1)에 승려들이 이를 중수하며 애초 낙암보다 넓혀 짓고서 고봉선생께서 지은 낙암이라는 이름을 그대로 사용했다는 사실을 알 수 있었다. 그렇다면 낙암은 애초부터 사찰이었던 곳의 일부를 빌려

---

10 고마산(叩馬山)으로 쓰이기도 하였다.

그곳에 초암을 짓고 낙암이라고 하였다는 것을 알 수 있다. 중창을 승려들이 한 것으로 보아 선생 사후에 낙암은 사찰의 재산으로 사찰에서 관리되었을 것으로 추정한다. 동료 역시 사찰 영역이었다면 고봉선생 사후에는 사찰의 요사체로 쓰였을 것이며, 사유지였다면 1578년(선조11) 호남 유생들이 낙암(樂庵) 아래에 고봉 선생을 모시는 사당을 지었던 애초의 사우가 그곳이었을 가능성이 대단히 높다. 이처럼 낙암과 동료는 어스름하게나마 그 위치와 모습을 이처럼 알 수 있다.

조선시대 문인 학자들이 사찰 암자에서 학문에 전념했다는 기록은 더러 볼 수 있다. 그러나 낙암처럼 암자는 물론이고 동료라는 별도의 기숙사까지 지어 사립학교를 운영한 사례는 보기 드물다. 고봉은 이곳에서 별세하시기까지 약 3년간 문인을 길렀다. 그 문인들은 앞서 박동욱 교수께서 발표하셨지만 적지 않았음에도 불행하게 오늘날 제대로 알지 못한다. 이곳에서 배출된 문인들이 과거를 통해 중앙에 진출하기도 했고, 지역에서 문인을 양성하는 교육자로 역할을 수행하기도 했으며 임진왜란과 정유재란에는 의병을 이끌고 나아가 의로운 죽음을 달가워하기도 했다. 우리는 고봉 선생이 퇴계와 사단칠정논쟁을 벌여 우리의 성리학 수준을 높인 사실만을 알뿐 이런 역할을 했다는 사실은 등한시 해왔다.

2) 귀전암

그러면 귀전암은 어디에 있던 어떤 것이었을까?

오늘날 귀전암은 광산구 광산동 백우산 중턱에 있는 곳으로 보고 〈귀전암유허비가〉 세워져 있기도 하다. 그러나 앞서 살폈듯이 귀전암은 그 위치도 불확실하고 낙암과의 관계도 명확하지 않다. 〈행장〉에 경오년(1570, 선조4)에 벼슬을 그만두고 남쪽으로 돌아와 청량봉(清涼峯) 아래에 작은 암자를 지어 '귀전암(歸全庵)'이라 이름을 붙이고 그곳에서 노년을 마치려고 하였다고 하였고, 1571년(선조4) 선생께서 45세 때의 〈연보〉에는 2월 19일에 종가에서 시사(時祀)를 지내고서 날이 저물어 귀전암을 구경하러 갔는데, 선생께서 산 중턱을 두루 둘러보고서 아들 효증을 불러 장지를 정해 주었다고 한다.[11] 행장과 연보의 문장을 상세히 살피면 차이가 있다. 1570년에 귀전암을 지어 서실로 삼았다면 '귀전암에 구경을 갔다[往賞歸全庵]'고 '賞'이라는 글자를 쓸 필요가 없다. 설령 별장이라고 하여도 자기 집에 구경 가는 사람은 없기 때문이다. 이는 귀전암이 고봉 선생의 암자가 아니라는 반증이다. 또한 시사를 모시는 오룡동에서 날이 저물어 구경을 갔다면 20리길을 가서 해가 짧은 음력 2월에 산 중턱 묏자리를 정해 주기에는 해가 너무 짧지 않을까? 목판본 행장에는 귀전암이 어디에 있다는 표현은 없다. 그러나 이후 석인본에서는

이보다 앞서 선생은 조그마한 암자를 청량봉(清涼峯) 아래에 지어 학문에 전념할 장소로 삼고 '귀전암(歸全庵)'이라고 현판 하였는데, 이는 '온전히 몸을 보전해서 돌아간다'는 뜻을 취한 것이었다.

---

11 是月十九日, 行時祀于宗家。日晚, 往賞歸全庵。時孝曾、柳溆、金景生、李運鴻、郭顯從。先生周視中麓, 招孝曾指示一處曰："人事不可知。他日須葬我於此地可也。"

라는 협주(夾註)를 붙여서 행장의 내용과 연결을 꾀하고 귀전의 의미를 나름의 판단으로 정리하여 덧붙였다. 사람들은 고봉 선생의 묘소가 광산동 월봉서원 뒤편에 있으므로 청량봉 아래라고 하면 행장과 연보의 내용이 근사하게 연결이 된다고 여겼을 것이다. 그렇지만 앞서 살펴보았던 것처럼 기언관(奇彦觀)이 귀전암터에 지었다는 국천재는 오늘날 말하는 곳이 아니라 선영 아래여서 그도 어긋날 뿐만이 아니라 연보를 보면 선생의 암자가 아니라는 말이어서 그와도 어긋난다.

연보의 묏자리를 손수 정하여 알려주셨다는 기사가 45세 때의 일이 아니라 그보다 앞서의 일이었으나 돌아가시기 직전의 기사에 편입하였을 가능성은 없을까? 그럴 가능성이 높다고 여긴다. 46세 때인 2월 시제 때에는 종계변무주청사로 소명을 받아 출사하였으므로 46세 2월에 정리하기는 어려웠을 것이다. 더군다나 전승에 따르면 형님인 승지공 기대림(奇大臨)의 오룡동 묘소는 애초 고봉 선생께서 묏자리로 정한 곳인데 형님이 먼저 돌아가셔서 양보했다는 전승이 있다. 만약 승지공 묏자리가 선생께서 정해 둔 곳이 사실이라면 연보의 저 내용은 약간의 착오가 있다고 할 것이다.

그렇다면 귀전암은 어디에 있었을까? 세 가지 가능성을 상정할 수 있을 듯하다.

첫째는 지금 귀전암유허비가 있는 곳이다. 가능성이 있으나 44세 낙향한 이후 시문을 보면 사시던 곳은 오룡동 인근 낙암과 백운정 아래라는 것은 너무도 분명하다. 게다가 연보 기록만 보아도 귀전암은 고봉 선생 소유가 아니었을 가능성이 대단히 높아 후대의 착간으로 보아야 한다.

둘째는 고봉 선생 묘소 아래 빙월당 인근이다. 국천재가 있던 곳이 귀전암이라면 이도 가능성이 없지는 않으나 행장에 고봉 선생의 소유가 아니라는 표현은 설명하기 어렵다.

셋째는 귀전암이 낙암일 가능성이다. 박상현의 〈낙암중창기〉가 아니라면 이도 상정하기 어려웠을 것이지만, 낙암이 어떤 사찰의 한 편에 고봉 선생께서 암자를 짓고 낙암이라고 이름 지어 강학처로 삼았고, 그 어떤 사찰이 바로 귀전암이었다면 가능하다고 할 것이다. 이때에는 청량봉 아래라는 한 점이 문제가 된다. 그런데 앞서 인용한 〈덕성군묘산도〉에서 보듯이 고마산이 청량봉 아래로 인식되었으므로 문제는 아닌 듯하다. 게다가 퇴계가 은거한 청량산과 대를 이룬다는 점에서 더없이 근사한 이름이었을 것이다. 그러면 행장에서는 어째서 귀전암을 지을 생각이었다고 했을까? 아마도 행장이 지어진 시기가 낙암이 허물어져 사라진 1634년(인조12)부터 중창한 1650년(효종1) 사이여서 실제 남아 있는 사찰인 귀전암이라는 이름을 사용하였을 가능성이 있다. 시문에서 문사들이 귀전암이라는 이름을 쓰지 않고 낙암을 쓴 것은 이런 까닭이었을 것이다.

귀전암의 위치는 여전히 알 수 없지만, 최소한 지금의 귀전암터가 아니라는 사실은 확실하다고 할 수 있다. 이런 점들은 낙암과 그 인근을 발굴조사하고 많은 사료를 취합하여 연구하면 차츰 밝혀지리라고 믿는다. 게다가 낙암 아래 동료 인근에는 월봉서원 이전 고봉 선생을 제향하는 사우가 있었던 곳이어서 이런 것들이 종합적으로 밝혀지게 될 것으로 기대한다.

귀전암은 낙암이라는 이름을 붙인 초암을 따로 짓기 이전까지 고

┃그림 4. 낙암 위치(귀전암은 현재 알려진 위치로 표기함)

봉 선생 학업의 산실이기도 하였을 것이며 숱한 문인이 드나들던 배움의 장이기도 하였을 것이다. 이런 과정이 있었기에 귀전암이라는 암자 한 켠을 얻어 낙암을 짓고 그 아래에 동료라는 기숙사까지 갖추어 호남 학문의 산실로 가꾸어 나갔던 것으로 보아야 할 것이다.

4. 나오며

  고봉 기대승 선생은 46년의 짧은 생애에 중앙에서는 사림의 영수(領袖)로 추앙되는 정치가로 활약했으며, 철학자로서는 퇴계 이황, 일재 이항 등과 성리학의 본질을 찾아 논쟁을 불사하며 조선의 학문을 발전시켰고, 문단에서는 뛰어난 문학자로 이름을 떨쳤다. 그와 더불어 출사 이전과 낙향 이후에는 고향에서 문인을 양성한 교육자였다.

  선생께서 문인을 양성한 곳은 귀전암과 낙암이었으며 44세에 고마산에 새로이 지은 낙암은 그 아래에 동료(東寮)라는 기숙사까지 갖춘 사립학교였다는 사실을 알 수 있었다. 그러나 새로이 발굴한 인근 광산구 안청동의 유학자인 우헌(寓軒) 박상현(朴尙玄, 1629~1693)이 지은 〈낙암중창기(樂菴重創記)〉를 통해 낙암이 사찰의 암자로써 1634년(인조12)까지 남아 있었으며 사라진지 16년이 지난 1650년(효종1)에 승려들이 이를 중수하며 애초 낙암보다 확장하여 짓고서 고봉선생께서 지은 낙암이라는 이름을 그대로 사용했다는 사실을 알 수 있었다. 그렇다면 고봉은 이미 있던 사찰 암자의 한 쪽에 낙암을 지어 문인을

┃그림 5. 낙암터 표시석

양성하였다는 사실을 알 수 있다. 고봉 선생의 방5대손이며 우헌 박
상현의 아들 손재 박광일의 문인이기도 한 낙암(樂庵) 기정룡(奇挺龍,
1670~1738)이 이 낙암 아래에 살았다고 하여 호를 낙암으로 하였던
사실을 바탕으로 보면 오늘날 낙암 자리로 보는 곳이 분명하다고 하
겠다.

귀전암은 그 기록이 부족하여 확언하기는 어려우나 공신력이 있다
고 해야 할 정홍명이 지은 〈행장〉에는 문인을 기르던 곳을 낙암은 언
급하지도 않고 귀전암이라고 하였으며, 효종 6년 나라에서 제사를 지
낼 때에 쓴 〈치제문〉에도 귀전암이라는 현판을 내걸었다고 하였다.
이것은 무슨 이유일까? 당론에 따라 퇴계와의 관련성을 지우려는 뜻
이었을까? 그렇지는 않았다. 위 두 사례와 비슷한 시기이며 〈행장〉을

지은 정홍명과도 친밀하였던 택당 이식이 지은 〈시장(諡狀)〉에서는 귀
전암을 언급도 하지 않고 낙암에서 문인을 길렀다고 하였기 때문이다.

　오늘날 귀전암은 월봉서원 뒤 백우산 산정에 있었다고 전한다. 그
러나 이는 후대의 와전이었을 가능성이 높았다. 연보에는 선생께서
45세 때인 1571년 2월 19일 종가에서 시사(時祀)를 지내고서 저녁 무
렵에 귀전암(歸全庵)에 가서 구경하였는데, 이때 아들 효증(孝曾)과
문인 등에게 선생이 산중턱을 둘러보고서 당신의 묏자리를 정해주었
다는 기록이 있다. 이 때문에 오늘날 묘소가 있는 인근이 귀전암일
것으로 보았던 것이다. 그런데 기씨 가문의 전승에 고봉의 형 승지공
기대림이 1565년 돌아가시자 형님에게 양보했다는 말이 있다. 십여
년의 시간차가 있지만 애초 정한 묏자리가 지금 승지공 기대림의 묘

| 그림 7. 낙암터의 기와와 자기

소가 있는 낙암 아래쪽이었을 가능성이 있다.

오늘날 전승을 통해 파악한 귀전암의 위치가 부정확한 것은 고봉 선생 사후 200년이 다되어 고봉의 6대손 국천재 기언관(奇彦觀, 1706~1784)에 대한 기록을 통해서도 알 수 있었다. 기언관이 귀전암 터에 집을 지어 국천재라고 했는데, 이 국천재는 지금 서원이 있는 너브실[廣谷] 마을에 있었던 것이라고 기록되어 있다. 이런 점들을 감안해 볼 때 오늘날 귀전암 터로 알려진 곳은 〈연보〉의 기록을 통해 비정한 것으로 실제 귀전암이 있던 곳은 아니라는 점은 분명해 보인다. 게다가 청량산과 백우산을 오늘날 같은 산으로 보는데, 행주기씨 족보의 묘산도를 보면 분명 다른 산이다.

전승에 따른 오늘날의 귀전암 위치는 와전이 거듭되다가 사실로

오인되었을 가능성이 높다. 설령 연보의 기록을 따른다고 하여도 고봉 선생은 낙암 인근 종가에서 시사를 모신 후 아들과 문인을 거느리고 귀전암을 구경하였다. 고봉 선생께서 공부하셨던 귀전암이라면 구경할 필요가 있었겠는가? 오늘날 낙암이라고 전하는 곳이 귀전암이라는 암자 한 켠에 지은 선생의 강학처였다면 귀전암은 곧 낙암이고 선생께서 정하신 묏자리는 바로 승지공 기대림의 묘소가 쓰인 곳이라고 할 것이다.

　물론 이도 추정이다. 그러나 오늘날 귀전암의 위치가 잘못된 전승으로 비정된 것이라는 점은 분명하다. 아마도 귀전암은 고봉선생께서 낙암을 짓기 이전 강학하던 곳으로 낙암까지 아우르는 사찰 암자의 이름이었다고 보는 것이 합리적일 것이다.

이렇게 본다면 교육자 고봉 선생께서 많은 문인을 기른 곳은 귀전암이라는 암자였고, 44세에 낙향해서는 한 쪽에 낙암을 짓고 그 아래에 동료까지 지은 사립학교로 발전되었다고 보아야 할 것이다.

귀전암은 전승과는 달리 오늘날 위치가 아니라는 점은 확실하며 낙암으로 일컫기 전 고봉 선생의 강학처가 귀전암이라는 암자였을 가능성을 제시하고자 한다.

한편 낙암은 사찰 암자의 한 편에 유학자가 강학소를 마련하고 그 아래 기숙사까지 갖추었다는 사실만으로도 대단히 뛰어난 유적임에 틀림이 없다. 또한 인근 오룡동 고려시대 오층석탑과도 관련되는 유적일 것이다. 이런 점을 감안하면 좀 더 정밀한 문헌조사와 더불어 발굴조사를 통해 이러한 사실들을 확인하여 호남 유학의 뿌리가 되는 유적을 찾아 가꾸어야 할 것으로 보인다.

朝鮮王朝實錄 內 高峯 奇大升 史料 整理 1

※ 일러두기 ※

이 자료는 『朝鮮王朝實錄』 內의 高峯 奇大升 先生의 史料 가운데 『明宗實錄』과 『宣祖實錄』에서 추출·정리한 것으로, 번역은 국사편찬위원회의 실록 번역을 참조하였습니다. 보완 설명이 필요한 부분은 『고봉 기대승의 문학세계와 문화유산』(문문 고봉연구회, 서울:소와당, 2014)의 권말부록에 게재한 〈고봉 선생 연보 고증: 기호철〉을 참고하여 이하에 연보 고증으로 주석함을 밝힙니다.

1. 기대승을 승정원 주서로 삼다.

『명종실록』권29, 명종 18년(1563) 3월 6일.

　정응두(鄭應斗)를 의정부 좌찬성으로, 이몽량(李夢亮)을 우참찬으로, 김개(金鎧)를 형조 판서로, 심수경(沈守慶)을 경상도 관찰사로, 김덕룡(金德龍)을 전라도 관찰사로, 유순선(柳順善)을 승정원 동부승지로, 이정빈을 성균관 전적으로, 기대승(奇大升)을 승정원 주서로 삼았다.

2. 기대승의 삭탈관직을 청하다.[1]

『명종실록 29권, 명종 18년(1563) 8월 17일.

　사헌부[대사헌 이감(李戡), 집의 이영(李翎), 장령 황삼성(黃三省)·권순(權純), 지평 윤지형(尹之亨)·신담(申湛)이다.]에서 아뢰기를, "조정의 화평함은 국가의 복이나, 사림이 안정되지 않음은 성대한 세상의 상서로운 일이 아닙니다. 처음에는 비록 아주 미세하더라도 고금의 치란의 기미가 언제나 여기에서 말미암지 않은 적이 없었으니 어찌 두렵지 않겠습니까. 대개 선을 좋아하고 악을 미워함은 인정의 같

---

1 연보 고증 : 당시 이량이 권력을 잡고 있었는데, 그는 선생이 한 번도 찾아와 보지 않는다 하여 선생을 매우 미워하였다. 그리하여 사헌부를 사주하여 고봉과 박소립, 윤두수 등을 논박하였는데, 고봉을 괴수로 지목하여 삭탈관작하고 문외출송하여 장차 사화를 일으키려 하였다. 이 때 고봉의 종형인 기대항이 옥당에 있었는데, 차자를 올려 이량 등의 죄를 논핵하여 그들을 축출하였으므로 오래지 않아 다시 명하여 서용하였다. 아래의『명종실록 18년 8월 17일, 9월 16일 기사에도 보인다.

은 바이니, 어진 사람을 보면 그와 같기를 생각하여 마음으로부터 진실로 좋아해서 힘써 행하여 중지하지 않는다면 사람마다 모두 선류(善類)가 될 것입니다.

그러므로 치세(治世)에는 이를 진작시키고 흥기시키는 데 항상 간절하였습니다. 그런데 풍속이 퇴폐된 지 이미 오래여서 사습(士習)이 더욱 투박하여, 명색은 선류라 하지만 사실은 선을 좋아하지 않는 자가 있고 겉모습은 장엄한 것 같으나 속은 무지한 자도 있어 양(羊)의 바탕에 범의 가죽을 쓰고 감정을 꾸며 명예를 구하는 등 못하는 짓이 없으니, 이는 선한 일을 하다가 생긴 실수가 아니라 선으로 가장하는 것입니다. 그 폐단이 부박한 풍습으로 발전하여 사사로이 서로 표방하여 붕당을 맺고는 인물의 선악과 시정의 득실(得失)을 논의하여 신진의 사류들로 하여금 시비를 알지도 못한 채 붙어 좇아 따르게 하여 사습이 날로 그릇되고 국사가 날로 잘못되게 하고 있으니, 고담준론(高談峻論)이 나라를 해침이 심합니다.

이미 그러했던 성패의 자취가 명약관화 하건만 사전에도 징계할 줄 모르고 사후에도 경계할 줄 모르시니, 만약 일찍이 이런 풍습을 막지 않는다면 어찌 호오(好惡)의 올바름을 밝혀 장래의 근심을 없애겠습니까. 신들이 삼가 살피건대 요즘 조정에는 사람 사이에 이론이 없고 일은 안정되어 사대부가 성명(聖明)의 도야(陶冶) 속에 감화되어 다시금 온유하고 돈후한 풍속을 보려나 했더니, 뜻밖에도 부박한 무리들이 소란한 자취를 현저하게 나타냄으로 하여 물론이 격발하고 있으니 마땅히 그 조짐을 막아 물론을 진정시켜야 합니다. 전 정랑 박소립(朴素立)[자품이 대범하고 담박하여 이량(李樑)이 그 아들 이정빈

(李廷賓)을 전조에 천거해 달라 요구한 것을 처음부터 허락하지 않았으므로 마침내 미움을 샀다.]과 사정(司正) 기대승(奇大升)[다문 박식하여 일찍이 명망을 떨쳤다. 이량이 일찍이 그 형 기대항(奇大恒)을 통하여 한 번 만나볼 것을 요청했으나 끝내 가지 않았으니 그 지조를 알 수 있다.]은 모두 부박하고 경망한 자질로 오로지 고담만을 일삼아 신진들의 영수가 되었고, 전 좌랑 윤두수(尹斗壽)가 맨 먼저 부회(附會)하여 서로 찾아다니면서 국사의 시비와 인물의 장단을 모조리 평론의 대상 속에 넣고 겉으로는 격양(激揚, 격탁양청(激濁揚淸)의 준말로 악을 물리치고 선을 발양시킨다는 뜻.)의 이름을 빌어 장차 나라를 위태롭게 할 풍조를 빚고 있습니다. 행 대호군 이문형은 자신이 재상의 반열에 있으면서 스스로 근신하지 못하고 부박한 무리들을 끌어들여 논의를 주도하는 바람에 문하에 끊임없이 객이 출입하고 있으며 삼척 부사 허엽[일찍이 화담(花潭) 서 선생(徐先生)의 문하에 종유하여 대략 학문의 길을 알아서 언제나 옛사람을 사모하는 뜻이 간절했다.]과 과천 현감 윤근수(尹根壽)[윤두수의 아우로 자품이 영리하고 독실한 행실이 있었다.]는 모두가 명성을 좋아하는 사람들로서 경연에 입시하였을 때에 애써 과격한 의논을 펴서[일찍이 야대에서 기묘년의 일을 극력 진달하여 상의 뜻을 돌려보려다가 도리어 배척을 당했으니 애석한 일이다. 지금 상의 뜻을 헤아리고 애써 영합하여 모두를 죄 주자고 청하니 그 계교가 너무도 흉악하지 않은가.] 듣는 사람으로 하여금 지금까지 의심하고 놀라면서 오래도록 잊지 못하게 하였으니 이들 역시 죄 주지 않을 수 없습니다.

박소립·기대승은 그 관작을 삭탈하여 도하에 발을 붙이지 못하게 하여 몰려다니는 길을 끊으시고, 윤두수는 관직을 삭탈하고, 이문형·허엽·윤근수는 파직하소서."[과거에 이량이 그 아들 이정빈을 이조의 낭료(郞僚)로 삼으려 하자 박소립·윤두수가 당시 이조에 있으면서 처음에는 들어주지 않아 이로 인해 틈이 생겼다. 또 기대승이 당시에 명망이 있으므로 만나보려 했으나 대승이 끝내 만나주지 않았다. 이감(李戡)도 그 아들 이성헌(李成憲)을 한림으로 삼으려 했으나 한원(翰苑)에서 추천해 주지 않았는데 그때 기대승이 한원에 있었기 때문에 항시 원망하고 있다가 마침내 모함하여 무너뜨릴 계책을 이루게 된 것이다. 또 그들 스스로가 자기들의 하는 짓이 반드시 식자(識者)들에게 미움을 살 줄 알고 자기 일당들과 내쫓을 것을 모의했으나 명목이 없었다. 그런데 자전(慈殿)이 항시 기묘년의 사류를 불쾌하게 여기고 있는 것과 주상도 싫어하고 있는 것을 알고 마침내 고담이니 격양이니 하는 말로 마구 공격하여 장차 일망타진할 계책을 세운 것이다.]

사신은 논한다. 세상에서는 이량의 당이 박소립 등과 조그만 혐의가 있어서 중죄에 얽어 넣었다 하는데, 겉으로 보면 근사한 말이지만 실상은 그렇지 않다. 대체로 군자와 소인은 언제나 상반되는 것이 훈유(薰蕕)와 빙탄(氷炭)이 한 그릇에 담길 수 없는 것 같을 뿐만이 아니다. 그러므로 저쪽이 성하면 이쪽이 쇠하는 것은 정해진 이치이다. 그렇다면 비록 혐원이 없다손 치더라도 어찌 원수로 여기지 않겠는가. 만약 소인에게 시기하고 모해하는 마음이 없다면 어찌 소인이 되겠는가. 이때에 이량의 무리가 하는 짓이 극히 불안정하였으므로 그들이 마음 쓴 것은 오직 자기들을 비난할까 염려하는 데 불과했으니 자기들과 뜻이 맞지 않는 사람들을 서둘러 몰아내지 않을 수 없었을 터인데 더구나 본래 혐분이 있는 자이겠는가. 이것이 박소립 등이 맨 먼저 중상을 당한 이유이니, 앞으로 몇 사람이 또 당할는지를 어찌 알겠는가. 심하다, 이량의 어리석음이여. 언젠가 심의겸(沈義謙)을 나무라기를 '너는 박소립·기대승·윤두수를 무엇 때문에 좋아하는가? 이 문형은 너더러 동방의 성인(聖人)이라고 한다는데 네가 과연 성인인가?' 하였다. 이로 미루어 보면 이량의 질시하고 원망하는 마음이 박소립 등에게만 있는 것이 아니라 심의겸에게도 감정이 없지 않았다는 것이 분명하다. 그리고 처음 거사했던 을사년의 사건을 들어서 모조리 얽어 넣어 기필코 중죄로 다스리게 하려고 했었는데 심의겸이 애써 구원함에 힘입어 죄가 이에서 그쳤으니 그 또한 다행한 일이다. 애당초 야기된 발단은 실상 윤백원이 윤원형과 이량의 말을 가지고 양쪽 사이를 드나든 데서부터 시작되었는데 심통원도 많은 작용을 했었다. 아, 기묘년의 일이 아직도 성명(聖明) 아래에서 명백하게 드러나지 않고 도리어 사람을 잡는 덫과 함정이 되고 있으니 통탄할 일이다. 하니, 아뢴 대로 하라고 답하였다.

[명(命)이 나오자 사람들이 깜짝 놀라고 온 서울이 뒤숭숭해졌다. 이감 등이 이 논계를 올린 것은 이량이 주동이 된 것이다. 대저 이량이 비록 척리의 친속을 빙자하여 높은 지위에 올랐고 위복과 여탈이 그 손아귀에 있었지만 사림들이 비루하게 여겼고, 조금만 지식이 있는 자라면 모두 침을 뱉고 돌아보지 않았다. 그래서 이량은 항상 사림에게 앙심을 품고 있었다. 그 문하에 출입하는 자들은 모두 권세가 무서워서 아첨하는 무리가 아니면 재리나 좋아하는 염치없는 자들뿐이었다. 이감도 흉악하고 괴팍한 성질로서 주상의 유모를 모친처럼

섬기고 윤원형을 상전처럼 섬겼는데 그 덕분에 좋은 벼슬을 역임하였다. 뒤에 다시 이량과 심복 관계를 맺어 그 권세가 화염처럼 치성했으므로 사람들이 비루하게 여기고 미워하기를 이량과 같이 했다. 그래서 역시 분하게 여기고 있었으며 끝내 용납되지 못할 것을 알고는 밤낮으로 동류를 모아놓고 쓰러뜨릴 계책을 궁리하던 끝에, 사람들의 뿌리는 이황과 조식이니 점차로 그 뿌리를 모조리 제거한 뒤에야 우리가 마음대로 할 수 있으리라 생각하고 우선 이 몇 사람을 시험 삼아 치우고 앞으로 그 흉포를 자행할 셈이었다. 이에 앞서 이감 등이 회의를 할 적에 이중경·김백균 등과 모든 당인(黨人)이 모여 있었는데, 감의 뜻은 죄에 얽어 넣어 모두 베어 내려고 했으나 모든 당인들이 명목이 없음을 걱정하였다. 조금 뒤에 감이 일어서서 돌다가 도로 앉으며 '그대들이 내 계책을 쓰지 않았다가는 아마 후회할 것이다.'했다. 그러고도 죄명을 찾을 길이 없어서 고담부정(高談不靖)이란 말로 주상을 현혹시키게 된 것이다.]

3. 기대승이 문외 출송을 당하다.

『명종실록』29권, 명종 18년(1563) 8월 17일.

우부승지 박근원이 장령 황삼성에게 개인의 뜻으로 묻기를, "계사(啓辭) 속에 '그들로 하여금 도하에 발을 붙이지 못하게 한다.'는 것은 문외 출송(門外黜送)의 뜻인 것 같은데 그런 문자는 없으니 어떻게 승전(承傳)을 수행해야 하겠습니까? 만약 문외 출송을 이르는 것이라면 마땅히 의금부에서도 승전을 수행해야 하기 때문에 묻는 것입니다." 하니, 황삼성이 답하기를, 동료들과 같이 논의할 적에 문외 출송한다는 말은 없었으니 내가 독단해 말할 수는 없습니다. 그러나 도하에 발을 붙이지 못하게 한다는 것과 문외 출송과는 약간 차이가 있는 듯하니 다만 아뢴 말대로 승전을 수행하는 것이 무방할 것입니다." 하자, 박근원이 황삼성에게 물었던 뜻으로 취품(取稟)하니 전교하기를, "박소립·기대승을 문외 출송하는 것으로 의금부에서도 승전을 수행토록 하라." 하였다.

사신은 논한다. 박근원이 이 일에 있어 묻지 않을 것을 물었고 또 취품하지 않을 것을 취품하였으니 그 또한 매우 겁장이다. 그러므로 박소립과 기대승이 문외 출송된 것은 황삼성이 아뢴 것이 아니라, 바로 박근원이 이룬 것이다.

4. 모함 당한 기대승을 다시 등용할 것을 청하다.

『명종실록』29권, 명종 18년(1563) 9월 16일.

영의정 윤원형과 우의정 심통원이 아뢰기를, "신들이 삼가 이량이 권력을 독단하여 나랏일을 그르치는 꼴을 보고도 즉시 아뢰어 귀양 보내도록 하지 않았으니 신들의 죄가 커 황공함을 금할 수 없습니다. 당초 이량 등이 박소립(朴素立)을 내쫓을 적에, 이량은 신들이 대신의 반열에 있다 해서 찾아다니며 '박소립의 무리가 청담(淸談)을 내세워 나라의 정치를 비방하고 기묘년의 습관을 불러일으키고 있으니 모름지기 그 조짐을 일찍 막아야 한다.'고 하였습니다. 신들은 젊은 문사들의 언론의 잘못을 알지 못하였지만 이량이 육경의 반열에 있는 몸으로서 공론이라 칭탁하고 말했기 때문에 신들은 참으로 그런 줄만 알고 있었습니다. 간신을 내쫓은 뒤에 자세히 듣건대 박소립이 이랑(吏郞)으로 있을 때에 이량의 아들 이정빈(李廷賓)의 천거를 쾌히 따르지 않았고, 기대승이 한원(翰苑)에 있을 때 이감(李戡)의 아들 이성헌(李成憲)을 검열에 천거하지 않았다 하여 원한을 품고 없는 죄를 만들어 일망 타진할 계획을 세운 것이니 그 흉악한 죄상이 이런 극한에까지 이르렀습니다.

대저 경석(經席)에서 드러내놓고 말한 자는 할 수 없거니와 그 밖의 사람들은 아무런 증거도 없었는데 청담한 사람을 위해 변명했다고 지목하여 이것으로 사람을 빠뜨리는 덫과 함정으로 삼아 자기에게 혐의가 있는 사람을 모두 죄망에 얽어 넣었으니 사람들이 어떻게 수족인들 놀릴 수 있었겠습니까. 일국의 정치에 어찌 양시(兩是) 양비(兩非)가 병행(並行)하고 하나로 귀결되지 않을 수 있겠습니까. 박소립 등이 아직도 그대로 죄에 묶여 있는 것은 시비가 혼동되고 인심을 불안케 하는 것입니다. 이는 진퇴와 안위의 계기로서 국가에 관계되는 바가 가볍지 않으니 상께서 양편의 정상을 밝게 살피시어 국시(國是)를 정해 주시면 다행이겠습니다.

그리고 윤개는 훈구의 신하요 홍섬은 문행(文行)이 있는 선비로서 역시 이량의 누적된 혐오로 모함에 빠져 우수와 억울함이 쌓여 고개를 움츠리고 나오지 못함으로써 성대한 세상에서 불우하게 지냄을 면치 못하고 있으니, 이 또한 성명(聖明)께서 살피시고 풀어주시어 통창

(通暢)한 기운을 베풀어 주소서. 신들이 동료들과 합의를 보았으나 근일 병든 동료가 있어서 머뭇거리며 그의 병이 나아서 나오기를 기다렸는데 나오지 못하게 되어 이제야 와서 아뢰니 더욱 황공합니다." 하였다.

답하기를, "예부터 간신이 권력을 전천(專擅)하게 되면 사람마다 두려워서 발설을 못하는 법인데, 하물며 경들은 모두가 척리들이니 어떻게 그의 죄를 다스리자고 아뢸 수 있었겠는가. 황공해 하지 말라. 또 대신은 마땅히 어진 자를 나오게 하고 간사한 자를 물리쳐야 할 것이니 이후로는 아는 대로 자세히 살펴서 분명히 밝히는 것이 좋다. 전번에 박소립 등의 죄를 정할 때에 나도 이러한 정상은 모르고 공론이 참으로 그런가 보다 하였는데, 만약 권간이 감정을 품고 날조하여 죄를 당한 것이면 국시를 정하지 않을 수 없다. 영평(鈴平, 윤개의 봉호)과 홍섬이 누적된 혐원으로 이량에게 무함을 당하여 나오지 못하고 있다면 마땅히 소통해 주어야 할 것이다. 그런데 소립의 무리를 모두 다시 등용하자는 뜻인가?" 하였다.

윤원형과 심통원이 회계(回啓)하기를,

"삼가 정녕하신 상교를 받아드니 감격을 이기지 못하겠습니다. 박소립 등 여섯 사람 중에서 박소립·기대승·윤두수·이문형은 전과 같이 등용하고, 윤근수·허엽은 경연 석상에서 말을 했다 하니 이는 차등이 있어야 합니다. 상께서 헤아리시어 아직 현직에는 제수하지 마소서." 하였다.

답하기를, "아뢴 뜻이 옳다. 내 생각도 또한 그러하니 아뢴 대로 하라. 윤근수·허엽 등은 경연에서 아뢴 말이 중대하니 지금 갑자기 청반에 등용할 수는 없다."

하였다.[이 때에 영상과 우상이 비록 공론 때문에 와서 아뢰었으나 윤원형은 큰 간흉이요 심통원은 재물을 탐하는 어리석은 사람이라 그 언론이 바르지 못했다. 비록 박소립이 모함당한 것을 구해줬으나, 청담이나 하는 기묘년의 남은 습관이라 말하기에 참으로 그런 줄만 알았다고 하였고, 허엽 등의 정직함은 말하지 않고 '경연에서 뚜렷하게 발언한 자는 할 수 없다.'라는 말을 하여 상으로 하여금 '갑자기 청반에 쓸 수는 없다.'는 말씀까지 하게 하였으니, 이른바 '경보(慶父)를 제거하지 않으면 노(魯)나라의 난이 그치지 않을 것이다.'[2]는 격이다.]

5. 기대승이 서당 인원으로 뽑혔다.

『명종실록』29권, 명종 18년(1563) 12월 12일.

승정원(承政院)에서 서당 인원의 간택에 대한 일을 입계하였는데 뽑힌 사람이 8원(員)이었다.[박순(朴淳)·정윤희(丁胤禧)·유전(柳㙉)·최옹(崔顒)은 앞서 뽑은 자이고, 기대승(奇大升)·이산해(李山海)·신응시

---

2 '경보(慶父)를 제거하지 않으면 노(魯)나라의 난이 그치지 않을 것이다.'는 격이
  다. : 경보는 춘추 시대 노(魯)나라 장공(莊公)의 아우 공중(共仲)임. 그는 장공
  이 죽고 자반(子般)이 즉위하자, 어인(圉人) 뇌(犖)를 시켜 자반을 죽이고 장공
  의 서자인 민공(閔公)을 세운 뒤에 다시 민공을 죽였다. 노나라의 혼란을 구원
  하고 돌아온 제(齊)나라 대부 중손추(仲孫湫)가 제후(齊侯)에게 "경보를 제거하
  지 않으면 노나라의 난이 그치지 않을 것이다."라고 하였다. 여기서는 윤원형
  과 심통원을 경보에게 비교하여 한 말이다. 『춘추좌씨전(春秋左氏傳)』민공(閔
  公) 원년.

(辛應時)·이후백(李後白)은 뒤에 더 뽑은 자이다.]

6. 기대승을 홍문관 부수참으로 삼다.

『명종실록』29권, 명종 18년(1563) 12월 21일.

윤춘년(尹春年)[경박한 성품으로 벼슬길에 나아가기를 구하는 마음을 품고는 권신(權臣) 윤원형에게 아부하였다. 윤원형의 사주를 받아 윤원형의 형 윤원로의 죄를 상소하여 배척함으로써 '곧다'는 이름을 얻어 갑자기 재신(宰臣)의 반열에 들었다. 성격 또한 고집스러워 자기만 옳다고 하였고, 옛 제도를 마구 바꾸어서 시사(時事)를 현란하게 하였으니 약간 청렴하다는 말은 들었으나 취할 게 없었다. 이량이 권세를 장악한 뒤로 그의 세력이 점점 약해지더니 지금 한직에 제수된 것이다.]을 지돈령부사로, 홍인경(洪仁慶)을 의정부 사인으로, 정윤희를 홍문관 응교로, 기대승[학식이 해박하였다. 전날 간신 이량 등이 그의 재명(才名)을 미워하여 문외 출송하였다.]을 홍문관 부수찬으로 삼았다.

7. 기대승이 주강에서 언로의 개방에 관하여 아뢰다.

『명종실록』30권, 명종 19년(1564) 2월 13일.

주강에 나아갔다. 검토관 기대승(奇大升)이 아뢰기를,"옛사람이 '천하의 안위(安危)는 재상에게 달려 있고, 군덕(君德)의 닦이고 닦이지 않음은 경연(經筵)의 책임이다.' 하였으니, 경연의 관계됨이 중함은 재상과 다를 것이 없습니다. 그러나 반드시 군덕이 성취된 뒤에야 사람을 알아서 쓸 수 있는 것입니다. 그러니 경연이 더욱 중한 것인데, 후세의 경연은 한갓 겉치레만 일삼고 실상은 없습니다. 지금 성덕(聖德)이 일찍 성취되셨으니, 그 의리의 학문에 있어서 정밀하고 능숙하여 의심이 없을 것입니다. 그러나 더욱 거룩한 생각을 더하시어 날마다 경연에 나아가 강론하기를 그치지 않으면 성덕이 더욱 융성해질 것입니다. 단지 평상시의 성체(聖體)가 자주 편치 못하여 오랫동안 경연을 폐하였으므로 신은 늘 미안하게 여기었습니다. 일전에 전교하신 것을 보니, 학문에 대하여 마음에 새겨두어 잊지 않는 뜻이 있었습니다. 보고 들은 모든 사람들이 누군들 감격하지 않았겠습니까. 임금의 학문은 오직 경연에 나와서 여러 신하들을 대하는 때만 부지런히 힘쓸 것이 아니라, 한가롭게 혼자 있을 때에 더욱 닦고 살펴야 합니다." 하니, 상이 이르기를, "아뢴 뜻은 당연하다. 임금이 학문을 좋아하여 경연에 나아가서 여러 신하들과 접촉하면서 의리를 강론하여 밝히는 것은 참으로 당연한 일이다. 오랫동안 경연을 폐하여 나의 마음이 편치 않은 까닭에, 나의 뜻을 벌써 정원에 모두 일렀다." 하였다.

기대승이 또 아뢰기를, "언로(言路)는 국가에 있어서 가장 중요하여 언로가 열리면 국가가 평안하고 언로가 막히면 국가가 위태로워지는 것인데, 지금의 언로는 활짝 열려 있는지 신은 알지 못하겠습니다. 지난번에 하늘의 재변으로 인하여 구언(求言)한 뒤에 이미 5~6개월이 지났는데, 이제야 처음으로 상소한 사람이 있었습니다. 그런데 지금 또 상께서 말의 뿌리를 따져 물으니, 신은 이로 말미암아 더욱 진언하는 자가 없을까 두렵습니다. 당(唐)나라 신하 육지(陸贄)가 덕종(德宗)에게 고하기를 '간언하는 사람이 추솔하고 근거 없는 말을 하는 것은 임금의 잘 용서함을 밝히는 것이다.' 하였습니다. 대체로 추솔하고 강직한 선비가 혹 지나친 말을 하더라도 이 어찌 임금의 허물을 드러내는 것이겠습니까. 모두 임금을 사랑하는 지성(至誠)에서 나온 것이니, 능히 용납하여 받아들이면 더욱 임금의 덕에 빛이 있을 것입니다. 신은 바라건대, 지금 이후부터는 간언(諫言)을 바치는 자가 경솔한 말을 함이 있더라도, 상께서는 용납하여 받아들이시기를 바랍니다. 그렇게 하신다면 사람마다 품고 있는 생각을 반드시 주달(奏達)할 것입니다." 하니, 상이 이르기를,

"언로의 열리고 막힘은 진실로 치란에 관계됨이 있다. 지금 사헌부의 상소 가운데에 미진한 뜻이 있으므로, 자세히 알고 싶어서 물은 것이니, 언로에는 별로 방해됨이 없을 것이다." 하였다. 기대승이 또 아뢰기를,

"전하의 뜻은 비록 이와 같지만 아랫사람이 어찌 알겠습니까. 옛말에 '집집마다 찾아가서 사람마다 설명해 줄 수는 없다.' 하였습니다. 상께서 두세 번 말이 나온 곳을 따져 물으시니, 사람들이 듣고 보기에 매우 불편합니다." 하였다.

8. 기대승을 홍문관 부수찬으로 삼다.

『명종실록』30권, 명종 19년(1564) 6월 20일.

최응룡(崔應龍)을 승정원 우부승지로, 홍인경(洪仁慶)을 홍문관 직제학으로, 안방경(安方慶)을 사헌부 집의로, 이기(李墍)를 장령으로, 정윤희(丁胤禧)를 홍문관 전한으로, 이중호(李仲虎)를 부교리로, 이제민(李齊閔)를 수찬으로, 기대승(奇大升)[문(文)에 박학(博學)하고, 도(道)에 가깝고 바르게 하기에 노력하였다.]을 부수찬으로 삼았다.

9. 기대승을 병조 좌랑으로 삼았다.

『명종실록』31권, 명종 20년(1565) 2월 8일.

강사상(姜士尙)을 사헌부 대사헌으로, 유영길(柳永吉)을 병조 정랑으로, 기대승(奇大升)을 병조 좌랑으로, 목첨(睦詹)을 청홍도 관찰사(淸洪道觀察使)로 삼았다.

10. 기대승을 이조 정랑으로 삼았다.

『명종실록』31권, 명종 20년(1565) 7월 29일.

신여종(申汝悰)을 강원도 관찰사로, 안방경(安方慶)을 청홍도 관찰사로, 기대승(奇大升)을 이조 정랑으로, 유경심(柳景深)을 함경북도 절도사로 삼았다.

11. 기대승을 추고케 하다.

『명종실록』31권, 명종 20년(1565) 11월 7일.

사헌부에서 아뢰기를, "조정이 깨끗하고 밝게 되는 것은 사로(仕路)의 잡됨이 없는 데서 말미암고, 사로가 잡되지 않게 되는 것은 오직 이조의 선발이 매우 공정한 데에 있을 뿐입니다. 지난번 임금께서 시폐(時弊)를 통찰하시고 이조에 특명으로 '세속의 청탁에 얽매이지 말고 백집사를 정선하라.' 하신 유시가 한번 반포되고부터, 눈과 귀를 모두 크게 뜨고 크게 기울여 전에 물든 더러움을 모두 씻어 버릴 것을 바라니, 조정에 있는 여러 신하들은 마땅히 거룩하신 뜻을 따르기에 겨를이 없을 터인데, 어찌 감히 다시 자신들의 사사로움을 가지고 전형관에게 부탁을 할 것이며 전형관 역시 어찌 폐습에 구애되어 억지로 사청을 따를 수 있겠습니까.

그러나 임금의 교지가 막 내려 먹자국이 채 마르지도 않았는데, 전형의 주의(注擬)는 아직도 청탁에 끌려감을 면치 못하고 있습니다. 말속(末俗)의 고질화된 폐단을 변개할 기약이 없으니 매우 한심스럽습니다. 이조의 당상[판서 오겸(吳謙), 참판 이탁(李鐸), 참의 진식(陳寔).]과 색 낭청(色郞廳)[정랑 기대승(奇大升), 좌랑 윤두수(尹斗壽).]을 추고하소서."[10월 25일의 정사에 영릉 참봉(英陵參奉)의 결원이 있었는데, 낭청에서 효행이 있는 사람을 주의할 것을 청했는데, 판서 오겸이 강제로 김명윤(金明胤)의 생질 심인기(沈仁祺)를 1등으로 추천했기 때문에 대간이 이와 같이 아뢴 것이다.]하니, 아뢴 대로 하라고 답하였다.

12. 기대승을 사헌부 지평으로 삼았다.

『명종실록』 32권, 명종 21년(1566) 4월 19일.

기대승·한효우를 사헌부 지평으로, 이인을 홍문관 교리로, 김명원을 수찬으로 삼았다.

13. 기대승을 홍문관 교리로 삼았다.

『명종실록』 33권, 명종 21년(1566) 10월 1일.

유순선(柳順善)을 강원도 관찰사로, 박근원(朴謹元)[사람이 경박하여 중후한 기색이 없었다.]을 호조 참의로, 이식(李拭)을 형조 참의로, 이후백(李後白)을 의정부 사인으로, 이제민(李齊閔)을 병조 정랑으로, 기대승(奇大升)을 홍문관 교리로, 임여(任呂)를 황주 목사(黃州牧使)로 삼았다.

14. 기대승을 사간원 헌납으로 삼았다.

『명종실록』 33권, 명종 21년(1566) 10월 4일.

이탁(李鐸)을 공조 판서로, 박영준(朴永俊)을 사헌부 대사헌으로, 이중호(李仲虎)를 집의로, 권덕여(權德輿)와 신담(申湛)을 장령으로, 구사맹(具思孟)을 사간원 사간으로, 김규(金戣)와 황정욱(黃廷彧)을 사헌부 지평으로, 기대승(奇大升)을 사간원 헌납으로, 민시중(閔時中)

을 홍문관 교리로, 한효우(韓孝友)를 병조 정랑으로, 이증(李增)과 정탁(鄭琢)[별로 기국과 도량이 없었는데, 바른 길로 가려는 마음이 있어서 명사(名士)들에게 인정을 받아 교서(校書)에서 발탁, 제수되었다.]을 사간원 정언으로, 이항(李恒)을 임천 군수(林川郡守)로, 박순(朴淳)을 첨지중추부사(僉知中樞府事)로 삼았다.

15. 기대승을 의정부 검상으로 삼았다.

『명종실록』 33권, 명종 21년(1566) 10월 14일.

기대승(奇大升)을 의정부 검상(議政府檢詳)으로, 이해수(李海壽)를 사간원 헌납(司諫院獻納)으로 삼았다.

16. 기대승을 의정부 사인으로 삼았다.

『명종실록』 33권, 명종 21년(1566) 윤 10월 24일.

이희검(李希儉)[타고난 성품이 유화(柔和)하여 유약한 태를 벗지 못했다.]을 병조 참의로, 성의국(成義國)[재산이나 늘리려 꾀하고 이익이나 탐하여 비루하였고 벼슬을 얻어 보존하기 위해 못하는 짓이 없었으며 신의(信義)라고는 없는 위인이었다.]을 참지(參知)로, 기대승(奇大升)[착한 것을 즐기고 옛 것을 좋아했으며 의논이 굳고 명확하였다. 얼마전 이량(李樑)이 조정을 어지럽힐 때 공의(公議)를 부식(扶植)하다가 끝내 빈척(擯斥)되었었다.]을 의정부 사인(議政府舍人)으로, 정엄(鄭淹)[타고난 기질이 온아하고 일을 정확하게 처리했다. 조심해 직에 이바지했고 규구(規矩)를 삼가 지켰다.]을 병조 정랑으로, 정유일(鄭惟一)을 사간원 헌납으로, 김취문(金就文)[선산인(善山人)으로 김취성(金就成)의 동생이다. 기국이 온아했는데 동향(同鄉) 사람인 박영(朴英)에게 수학(受學)했고 형에게 훈자(薰炙)하여 얻은 것이 많았다. 얼마전 을사년에 당로자(當路者)에게 거슬려 20년간 주군(州郡)에 유락(流落)하였다. 취성의 학문 역시 박영에게서 나온 것인데, 그는 과거를 일삼지 않고 성리(性理)에 침잠하여 성학(聖學)을 탐구했으며 비록 의약(醫藥)·복서(卜筮)라 해도 모두 정미롭게 밝았다. 박영도 선산인이었는데 젊어서는 방탕하여 공부를 하지 않고 오직 무술만 숭상하여 약관(弱冠)에 무과(武科)에 올랐었는데, 그만두고 10년간 숨어 살면서 독실히 배우고 힘써 행하였으니 참으로 호걸지재(豪傑之才)라고 이를 만하다. 천문(天文)·지리(地理)·의약·복서에 이르기까지 정통하지 않은 것이 없었다. 벼슬이 종 2품에 이르렀고, 호는 송당(松堂)이었다.]을 홍문관 교리로 삼았다.

17. 기대승이 원계검의 검시 문제로 아뢰다.

『명종실록』 33권, 명종 21년(1566) 11월 16일.

사인(舍人) 기대승(奇大升)이 삼공의 뜻으로 아뢰기를, "신들이 금부(禁府)의 공사(公事)를 보건대, 원계검(元繼儉)의 검시구(檢屍柩)가

고양군(高陽郡)에 와 있으니 경기 감사에게 검시하여 계문하게 하라고 하였는데, 금부가 법례(法例)에 의거해서 계청한 것은 당연합니다. 그러나 계검은 오랫동안 품질이 높은 재상의 반열에 있었고 비록 붕간(朋奸)의 죄를 범하기 했으나 반역(反逆)에 비길 만한 범죄는 아닙니다. 그 시체가 이미 장소(葬所)에 이르렀으니 필시 뜻밖의 부정한 일은 없을 것입니다. 관을 열고 검시하는 것은 성덕(盛德)에 어긋나는 일 같으니, 검시하지 말고 금부에게 죄안(罪案)에서 이름을 삭제만 하게 하소서." 하니, 답하기를,

"아뢴 내용이 마땅하다. 나의 뜻 역시 그렇게 생각하고 있었으므로 말하지 않았었다. 아뢴 대로 하라." 하였다.

18. 기대승을 원접사 종사관으로 충용하였다.

『명종실록』 34권, 명종 22년(1567) 1월 12일.

의정부 좌찬성 홍섬을 천사 관반(天使館伴)으로, 예조 판서 박충원(朴忠元)을 원접사로, 홍문관 전한 이후백(李後白)과 의정부 사인 기대승(奇大升) 및 이조 좌랑 이산해(李山海)[이색(李穡)의 후예로, 여섯 살에 능히 대문자(大文字)를 짓고 성동(成童)이 되기 전에 여러 차례 향시(鄕試)에 장원하였으므로 당시 사람들이 천선(天仙)처럼 바라보았으니, 참으로 기사(奇士)이다.]를 원접사 종사관으로 충용하였다.

19. 기대승을 사헌부 장령으로 삼았다.

『명종실록』 34권, 명종 22년(1567) 2월 7일.

이탁을 사헌부 대사헌으로, 이인(李訒)을 집의로, 황정욱·기대승을 장령으로, 한효우(韓孝友)·이우직(李友直)을 지평으로, 권덕여를 의정부 사인으로 삼았다.

20. 기대승을 의정부 사인으로 삼았다.

『명종실록』 34권, 명종 22년(1567) 4월 8일.

유잠을 한성부 판윤으로 삼았다.

사신은 논한다. 유잠을 태릉의 수릉관이라 하여 특별히 주의(注擬)를 지시하여 판윤을 제수하였으니, 상께서 선후(先后)를 위하여 수고를 보답하는 뜻은 지극하다. 그러나 유잠은 일개 비부(鄙夫)로 평생의 소행이 탐독한 일뿐이고 성격 또한 음험하여 남의 재물을 토색(討索)하다가 조금만 비위에 거슬리면 문득 모함하곤 하였다. 수릉관이 된 뒤부터는 신하의 직분이 무엇인 줄을 모르고 상의 총애만을 믿어 더욱 방자해져서 꺼림이 없다가 이제 송관(訟官)의 장(長)까지 되었으니 뇌물을 받고 송사를 팔아넘기는 일이 어찌 끝이 있겠는가. 오늘의 정사에서는 하나의 도신(盜臣)을 얻은 셈이니 큰 불행이라 이를 만하다.

이식(李拭)을 강원도 관찰사로, 기대승[학문이 연박(淵博)하고 문장이 뛰어나 그 명성이 당세에 알려졌다. 다만 논의를 주장함에 있어

남을 이기기 좋아하는 병폐가 있었다.]을 의정부 사인으로 삼았다.

21. 기대승을 사헌부 장령으로 삼았다.

『명종실록』34권, 명종 22년(1567) 4월 15일.

박순을 사헌부 대사헌으로,[박순의 위인은 자품이 온윤하고 영명하며 체력은 극히 허약하나 마음은 철석보다 더 단단하여 권세에도 굽히지 않고 환난에도 꺾이지 않았으며 일을 당하면 분연히 말하는데 그 말이 다 강직하였다. 그러므로 옥당에서 논사할 때는 도움이 적지 않았고 대간에 출입할 때도 건백한 것이 또한 많았다. 박순은 고(故) 우윤(右尹) 박우(朴祐)의 아들이다.] 김첨경(金添慶)[천성이 단중(端重)하여 남에게 흔들리거나 굽힌 적이 없었다. 지난날 김여부(金汝孚) 등이 붕당을 맺어 김규(金虯)·김홍도(金弘度)를 모함할 때 거기에 맹종하지 않았으니 그 지키는 바를 알 수 있다.]을 집의로, 기대승·한효우를 장령으로, 정유일·채난종을 지평으로, 진식을 홍문관 부제학으로[진식은 진우(陳宇)의 아우로 성격이 강개·분발하고 언론·풍채에 볼만한 것이 많았다. 그 형이 비명에 죽은 것을 절통하게 여기어 나이 19세 때 대궐 앞에 나아가 소를 올려 형의 원수 갚기를 청하였는데 이는 김안로가 처음 패하던 시기였다. 식견 있는 이들은 그의 비범한 재주를 알아보았다. 중년에 이량의 배격으로 정주(定州) 수령으로 나갔다가 이제야 다시 간원과 옥당(玉堂)에 들어오게 되었는데 아는 것은 말하지 않은 바가 없고 말한 것은 다하지 않은 바가 없었으니 시론이 훌륭하게 여겼다.] 삼았다.

22. 기대승을 홍문관 응교로 삼았다.

『명종실록』 34권, 명종 22년(1567) 5월 5일.
임열(任說)을 한성부 판윤으로 삼았다.

사신은 논한다. 임열이 청의에 용납되지 못한 지는 이미 오래이다. 아경(亞卿)의 자리도 오히려 걸맞지 않는데 하물며 육경의 서열에 참여할 수 있겠는가. 상이 꼭 임열을 판윤으로 삼고 싶어 하는 것이 어찌 그가 현명해서였겠는가. 다만 임열이 그 아들을 척리와 혼인시켜 반연하는 길이 있기 때문에 그를 사랑하여 귀하게 만들어 주고 싶었던 것이다. 그러나 특별 제수에는 이목이 있으므로 전조에 명하여 의망하도록 하였으니, 임열이 구구히 벼슬을 구하는 정상은 사람들의 견문을 속일 수 없고 상이 구차히 사정을 따른 정사는 신중을 기하는 도에 해로움이 있다. 더구나 임열은 재물에 임하여서는 부끄러움도 잊어버리는 위인으로 지금 사송을 판결하는 장까지 되었으니, 송사를 팔아서 재물을 취득하는 소행이 어찌 한이 있겠는가. 그렇다면 지금의 정사에 어찌 적격자를 얻었다 할 수 있겠는가.

사신은 논한다. 임열이 판윤이 되어 그 비목(批目)이 내려오자 사람들이 다 '내일 대간이 반드시 그 부적격함을 논계할 것이다.' 하였다. 그러나 마침내 한 사람도 여기에 대해 입을 여는 자가 없었으니, 이는 임열이 심가와 혼인하였기 때문에 사람들이 두려워하여 감히 논박하지 못한 것이다. 당초에 한 대간이 그 부적격함을 논박하기 위하여 대사헌 박순에게 쪽지를 통하였으나 박순이 불가하다 하여 끝내 허락하지 않았으니, 박순 또한 심가에 견제되어 그러한 것이다. 그러한 대사헌이 장차 무슨 소용이 있겠는가. 사람들이 다 그의 무기력함을 비웃었다.

민기를 지중추부사로, 김홍윤(金弘胤)을 한성부 좌윤으로, 이기(李墍)를 사헌부 장령으로, 기대승(奇大升)을 홍문관 응교로 삼았다.

23. 기대승을 전한으로 삼았다.

『선조실록』 1권, 선조 즉위년(1567) 10월 23일.

김홍윤(金洪胤)을 공조 참판으로, 박소립(朴素立)을 대사성으로, 이진(李震)을 사인(舍人)으로, 기대승(奇大升)을 전한(典翰)으로, 윤근수(尹根壽)를 집의(執義)로, 윤주(尹澍)를 장령(掌令)으로 삼았다.

24. 기대승이 기묘년 이후의 시비를 가릴 것을 청하다.

『선조실록』 1권, 선조 즉위년(1567) 10월 23일.

상이 사정전(思政殿)의 조강(朝講)에 나아가 『대학(大學)』을 진강(進講)하였다. 기대승이 집의로서 입시하였다가 아뢰었다.

"천하의 모든 일은 시비가 없을 수 없는데 시비가 분명한 뒤에라야 인심이 복종하고 정사가 순조롭습니다. 시비는 인심에서 나올 뿐만 아니라 천지에서 나오기도 합니다. 그러므로 비록 일시적으로 덮어버리고 베어버리더라도 시비의 본심은 끝내 없어지지 않는 것입니다. 중종 대왕께서 즉위하신 처음에 정성을 다하여 다스림을 구하면서 어진 선비들을 등용하시었고, 이른바 어진 선비들이란 사람들도 등용되는 것을 즐겁게 여겨 당우(唐虞)와 삼대(三代)의 지치(至治)를 다시 이룩할 수 있었는데 불행하게도 참소하는 말이 한번 들어가 모두다 큰 죄를 받았습니다. 당시 조광조(趙光祖)는 착한 사람으로 사림(士林)에서 큰 기대가 있었고, 위에서도 성심으로 밀어주었습니다. 그런데 소인의 무리들이 참소하려고 할 때에 조광조 등이 정국 공신(靖國功臣)이 외람되다는 의논을 내자, 이것을 가지고 '조광조가 인심을 수합하여 불궤(不軌)를 도모하는 것이다.'라고 하며, 남곤(南袞)·심정(沈貞) 등이 그 죄를 꾸며서 혹 죽이기도 하고 혹은 쫓아내어 멀리 유배보내기도 했습니다. 중종께서는 즉시 깨닫지 못하셨기 때문에 20여 년 사이에 유배지에서 일생을 마친 사람도 많습니다. 만년에 가서야 비로소 사실을 아시어 기묘년에 죄를 입은 사람 중에는 혹은 은혜를 입어 놓여난 사람도 있고 혹 등용된 사람도 있습니다.

선왕의 초년에는 국가에 일이 많아 그 당시 사람으로서 학식과 덕행이 있는 자들은 도리에 어긋나거나 탐오(貪汚)한 사람을 보면 때때로 탄핵하여 논박하기도 했지만 모두가 국사를 위하는 것이었습니다. 그런데 소인들이 화를 조성하여 경박한 무리들이라고 하면서 기묘년의 화를 일으켜 처음에는 경박한 죄로 논하고 끝에 가서는 난역(亂逆)의 율(律)을 적용하였습니다. 지금 죽은 자는 복직되고 살아 있는 자는 거두어져 서용되었으나 시비는 아직도 분명해지지 않았는데, 반드시 시비가 분명해진 뒤에라야 인심이 기뻐하고 복종할 것입니다.

이언적은 근래에 없던 어진 사람으로 행동에는 법도가 있었고 또한 고서(古書)도 잘 알았는데 이러한 사람이 당시에 죄를 입고 멀리 강계(江界)로 귀양 갔다가 죽었습니다. 송인수(宋麟壽) 역시 경박하다는 이름을 얻어 마침내는 큰 죄를 받았고 노수신(盧守愼)·유희춘(柳希春)·정황(丁熿) 역시 경박하다는 죄를 받았는데, 경박하다고 하는 것은 다른 죄를 씌울 수가 없을 때 쓰는 말입니다. 선왕께서는 어리셨으니 어찌 이것을 알았겠습니까. 그 뒤에 조정에서 어찌 시비를 분명하게 알아 말할 사람이 없었겠습니까마는, 윤원형과 이기가 국권을 잡고 항상 역신(逆臣)을 비호하며 살육을 가했기 때문에 마음 속으로는 말을 하면서도 감히 입을 열지 못한 것이 오래였습니다. 선왕 말년에 비로소 사실을 아셨으므로 혹 방면하기도 하고 서용하기도 했으며, 혹은 이배(移配)하기도 했습니다.

대체로 기묘년부터 남곤과 심정이 중종을 기망(欺罔)하여 엄폐함이 극도에 달했고 을사년 이후에는 다시는 시비를 말하는 사람이 없었습니다. 시비가 분명해지지 않으면 비록 선을 좋아하는 마음이 있다고 하더라도 무슨 도움이 있겠습니까. 지난번에 이황에게 하서하여 올라오게 하셨는데, 그 사람은 어릴 때부터 글을 읽은 자로 당초에 착한 사람들이 죄를 받는 것을 보았기 때문에 물러간 것입니다. 지금 나이 이미 70세이고 또 질병이 많습니다만 대개 시비가 분명해지지 않는 것을 보고는 조정에 나와 남의 뒤를 따라다니는 것을 부끄럽게 여기고 차라리 초야에 물러가 있으려고 하는 것입니다. 새로 정사를 하시면서 어진 이를 초빙하는 일은 매우 훌륭한 조처입니다. 그러나 어진 이를 쓰고자 한다면 부득이 시비를 분명하게 해야 합니다. 우리나라는 한쪽에 치우쳐 있고 풍속 또한 온전하지 못하기 때문에 조금이라도 지식이 있으면 화를 당하지 않는 사람이 없습니다.

고려 말기에 정몽주(鄭夢周)는 충효의 큰 절의가 있었고, 정주(程朱)의 학문을 배워 동방 이학(理學)의 조종이 되었는데, 불행하게도 고려가 망하려는 때를 당하여 살신성인(殺身成仁)했습니다. 우리 왕조에 들어와서 정몽주의 학문을 전수하여 익힌 사람은 김종직(金宗直)으로, 학문은 연원이 있고 행실 또한 방정했으며 후진을 가르치는 데 정성을 쏟았습니다. 성묘(成廟)께서 그가 어진 것을 아시고 판서를 삼았으나 오히려 세상과 화합할 수가 없었습니다. 연산조(燕山朝)에 이르러 사화(史禍)가 발생하여 사림이 죄를 받았는데 화가 그의 문도(門徒)에게서 나왔기 때문에 김종직에게까지 미쳤습니다. 또 김굉필(金宏弼)이 있는데 바로 김종직의 제자로서 김종직은 대체로 문장을 숭상했으나 김굉필은 힘써 실천을 하던 사람이었습니다. 성묘(成廟)께서 중하게 여기셔서 좌랑(佐郞)을 삼으셨는데 연산조에 이르러 김종직의 문도로서 화를 당했고, 갑자년에 이르러 끝내 큰 죄를 받았습니다. 중묘(中廟)께서 즉위하시어 그의 어진 것을 애석히 여겨 표창하고 우의정에 증직했습니다. 조광조는 또 김굉필의 제자인데 독실한 공부가 있어 세도(世道)를 만회하여, 이욕(利欲)의 근원을 막으려고 했으나 그렇게 하지 못하고 죽었습니다.

지금 조정에서 분명하게 시비를 밝힐 수는 없으나 부득이 옳은 것은 옳고 그른 것은 그르다고 한 뒤에야 인심이 기뻐하며 복종할 것입니다. 이언적은 이미 사유(赦宥)를 받았는데 비단 죄가 없었을 뿐만 아니라 그의 학문과 행실은 근래에 없던 인물입니다. 지난날 중국 사신이 나왔을 적에 다른 사람은 저술이 없었으나 이언적은 저술이 있었기 때문에 가져다 보였는데, 배운 것이 정주학(程朱學)이었으므로 그 말이 모두 도리에서 나왔습니다. 또 저술한 것은 바로 소년 시절에 지은 것이었는데 소년 시절의 저술이 이와 같았으니 만년에 성취한 것이 어찌 한량이 있겠습니까. 그 집에 남긴 유서들을 찾아다가 후진들의 본보기로 삼게 함이 마땅합니다. 조광조와 이언적을 표창하여 추존(追尊)한다면 거의 인심을 흥기시킬 수 있을 것입니다. 전에 이기와 윤원형이 권력을 잡았을 때는 착한 사람은 죄를 받고 뜻을 얻는 자들은 그들의 앞잡이였기 때문에 탐욕스럽고 더러움이 풍조가 되어 지금은 거의 모든 풍습이 그렇습니다. 그리하여 오늘날 이른바 청렴 근실하다고 하는 자들도 조종조의 청렴 근실한 자들과 비교해보면 모두 탐욕스럽고 더러움을 면하지 못합니다. 수령들의 외람됨이 모두가 이와 같아 맹자(孟子)가 이른바 '그들 모두를 죽이려고 한다면 이루다 죽일 수가 없다.'고 한 말과 같습니다. 비단 수령만이 그러할 뿐만 아니라 조정에도 탐욕스럽고 더러운 사람이 많이 있으니 반드시 엄하게 근절시킨 뒤에라야 풍속을 변화시킬 수 있을 것입니다."

25. 기대승이 『중용』과 『주역』을 통해 성학을 논하다.

『선조실록』 1권, 선조 즉위년(1567) 11월 3일.

상이 사정전(思政殿)의 주강(晝講)에 나아가 『대학(大學)』을 진강(進講)했는데 '소인이 한가하게 거처할 때[小人閒居]'에서부터 '두려움이 심하다.[可畏之甚也]'까지 하였다. 기대승(奇大升)이 임문(臨文)하여 아뢰기를,

"『대학』에서 '성(誠)은 실(實)이다.' 했고, 『중용(中庸)』에서는 '성은 진실되어 허위가 없음을 말한다.'라고 했으니, 성은 곧 하늘의 도[天道]이며 성인의 지극한 공효(功效)입니다. 진실하고 거짓이 없게 하려는 것이 바로 진실되게 한다는 것이고, 이 장(章)에서 '그 뜻을 정성스럽게 한다.[誠其意]'는 것도 곧 진실되게 한다는 것입니다. 이른바 '마음이 정성스럽다.[誠於中]'는 것은, 소인의 마음은 인욕(人慾)으로 꽉 차있으니, 그 인욕이 진실하기 때문에 악을 행하는 것도 진실하다는 것입니다. 소인이 악을 행하는 것은 군자가 선을 행하는 것과 공부가 아주 상반되어 천리(天理)인 성(誠)을 해침이 막대합니다. 이 장의 이른바 '미색(美色)을 좋아하듯 하고 악취를 싫어하는 것 같이 한다.'라는 것은, 사람이 악취를 맡으면 그 냄새를 싫어하는 것은 군자나 소인이나 차이가 없습니다. 사람이 악한 것을 싫어할 줄은 알면서도 나쁜 냄새를 싫어하듯이 할 줄 모른다면 이는 진실 되지 못한 것입니다. 혈기(血氣)란 것은 사람이 태어날 때부터 가지고 있는 것으로 미색을 좋아하는 욕심이 으뜸이 됩니다. 이는 남 때문에 좋아하는 것이 아니라 그 마음이 진실로 좋아하는 것이기 때문에 미색을 좋아하는 것도 역시 진실한 것입니다. 가령 어진 이가 여기에 있다고 할 경우 어찌 미색을 좋아하듯 어진 이를 좋아하는 자가 있겠습니까. 여기에 대해 항상 스스로 경계하고 반성하여 착한 것을 좋아하고 악

한 것을 미워하는 마음이 이만 못하지 않은가 하고 생각하여 악을 제거하고 선을 힘써 구하여 반드시 얻어낸다면 성의(誠意)와 자겸(自慊)의 공효가 지극하게 될 것입니다. 그러니 송나라의 유학자가 말한 '온 나라에서 제일가는 미인이 있다고 하면 기필코 찾아서 보려고 하면서 전국 제일의 선비가 있다고 하면 한 번도 가서 만나보려고 하지 않는다.'라는 말은 격언입니다.

임금이 정사나 명령을 내리는 사이에 착한 일이 아무리 많다고 하더라도 혹시 '공론이니 불가불 따른다.'라고 범연하게 말하여 진실 되지 않고 그 자신에게 응용할 줄도 모른다면 끝내는 진실이 없는 것이 되고 말 것입니다. 진실 되고 거짓이 없는 것은 바로 성인(聖人)이 되는 바탕입니다. 마음이 진실하지 못하면 책을 읽고 공부하는 것도 경연에서 글을 토론하고 인원 수만 채우는 데 불과할 뿐입니다. 『주역(周易)』에 이르기를 '입 밖에 낸 말이 착한 말이면 천리 밖에서도 호응하고 착하지 않으면 천리 밖에서도 거역한다.' 하였습니다. 관계됨이 매우 크니 삼가지 않을 수 있겠습니까." 하고, 또 아뢰기를,

"착한 행동을 하고 악한 것을 버릴 줄 아는 것은 격물치지(格物致知)하는 데에서 나오는 공부입니다. 스스로를 속이는 소인은 한가하게 있을 때 불선한 짓을 하는 소인과는 같지 않는 것으로 역시 분별할 수가 있습니다. 뜻[意]이란 사려가 처음 싹이 터 움직이는 지점으로서 뜻에서 선악이 갈라지므로 사람이 착하지 않으면 악으로 향하게 되는 것입니다. 이것을 인귀관(人鬼關)이니 선악관(善惡關)이니 하는 것은 이 때문입니다."

26. 기대승 등이 진강하였다.

『선조실록』 1권, 선조 즉위년(1567) 11월 17일.

상이 비현각(丕顯閣)에서 소대(召對)하여 『대학』을 강하였는데 '요 임금과 순임금은 인으로써 천하를 거느렸다.[堯舜帥天下以仁]'에서부터 '위의 문장을 통괄하여 맺었다.[通結上文]'까지 하였다.

이황이 아뢰기를, "'임금이 되면 인(仁)에 머물러야 한다.' 하였으니 인(仁)자는 임금에게 가장 중요한 것입니다. 인의예지(仁義禮智)가 성(性)의 사덕(四德)이나 인은 그중에서 으뜸이 됩니다. 옛사람이 말하기를 '인이란 것은 마음의 덕이요, 사랑의 이치이다.' 하였으니, 인은 바로 성(性)이고, 그것이 발하여 측은한 마음이 생기는데 이것이 바로 정(情)입니다. 천지는 만물을 생성하는 것으로 근본을 삼아 변화와 운행이 잠시도 간단이 없어서 만물이 각기 성명(性命)을 바르게 가지니 이것이 이른바 인(仁)인 것입니다. 이 세상은 처음 개벽한 이래 거칠고 소박할 뿐이었는데 복희(伏羲)에 이르러 팔괘(八卦)를 그리고 신농(神農)이 온갖 풀을 맛보아 의약을 제조하였으며 황제(黃帝) 때에 비로소 제도를 만들고 요순(堯舜) 때에 인문(人文)이 크게 갖추어졌습니다. 요임금이 순임금에게 위(位)를 물려주면서 '중정(中正)한 것을 진실로 잡아야 한다.'고 하였고, 순임금이 우(禹)임금에게 위를 물려주면서 '인심(人心)은 위태롭기만 하고 도심(道心)은 은미하기만 하니 오직 정밀하고 진일하여야 진실로 그 중정을 잡을 수 있다.'라 하여 그 당시에는 제왕이 서로 전하던 법을 중(中)자로써 말하였습니다.

기자(箕子)가 무왕(武王)을 위하여 홍범(洪範)을 진술했는데 '임금은 그 극(極)을 세우는 것이다. [皇建其有極]라 하여 그 때에는 극(極)자로 말했습니다. 공자에 와서 비로소 인(仁)자를 말했는데 공자 문하의 제자들 역시 '인'을 많이 질문했으며, 맹자(孟子)에 이르러 인지예지(仁義禮智)를 아울러 말하여 미진한 것이 없게 되었습니다. 인은 임금에게 있어서 과연 중대하니 한번 호령하고 한번 생각하는 때에도 모두 인으로 마음을 삼아야 합니다. 인(仁)자와 서(恕)자는 뜻이 같으나 또한 같지 않는 점이 있는데, 서자에는 공부가 미진하고, 인자에는 자연스럽다는 뜻이 있습니다.

그러므로 자기를 미루어 상대에게 미치는 것을 '서'라 하고 자기로써 바로 상대에 미치는 것을 '인'이라 합니다. 맹자가 말하기를 '서(恕)를 힘써 행하면 인을 구하는 데 이보다 더 가까운 것은 없다.'고 했으니 대개 인과 서의 차이를 알 수 있습니다. 서자는 앞에서는 보이지 않다가 이 장 및 다음 장에서 비로소 보이기 시작합니다. 자기를 다스리는 마음으로 다른 사람을 다스리고 자신을 사랑하는 마음으로 다른 사람을 사랑하는 것을 이른바 서라고 하므로 수신장(修身章)의 아래에서 처음으로 보이는 것입니다. 다만 서자의 뜻을 세속에서 잘못 알고 '자기가 하지 못하는 것으로 다른 사람을 책하지 않는 것이 서이다.'라고 하기 때문에 관대하고 해이한 뜻이 되어 버렸으니 이른바 서자의 본뜻이 아닙니다.

옛날에 한 광무제(漢光武帝)가 죄 없는 황후를 폐하려고 질운(郅惲)에게 말하자, 운이 말하기를 '부부의 법도는 아버지가 자식에 대해서도 어떻게 하지 못하는데 하물며 신하로서 임금에게 어떻게 할 수 있겠습니까.' 하니 광무가 '서기양인(恕己量人)을 잘 한다.'고 하였는데,

이에 대해 주자는 글자 한 자를 분명하게 알지 못하는 해가 크다고 하였습니다. 대개 남의 신하된 자는 임금을 책난(責難)하여 임금에게 허물이 없도록 하는 것을 자기의 임무로 삼아야지, 자기가 하지 못한다고 해서 실천하기 어려운 일을 임금에게 권유하지 않아서는 안 되는 것입니다. 그리고 임금된 사람도 또한 오로지 선을 행하는 데에만 힘써서 타고난 고유의 덕성(德性)을 밝혀 백성을 스스로 새로워지게 한 뒤에야 이른바 자기의 처지를 미루어 상대에게 미치는 서(恕)라고 할 수 있습니다." 하고, 또 아뢰기를, "자신을 책하기를 후하게 하고 남을 책하기를 박하게 한다고 한 『논어』의 말은 서(恕)의 뜻이 아닙니다. 대체로 제왕의 서는 천하 국가를 소유하고 예악(禮樂)과 형정(刑政)이 다 있으니 반드시 자기가 싫어하지 않는 그것을 미루어 상대에 미치게 한 뒤에야 서라고 할 수 있습니다. 또 임금의 악덕 중에서는 욕심 많고 사나운 것이 가장 중하니 부득이 본심을 단정히 하고 근원을 맑게 한 뒤에야 난을 일으킬 염려가 없게 됩니다. 한 사람이 나라를 안정시킨 경우는 바로 요임금과 순임금인데 후세의 임금을 두고 본다면 명령을 내리고 시행하는 과정에서 조금이라도 선을 행하면 거의 망해가던 나라가 도리어 안정이 되고, 실로 조그마한 악이라도 있게 되면 굳건하던 나라가 역시 멸망하는 지경에 이르게 됩니다.

주 선왕(周宣王)은 주나라 왕실이 이미 쇠퇴한 뒤에 즉위하였지만 자신을 낮추고 덕을 닦아 주나라의 왕도가 다시 일어났습니다. 한 사람이 탐욕을 부리고 사나왔던 경우는 곧 걸(桀)과 주(紂)로서 천하의 악명이 모두 걸과 주로 모였는데 걸과 주의 악함이 그렇게 심한 것은 아니었으되 악명이 모두 모였습니다. 그래서 자공(子貢)도 '군자(君

子)는 하류에 처하기를 싫어한다.' 하였습니다. 후세에도 착하지 못한 임금이 역시 많았지만 반드시 걸주(桀紂)라고 칭하는 것은 탐욕스럽고 포악했기 때문입니다. 걸과 주는 천자라는 높은 지위에서 천하의 낙을 누리다가 하루아침에 필부가 되었습니다. 걸이 명조(鳴條)로 달아나 죽으니 하우씨(夏禹氏)의 4백 년 기업(基業)이 순식간에 무너졌고, 주가 보옥으로 장식한 옷들을 걸친 채 불속에 뛰어들어 자살하자 상탕(商湯) 6백 년의 왕통 역시 끊어졌습니다. 『시경(詩經)』에 이르기를 '은(殷)나라의 거울은 멀리 있는 것이 아니라 바로 하(夏)나라 시대에 있다.' 하였고, 우(禹)가 순임금에게 경계하기를 '단주(丹朱)와 같이 거만하지 마소서.' 했는데, 순임금이 어찌 단주와 같았겠습니까마는 우임금이 경계하여 고한 도리는 실로 이와 같았습니다.

맹자는 말하기를 '요순은 인륜의 지극한 경지이다. 순임금이 요임금을 섬기던 방법으로 임금을 섬기지 않으면 이것은 임금에게 불경(不敬)하는 것이며, 임금된 자는 요임금이 백성 다스리던 방법으로 백성을 다스리지 않으면 이는 백성을 해치는 것이다.' 하였으니, 후세의 임금들은 마땅히 요순으로 법을 받고 걸주로 경계를 삼아야 합니다." 하였다.

상이 이르기를, "요임금과 순임금도 우열이 있는가?" 하니, 기대승(奇大升)이 아뢰기를,

"어찌 우열이 있겠습니까. 복희(伏羲)·신농(神農)·황제(黃帝)·요·순은 다같이 생지(生知)의 성인이라 실로 우열이 없습니다. 다만 우(禹)의 덕은 무왕(武王)과 비슷하고, 문왕(文王)의 덕은 요·순과 비슷합니다. 만약 탕왕(湯王)이나 무왕을 요·순에 비교한다면 다소 차이

가 있을 듯합니다." 하였다. 상이 이르기를, "요임금과 순임금 중에 누가 나은가?" 하니, 기대승이 아뢰기를 "요순 시대는 1년으로 말한다면 4월과 같은 때로서 요임금의 덕은 공손하고 총명하고 우아하고 신중하시어 온유하셨습니다. 순임금은 여러 가지 고난을 두루 경험하여 농사 짓고 질그릇 굽고 물고기까지 잡았습니다. 깊은 산중에 있으면서 목석(木石)과 같이 살고 사슴이나 멧돼지와 같이 놀았지만 한 마디 착한 말을 듣거나 한 가지 착한 행동을 보게 되면 양자강이나 황하의 물을 터놓은 듯 막힘이 없이 통달하였습니다. 정자(程子)는 '요와 순은 서로 우열이 없다.'고 했는데 이 말이 과연 그렇습니다. 문왕역시 생지(生知)의 성인이신데 『시경』에 이르기를 '슬기도 없고 지혜도 없는 속에 천리(天理)를 순응한다.' 하였고, 또 '상천(上天)의 일은 소리도 없고 냄새도 없다. 문왕을 본받으면 온 세상이 믿고 따르게 되리라.'고 했습니다. 문왕의 뒤에는 공자가 주(周)나라 말기에 태어나 모든 임금의 본보기가 되었는데 그 제자의 말에 '내가 선생님을본 바에 의하면 요임금이나 순임금보다도 훨씬 더 훌륭하시다.'라고 했습니다. 대개 요순 시대에는 백성이 잘 다스려져 화평을 누렸는데 그 은택이 한 시대에만 있었으나, 공자는 만세토록 법을 드리워 그 공이 요순보다 더하였으니 이른바 성(聖)이라는 지위로 말하면 다름이 없겠지만 공으로 보면 다른 점이 있습니다.

요·순·우·탕·문왕·무왕·주공(周公)·공자는 도(道)의 정통으로, 요·순 시대에는 고요(皐陶)·직(稷)·설(契) 같은 이가 있었고, 탕의 시대에는 이윤(伊尹) 같은 사람, 문왕에게는 태공망(太公望)·산의생(散宜生) 같은 이가 있었습니다. 공자에게는 3천 제자가 있었는데 3천

제자들 중에서 안자(顔子)와 증자(曾子)가 그 종지(宗旨)를 얻었으며, 그 뒤에 자사(子思)가 증자의 전승을 받았고, 맹자(孟子)는 자사의 문인에게서 수업(受業)하였습니다. 맹자가 죽은 뒤에 사도(斯道)가 끊어져서 천여 년을 내려오다가 송(宋)나라 때 이르러서는 염계 선생(濂溪先生) 주돈이(周惇頤)가 있었는데 학문이 고명하여 저술로『태극도(太極圖)』와『통서(通書)』가 있습니다. 또 두 정 부자(程夫子)가 나왔는데 형인 정호(程顥)는 호를 명도 선생(明道先生)이라 하여 저술로『어록(語錄)』이 있고, 아우 정이(程頤)는 호를 이천 선생(伊川先生)이라 하여 저술로『역전(易傳)』이 있습니다. 후학들에게 학문을 강론하여 사문에 공로가 있었는데, 그 제자는 귀산(龜山) 양시(楊時)와 예장(豫章) 나종언(羅從彦)입니다. 연평(延平) 이동(李侗)은 나종언에게서 배웠고, 주자는 이동의 제자로서 경서의 주(註)를 찬정(撰定)했는데 여러 유자(儒者)의 학설을 집대성했습니다. 삼대(三代) 이상은 위에서 몸소 실천함으로써 통솔했는데 후세에는 비록 큰 일을 한 업적도 있었으나 학자의 일을 하는 것에 지나지 않았습니다.

우리나라는 바다 모퉁이에 치우쳐 있으면서 학문하는 일을 모르다가 세종조(世宗朝) 이후에 비로소 학문을 일삼았고 유자들 역시 학문을 숭상할 줄 알았습니다. 이제 위에서 학문을 좋아하시어 모든 사람들이 성대(聖代)의 현명한 군주가 나오셨다고 하니 당대의 어진 이들이 어찌 나와서 응하지 않겠습니까.『주역(周易)』에 '구름은 용을 따르고 바람은 호랑이를 따르며, 성인이 나타나니 만물이 우러러본다.'고 했는데, 성인이 만물의 우러르는 대상이 되는 것은 필연적인 이치입니다." 하였다.

상이 이르기를, "요·순·탕·무는 모두 훌륭한 신하를 얻어 함께 지치(至治)를 이룩했으나 삼대 이후에는 비록 세상을 구제하고 백성을 편안하게 할 어진이가 있더라도 벼슬하기를 좋아하지 않고 도를 스스로 지키면서 은거하였다. 이는 그들이 때를 얻지 못하여 그런 것인가, 시사(時事)가 좋지 못해서 그런 것인가? 비록 성대(聖代)를 만나더라도 이러한 사람들이 있는 것은 무엇 때문에 그러한가?" 하니, 기대승(奇大升)이 아뢰기를, "덕을 밝히고 백성을 새롭게 하는 것은 체용(體用)의 학문입니다. 만약 참된 유자가 있다면 어찌 독선(獨善)만 하겠습니까. 한쪽으로 치우친 산림(山林)의 선비들이라면 간혹 멀리 가서 돌아오지 않는 자도 있습니다. 삼대 이후로 팔원 팔개(八元八凱)·고요(皐陶)·기(夔)·후직(后稷)·설(契)은 모두 성인의 지우(知遇)를 받은 자들입니다. 탕(湯)의 시대에는 이윤(伊尹)이 유신(有莘)의 들에서 농사를 지었는데 탕이 사람을 보내 폐백(幣帛)으로 초빙하자, 이윤이 말하기를 '내가 나가는 것이 어찌 밭 가운데서 살며 요순의 도를 즐기는 것만 같으랴.' 하다가 탕이 세 차례나 사람을 보내 폐백을 갖추어 초빙하자 그제야 비로소 생각을 바꾸어 일어나면서 말하기를 '내가 어찌 이 임금을 요순같은 임금으로 만들며, 이 백성을 요순 시대의 백성으로 만드는 것만 같으랴.' 하였습니다. 탕이 그를 걸(桀)에게로 보냈으나 걸이 등용하지 않자 또 탕에게로 갔는데 이렇게 다섯 번을 오가다가 결국 탕을 도와 걸을 쳤습니다. 고종(高宗)이 3년 동안의 상중에 말을 하지 않으니 그의 신하가 간하기를 '임금께서 말씀을 하지 않으시면 신하들은 명령을 받을 길이 없습니다.' 하자, 고종이 '꿈에 상제(上帝)께서 훌륭한 보조자를 보내주시었으니 그가 나를 대신하여 말하

게 될 것이다.' 하고, 꿈에서 본 대로 초상(肖像)을 그려 집짓는 공사
장에서 부열(傅說)을 찾아내어 함께 이야기해 보니 과연 성인(聖人)이
었으므로 그를 등용하여 재상으로 삼은 사실이 열명(說命) 3편에 실려
있는데 이는 꿈속에서 서로 정신이 감통(感通)한 까닭이었습니다. 공
자와 맹자는 몹시 급하고 안타까워하여, 3개월 동안 섬길 임금이 없어
도 그를 찾아 위문하는 자세로 도의 시행을 자기의 임무로 삼았기 때
문에 감히 은퇴하지 못하고 두루 여러 나라를 방문한 것입니다.

　한 무제(漢武帝)는 진 시황(秦始皇)이 분서 갱유(焚書坑儒)한 뒤에
육경(六經)을 드러내었으니 함께 일해 볼 만한 임금이라고 할 수 있
으나 대체로 큰 공로를 좋아하여 내심에는 욕망이 많고 외면으로는
인의(仁義)를 과시했기 때문에 동중서(董仲舒) 같은 어진 이를 얻고서
도 등용하지 못하고 강도왕(江都王)의 재상으로 삼았습니다. 송 신종
(宋神宗)은 정명도(程明道)를 감찰 어사(監察御史)로 삼아 융숭히 사
랑하였으나 왕안석(王安石)과 의논이 화합되지 않아 명도가 물러났는
데, 신종 역시 그의 훌륭함을 몰랐기 때문에 끝내 등용하지 않았습니
다. 정이천(程伊川)은 나이 25~26세 때에 과거에 응시했으나 급제하
지 못하자 그 뒤에는 천거하는 사람이 있어도 스스로 학문이 미진하
다고 하면서 벼슬하기를 원하지 않았습니다. 철종(哲宗) 초년에 사마
광(司馬光)과 여공저(呂公著)가 그를 천거하여 숭정전 설서(崇政殿說
書)를 삼았습니다. 그러자 이천은 '유자(儒者)로서 권강(勸講)하는 관
원이 되었으니 신으로 하여금 스스로 처할 곳을 선택하게 하더라도
이보다 더 나을 데가 없다.' 하고 즉시 소명(召命)을 받들어 벼슬하여
아는 것은 모두 말하였는데 경연(經筵) 석상에서 반복하고 유추(類推)

하니 당시 청강(聽講)하던 자들이 지루하다고 하자, 이천은 '임금을 보도(輔導)하면서 이같이 하지 않는다면 어찌 성의를 다한다고 하겠는가.'라고 말하였습니다. 천하 사람들이 한창 존숭하여 신임하게 되었는데 그 당시 소식(蘇軾)이란 자가 있었으니 이른바 소동파(蘇東坡)로서 문장의 재주는 있었으나 심사가 바르지 못하여 정자와 사이가 좋지 않았습니다. 식이 공문중(孔文仲)을 시켜 상소하기를 '간사하고 비속하여 항간에서 그를 오귀(五鬼)의 괴수라고 지목한다.'고 논박했는데, 이에 서경 국자감(西京國子監)이 되었습니다.

주자는 송 고종(宋高宗)조에 급제했으나 마침 어려운 시기를 만났고 또 노친이 있었기 때문에 물러갔습니다. 효종조(孝宗朝)에 이르러 구언(求言)에 따라 상소, 소명(召命)을 받고 입대했으나 때마침 금(金)나라와의 화친으로 논의가 합치되지 않아 물러갔습니다. 절동 제거(浙東提擧)가 되어 지대주(知台州) 당중우(唐仲友)의 장오(贓汚)를 조사하여 상소를 처음 올렸을 때 왕회(王淮)와 중우(仲友)는 인척간이라 즉시 배척을 받았습니다. 또 병부 낭중(兵部郎中)이 되었을 때 시랑(侍郎) 임율(林栗)이 와서 함께 강학(講學)을 했는데 의논이 같지 않자 즉시 상소하여 '희(熹)는 문자도 모르며 정이(程頤)와 장재(張載)의 계통이다.'고 하여 이로 인하여 물러갔습니다. 장재는 바로 장횡거(張橫渠)입니다. 주자가 영종(寧宗) 초년에 시강(侍講)에 입시했다가 강을 마친 뒤 상소하여 품고 있던 생각을 다 말하자 영종이 '처음 주희를 경연관으로 제수했을 뿐인데 일마다 참여하려고 한다.' 하고 시강을 파면하여 남경 제거(南京提擧)로 삼았습니다.

옛날의 성현들이야 어찌 감히 하루인들 천하사를 잊을 리가 있겠습니까. 이천이 서경 국자감이 되었을 때 표(表)를 올려 사퇴하면서 '어찌 왕을 저버리겠습니까. 충성은 지극하지만 부득이해서입니다.'라고 했는데 이는 거취의 의리상 당연한 것이었고, 또 말하기를 '의리상 꼭 가야 할 경우가 되어 자신의 포부를 펼 길이 없습니다.' 했습니다. 성현의 마음에 어찌 감히 하룬들 임금을 생각하지 않겠습니까. 어진이가 임금을 모심에 있어서 반드시 공경과 예를 다하는 것은 자기 스스로 존대(尊大)하게 되려고 해서가 아니라 덕을 높이고 의를 즐기기를 그처럼 하지 않으면 함께 큰일을 할 수 없기 때문입니다. 후세에는 간혹 조용히 물러나서 세상에 나오지 않으려는 자도 있고, 위에서는 알아주나 동류들의 질투로 용납되지 못하는 자도 있으며, 임금에게 인정을 받지 못하여 뜻이 맞지 않아 물러가는 자도 있는데, 성심으로 어진이를 구한다면 후세라고 어찌 어진이가 없겠습니까. 또 유자(儒者)로서 오직 학문에만 힘을 쏟고 왕후(王侯)를 섬기지 않으면서 자기의 지조를 고상하게 가지는 자가 어찌 없겠습니까. 대체로 어진이가 자중(自重)하지 못한다면 비록 등용한다고 한들 국가에 무슨 이익이 있겠습니까." 하였다.

상이 이르기를, "정자나 주자가 물러간 것은 그 당시 임금이 지성으로 대우하지 못했기 때문에 소인이 참소하여 이간질을 한 것이다. 만약 지성으로 했더라면 어찌 참소가 있겠는가." 하니, 기대승이 아뢰기를,

"상의 하교가 지당하십니다. 소인이 군자를 해치는 데는 천만 갈래의 길이 있기 때문에 임금이 비록 지성으로 어진 이를 등용하려 해도 어진이가 접근할 수 없습니다. 효종(孝宗)은 남송의 유능한 임금인데,

주자가 근본을 바로잡고 근원을 깨끗이 하려고 했기 때문에 세 번 들어가서 논한 것이 모두 환시(宦侍)를 다스려야 한다는 일이었습니다. 당시 잠저(潛邸) 때의 총행(寵幸)이 많았기 때문에 효종이 비록 어질다 하더라도 인정을 이기지 못하는 점이 있었는데, 주자는 폐행(嬖倖)이 조정을 주관하고 있으면 비록 진심으로 국사를 해도 끝내는 반드시 후환이 있을 것이라 생각하여 이 때문에 물러갔습니다.

옛사람이 말하기를 '어진 이를 알아보는 것이 어려운 것이 아니라 알고서 신임하는 것이 어렵다.'고 했습니다. 만약 신임하지 않는다면 소인의 참소와 이간질이 어찌 이르지 않겠습니까. 조종조로 말하더라도 중묘(中廟) 초년에 조광조가 정성을 쏟아 지치(至治)를 도모하고 마음을 다하여 국사에 임했는데 그 학문이 성현의 경지에 미치지 못하여 당시 실시한 일들이 간혹 적중하지 않기도 했습니다. 그리하여 소인의 무리들이 끝내 사직을 위태롭게 하는 것이라고 하자 중종께서도 믿지 않을 수 없어 결국에는 큰 죄를 입게 되었습니다. 대신을 신임하게 되면 소인은 이간질할 수가 없습니다. 어진이 하나가 참소를 받고 물러가면 사방이 해이해져서 사람들은 세상을 등지고 발걸음을 멀리 할 것이며 조정에 나오는 자들은 녹만을 탐할 뿐입니다. 만약 어진 이를 신임한다면 자연히 온 나라의 교화가 일어나 아름다운 이름이 삼대와 나란해질 것입니다." 하고, 또 아뢰기를,

"전교를 받드니 감격스러움을 이기지 못하겠습니다. 옛날 사람이 어진 이를 등용하지 못한 이유와 정성껏 찾으면 어진이를 구할 수 있다는 뜻을 상께서 알고 계시니 온 나라 신민의 복입니다. 지난번에 이황(李滉)·이항(李恒)·조식(曺植)을 올라오게 하는 일로 하서하신 것

은 이것이 비록 선왕의 뜻이었다고는 하나 상께서 계승하시는 것이 더욱 중요하니 이 이상 가는 것이 없습니다. 다만 이황은 신유생이고, 이항은 기미생이며, 조식 역시 신유생으로 모두 70세의 고령입니다. 이처럼 날씨가 매우 추운 때에는 불러올 수 없는데 이미 소명(召命)이 있었으니 물러나 있기가 미안하여 필시 괴로워할 염려가 있습니다. 만약 집에 있으면서 병을 조리하는 것을 어렵게 여겨 길을 떠났다가 병이라도 얻게 되면 길에서 죽을까 걱정됩니다. 위에서 만나보시고 싶은 생각이 간절하다고 하더라도 어진 선비를 기다리는 데는 관대하게 해야지 몰아붙여 촉박하게 해서는 안 됩니다. 날씨가 춥고 병이 있다면 사세를 보아가면서 올라오도록 다시 하유하심이 어떻겠습니까?

이준민(李俊民)이 아뢴 '어진 이 라면 의심 없이 신임해야 된다.'는 말은 그 본의는 지당하나 또한 폐단이 없을 수 없습니다. 지금 사람들이 어찌 한결같이 옛날 사람들과 같겠습니까. 그 인물을 살펴보고 그가 군자임을 확실히 안 뒤에 신임하여 등용해야 할 것입니다. 한때 선하다고 해도 미진한 데가 있으면 자연히 행동에 드러나는 것이니 부득이 어떠한 사람이라는 것을 알고서 등용해야 합니다. 미천한 신하로서 진실로 상달하기 어려운 일입니다마는, 이황과 이항(李恒)은 신이 보아서 알고 있고 조식은 신이 보지 않아 모르지만 일찍이 벗들을 통해 그 사람에 대해서 들은 바가 있습니다. 이황의 의논을 보면, 자질이 매우 고명하고 정자(程子)와 주자를 조술(祖述)했기 때문에 그 저술이 정자·주자에 근사하여 근래 우리나라에서는 이러한 인물이 드문데 그의 성품이 염퇴하기를 좋아하여 젊어서부터 벼슬살이를 싫어하며 고향에서 사느라 고생이 많다고 합니다.

이항은 당초 무예를 일삼으며 멋대로 행동하던 인물이었으나 크게 깨달아 학문을 알고는 공부에 뜻을 두었으니 그 용기는 옛날 사람과 비교해서 무엇이 다르겠습니까. 두문 불출하고 글을 읽었고 덕행과 기국(器局) 또한 성숙되어 외모로 볼 때 근엄합니다. 다만 무인으로서 처음에는 과거보는 학문을 하지 않다가 만년에야 학문을 알았기 때문에 해박하게 통하지 못하였습니다.

조식은 기질이 꼿꼿하여 천길 절벽이 우뚝 서 있는 것 같다고 했으니 무딘 자를 흥시키고 나약한 자를 일으켜 세울 만하나 학문은 법도를 따르지 않는 병통이 있습니다. 성운(成運) 역시 유일(遺佚)의 선비로서 선왕조에 소명(召命)을 받들고 올라 왔다가 병으로 사직하고 물러갔는데 나이가 이미 70여 세가 되었습니다. 이 사람에 대해서는 들은 것이 없으나 대개 명리(名利)를 탐내지 않고 스스로의 절조(節操)를 지키는 자입니다. 한 시대의 어진 이는 한 사람만이 아니나 이황 같은 사람은 우뚝하게 뛰어난 자입니다.

옛날에 왕통(王通)이란 자가 있었는데 이른바 문중자(文中子)입니다. 수 문제(隋文帝) 때에 상소하여 계책을 올렸는데, 주자가 '자신의 능력이 이윤(伊尹)이나 주공(周公)에 미치지 못하는 줄을 알지 못했다.'고 했으니, 이는 이윤이나 주공의 사업이 어려웠음을 말하는 것입니다. 상께서 저들 두세 사람을 부르시는 것은 삼대(三代)의 정치를 이루고자 하심이겠으나 저들 몇 사람이 어찌 이윤이나 주공으로 자부하겠습니까. 책임이 너무 무거우면 학문이 이루어지지 않았다고 핑계댈까 두렵고, 접대가 지나치게 후하면 또 기대에 감당하지 못할까 두렵습니다.

날씨가 따뜻해져서 올라온 뒤에 불러보신다면 그 사람들은 반드시 상달하는 바가 있을 것입니다. 신임하는 성의는 한결같이 해야 하며 그 사이의 접대는 참작해서 해야 하니 한때는 극진하게 접대하다가 끝까지 그렇게 계속하지 못하면 참소하는 말이 이로부터 생깁니다.

송 인종(宋仁宗)조에 한기(韓琦)·부필(富弼)·범중엄(范仲淹)·구양수(區陽脩)·두연(杜衍)은 등용된 지 얼마 안 되어 참소를 받고 흩어졌는데 등용될 처음에 이미 그들을 위하여 미리 염려한 자가 있었습니다. 지금 이와 같이 하는 것은 세상에 드문 기이한 일이나 식견 있는 사람들은 혹 후환을 염려하는 자도 있을 것입니다.

음양의 소장(消長)은 또한 자연의 이치이지만 지성으로 마음을 굳게 정한 뒤에라야 후일 폐단이 없을 것이고 당우(唐虞)의 시대를 만들 수 있을 것입니다. 또 부득이 성상의 학문이 고명해지신 뒤에야 정사의 득실과 시비, 여러 신하들의 현부(賢否)와 사정(邪正)을 볼 수 있으실 것입니다. 『중용』의 구경장(九經章)에 이르기를 '몸을 수양하면 도가 확립된다.'고 하여 『중용』의 도는 수신을 근본으로 삼았고, 정이천(程伊川) 역시 입지(立志)와 구현(求賢)과 책임(責任)을 천하를 다스리는 요체로 삼았습니다. 근본을 바로잡고 근원을 맑게 한 뒤에야 어진이가 기꺼이 등용되려 할 것입니다. 어진이를 등용하지 못한다면 어진 이들이 비록 큰일을 하려고 해도 어찌 진심을 다할 수 있겠습니까. 이러한 뜻을 상께서는 유념하셔야 합니다." 하였다.

27. 기대승이 은전에서 누락된 사람의 신원을 청하였다.

『선조실록』1권, 선조 즉위년(1567) 11월 19일.

상이 사정전(思政殿)의 석강에 나아가 『예기』의 간전편(間傳篇)을 강하였다. 기대승(奇大升)이 임문하여 아뢰기를, "은 고종(殷高宗)이 상중에 있으면서 3년 동안 말을 하지 않은 것을 제왕(帝王)의 융성한 예절이라 하여 고종이라 일컬었고, 그 후에 또 부열(傅說)을 얻자 이에 그를 재상으로 삼아 학문의 도를 이룩하였는데 그것은 효가 모든 행동의 근원이 되었음을 말미암은 것이며 그러므로 어진 보필을 얻어 훌륭한 정치를 이룰 수 있었던 것입니다. 그런데 그 당시 모든 백관들은 총재(冢宰)로부터 명을 들었기 때문에 임금이 3년 동안 말을 하지 않을 수 있었습니다. 후세에 와서는 시대와 사정이 달라져 부득이 임금이 명령하고 하교해야 하니 상례(喪禮) 한 가지는 옛 법도를 시행할 수 없습니다만 유념하지 않아서는 안 됩니다." 하고, 이어서 아뢰기를, "근일에 은전이 크게 베풀어져 허물없이 죄를 받은 사람들이 모두들 신원되어 사람들이 시원하게 생각하고 있으나 그중에는 누락된 자 또한 많습니다. 기유년 이홍윤(李洪胤)의 사건에 충주(忠州) 사람들은 관련 없는 자들도 많이 곤장 아래서 죽었고, 심지어 경성에 있던 사람 중에도 한번이라도 그 이름을 알고 입에서 나오기만 하면 죄를 면하지 못했는데, 지금 20년이나 되었는데도 아직 유배지에 있는 사람이 많습니다. 이처럼 은전을 크게 베푸시는 때에 모두 다 사유(赦宥)를 입는다면 어찌 성대(聖代)의 훌륭한 일이 아니겠습니까. 이것 뿐만이 아닙니다. 그 뒤 병진년에 전라도에 사는 안서순(安瑞

順)이란 자가 직언을 구하는 기회에 송인수(宋麟壽) 등은 죄가 없는데도 억울하게 잘못 죽음을 당했다고 상소하여 논하였으며 또 윤원형(尹元衡)·이기(李芑) 등의 짓이라고 지목했는데, 이 때문에 윤원형이 일부러 그 옥사를 무겁게 다루어 역적을 비호한 율문(律文)을 적용하자 미욱한 사람들이 엄한 형벌이 무서워 발명하지 못하고 결국은 곤장 아래서 죽었습니다. 초사(招辭)에 관련된 정윤(鄭倫)은 참부대시(斬不待時)로 서순과 함께 적몰되었고, 김응정(金應鼎)은 상소문을 써 준 것 때문에 평안도 삭주(朔州) 지방에 유배되어 지금까지 적소(謫所)에 있습니다. 송인수 등은 원통함이 풀어졌는데도 이 사람들은 오히려 용서를 받지 못했으니, 이러한 사람들을 대신에게 하문하여 놓아주신다면 인정이 흡족하게 여길 것입니다. 하물며 근래 어진 선비들을 명소(命召)하심은 그것을 보고 감동하여 흥기하게 하고자 함인데 유독 이 한 가지 일만 밝게 설분해 주시지 않는다면 초야의 인사들이 어찌 그 사이에 의심을 두지 않겠습니까. 붕당을 지어 아부한 이기·정순붕(鄭順朋)·임백령(林百齡)의 무리들이 큰 화를 만들어 모든 사류(士類)를 위험한 지경으로 빠뜨렸으니 이는 근대의 큰 불행한 사건입니다." 하고, 또 아뢰기를, "예로부터 소인들은 연줄을 탈 기회가 없으면 그 뜻을 드러내지 못했습니다. 김안로(金安老)는 왕실과 인척을 맺고 간사한 해독을 끼쳐 사람들이 해를 입었고, 윤원형에 이르러서는 그 배나 되었습니다. 외척의 인물은 만약 풀어놓아 둘 경우 비록 이상의 두 사람 같이 심하게는 되지 않더라도 세상이 태평하여 전혀 틈탈 여지가 없다고 방치해 두어 금방(禁防)을 허술하게 한다면 후일 화란이 이로부터 생기지 않는다고 장담할 수 없습니다." 하였다.

28. 기대승이 『대학』과 『시경』을 설명하였다.

『선조실록』 1권, 선조 즉위년(1567) 12월 9일.

상이 비현각(丕顯閣)에서 소대(召對)하였다. 상이 하문하기를, "『대학(大學)』에 '얼음을 뜨는 집[代氷之家]'이란 말에서 '얼음을 뜬다'는 말은 무엇을 말함인가?" 하니, 기대승(奇大升)이 아뢰기를, "경(卿)은 바로 공경(公卿)인데 천자에게는 삼공(三公)과 육경(六卿)이 있고, 제후(諸侯)에게는 삼공은 없으며, 큰 나라에는 삼경이 있습니다. 경과 대부(大夫) 이상이 되면 녹봉이 많고 일이 갖추어져 있어서 장사나 제사 때에 얼음을 저장해 두고 사용합니다. 『시경(詩經)』 빈풍(豳風)에 '섣달에 탕탕 얼음 깨어[二之日鑿氷沖沖]'라고 하였는데, 섣달이란 바로 12월로서 양기(陽氣)가 지하에서 발생하고 음기(陰氣)는 지상으로 피어나서 물이 얼어 얼음이 됩니다. 선왕은 이를 음식에 사용할 뿐만 아니라, 양기가 천기 간에 있을 때는 화기(火氣)가 사물에 붙는 것과 같이 겨울이 되면 음기가 성하므로 얼음을 저장하고, 3~4월 사이에는 양기가 왕성하게 일어나기 때문에 이것을 꺼내 사용하였던 것이니, 이것이 음양을 섭리하는 큰 정사입니다." 하였다. 상이 이르기를, "'백승(百乘)의 집에서는 세금을 가혹하게 징수하는 신하를 기르지 않는다.'고 했는데 천승(千乘)이나 만승(萬乘)의 집안에서는 그렇지 않은가?" 하니, 기대승이 아뢰기를, "천승·만승이라 하여 어찌 그렇지 않겠습니까. '세금을 가혹하게 거두는 신하를 기르지 않는다.'는 말을 백승의 집에 대해서만 말한 것은, 백승의 집부터 비로소 채지(采地)가 있기 때문에 가신(家臣)으로 읍재(邑宰)를 삼아 다스리게 하면서 일정한 녹을 먹게 하므로 세금을 가혹하게 거두는 신하를 기르지 않는다는 것입니다. 백승의 집에서도 오히려 세금을 지나치게 거두어 백성들로부터 원한을 사서는 안 되는데 하물며 천승·만승의 집이겠습니까. 작은 것을 거론해서 큰 것을 비유하는 말입니다. 옛날 공의 자(公儀子)가 채마밭의 아욱을 뽑아버리고 베짜는 여인을 보내고 말하기를 '녹봉을 먹으면서 백성과 이익을 다툰다면 백성들은 장차 무엇을 팔아 생활하겠느냐.'라고 하였습니다. 후세에는 녹봉을 먹으면서도 백성과 이익을 다투어 자기를 살찌우면서 이익을 나누는 일이 심해졌습니다.

도신(盜臣)이란 나라의 소유물을 도둑질하는 자이며, 취렴(聚斂)하는 신하란 백성이 먹을 것을 취렴하여 나라로 들이는 자입니다. 국가의 재산을 도둑질하는 자는 민심을 잃는 데까지는 이르지 않기 때문에 차라리 도신을 두는 것이 낫다고 했으니, 이는 가혹하게 세금을 거두는 신하를 길러서는 안 된다는 것을 심히 말한 것입니다. 후세의 군주들이 부국(富國)의 계책을 가졌기 때문에 이익을 말하는 신하가 있었습니다. 우리나라 호조(戶曹)의 관원 같은 이들이 나라를 부유하게 할 계획으로 가혹하게 거두어 들이기를 좋아하고 백성들을 생각하지 않는다면 재물은 모이겠지만 백성들이 흩어져서 나라를 다스릴 수가 없을 것이니, 도둑질하는 신하를 두어야 된다는 것이 아니라 가혹하게 세금을 거두는 신하를 길러서는 안 된다는 것을 심히 말한 것입니다." 하고, 또 아뢰기를, "재물이란 천지가 생산하는 것이라 스스로 일정한 수량이 있어서 백성에게 있지 않으면 임금에게 있게 마련인데, 사치와 욕망을 한껏 하여 무절제하게 사용하면 당장 재물이 부족하여 부득이 세금을 가혹하게 거두어 들이는 신하를 등용하지 않을 수 없습니다. 가렴 주구(苛斂誅求)라는 말이 뜻에 맞기 때문에 임금은 기꺼이 등용합니다. 교묘하게 명목을 만들어 백성들에게 무겁게 거두는 것은 모두 검약(儉約)하지 않기 때문이니 임금께서 만약 가혹하게 거두어들이는 신하를 기르지 않으려면 검약을 근본으로 삼아야 합니다." 하고, 또 아뢰기를, "지난번에 어떤 사람이 자기 노비가 내수사(內需司)에 편입되었다는 것으로 내수사와 송사(訟事)하여 추심한 일이 있었습니다. 왕자(王者)는 지극히 공평하고 사심이 없기를 천지나 일월과 같아야 하는데 어떻게 타인의 사유물을 받고 심지어 백성과 송사하여 다투기까지 할 수 있겠습니까? 토호의 집에서 백성과 송사로 다투어도 사람들이 그르다고 논란하는데 하물며 국가로서 백성과 송사할 수 있겠습니까. 그러므로 '나라는 이익을 이롭게 여기지 않고 의(義)를 이롭게 여긴다. 이(利)란 의롭게 조화하는 것이니, 자신이 편안하면 다른 사람도 편안하다. 이익을 구하지 않더라도 스스로 이롭지 않은 것이 없다.' 하였으니, 이른바 '의로움을 이롭게 여긴다.'는 것이요 '이익을 생각하는 마음은 남과 나를 구분하는 데에서 발생하는 것이다. 나에게 이롭게 하고자 하면 반드시 다른 사람에게 해롭게 된다. 사람들이 각각 자신을 이롭게 하고자 해서 더불어 쟁탈한다면 이익을 구하여도 얻지 못하고 해독이 따르게 된다.' 하였으니, 이른바 '이익으로 이익을 삼는다.'는 것입니다. 성인이 이렇게 정녕하게 경계했는데도 후세에 나라를 망치고 가정을 패몰시킨 자들은 거의 대부분이 이러한 뜻에 어두워서 그랬습니다. 십분 성찰하소서." 하였다.

상이 이르기를, "혈구장(絜矩章)에 '덕(德)이란 것은 근본이고 재물

이란 것은 말(末)이다.'라고 했으니, 재물이란 것은 말한 필요가 없는
데도 말한 것은 무슨 까닭인가?" 하니, 기대승이 아뢰기를, "재물이란
사람들이 이것으로 살아가기 때문에 성인이 중하게 여겼던 것입니다.
옛사람의 말에 '먹는 것은 백성의 하늘이다.' 하였으며, 『역경』에 이
르기를 '무엇으로 사람을 모으는가? 재물로 한다.'고 하였습니다. 살아
가기 위해서는 반드시 음식에 의뢰해야 하니 하루도 재물이 없어서는
안 되는데 다만 재물을 주고 하면 이욕의 마음이 생겨 송사의 다툼이
일어나므로 '덕이 근본이다.'라고 한 것입니다. 백성들이 편안한 뒤에
나라가 다스려지니 백성이 풍족해지면 임금도 따라서 풍족해지는 것
입니다. 의식이 넉넉하여 위로 어른을 섬기고 아래로 처자를 부양한
뒤에라야 함께 선을 행할 수 있는 것이니, 주림과 추위가 절박하게 되
면 염치를 돌아볼 겨를이 없는 것입니다. 맹자 역시 '농사철을 빼앗지
않는 것이 왕정의 근본이다.' 하였는데, 천지 자연의 재물을 절제하여
백성들의 의식이 풍족한 뒤라야 예절을 차릴 수가 있으므로 반드시
재물을 말하는 것입니다. 그러나 재물을 주로 하면 해가 있기 때문에
먼저 덕을 말한 것이니, 임금은 이익을 독점해서는 안 되며 반드시 백
성과 더불어 그 이익을 함께 해야 합니다. 홍범(洪範)의 팔정(八政)에
도 첫째는 '먹을 것' 둘째는 '재물'이라고 하였으니 먹을 것과 재물이
유통된 뒤라야 용도를 풍족하게 할 수 있는 것입니다.

임금이 한갓 정사만 하고 백성 사랑하는 마음이 없다면 이는 근본
이 없는 것이며 한갓 마음만 있고 이익을 백성에게 고루 나누어 주는
정사가 없다면 은택이 아랫사람에게까지 미치지 않습니다. '재물을
흩는다.'는 것은 백성들과 공유하는 것을 말하며, 재물이 도리에 어긋

나게 들어오면 나갈 때도 어그러지게 나가는 것입니다. 『대학』에서 혈구(絜矩)를 위주하여 재물의 용도를 많이 말하는 것은 일상 생활에 재물이라는 것이 없을 수 없기 때문입니다. 임금은 재용(財用)을 잘 처리하여 백성들로 하여금 그 은택을 골고루 입게 해야 합니다. 옛날에는 저축이 있어서 3년을 농사 지어 1년 분의 식량을 남기고, 9년을 농사 지어 3년 동안의 식량을 남겨 두었습니다. 그래서 30년 동안을 비축하여 10년 분의 식량이 여유가 있었던 것이니 국가에 3년 먹을 식량이 없으면 나라가 나라 구실을 못하게 되는 것입니다. 우리나라는 재물이 부족하고 호조 경비의 수량 또한 풍족하지 못하여 식자들이 민망하게 여깁니다. 근년에는 흉년이 들었지만 낭비가 많고 도둑질하는 것이 이처럼 풍습이 되었으니 검약을 숭상하고 용도를 절약하여 낭비를 없앤 뒤에라야 지탱할 수가 있을 것입니다." 하고, 또 아뢰기를, "『대학』의 혈구(絜矩)는 중요한 것이나 가장 어려운 것은 재물입니다. 문왕(文王)이 기산(岐山)을 다스릴 때 경작자들은 9분의 1로 세를 내었는데 이는 성왕(聖王)의 법입니다. 백성들로부터 거두는 데에는 법도가 있어 국가를 위한 경비로 쓴 그 나머지는 저축하여 뜻밖의 용도에 쓰는 것입니다. 우리나라의 토지는 결수[結卜]가 크기도 하고 적기도 해서 상상전(上上田)은 1결의 세(稅)가 20두(斗)나 되고 하하전(下下田)은 4두입니다. 이것뿐만이 아니라 소소한 공가(公家)의 비용도 모두 백성들로부터 거두며, 각 고을 수령들이 사사로 쓰는 물품까지도 가난한 백성들로부터 거두어 마련합니다. 1결의 토지에 겨우 1곡(斛)을 파종하여 수확이 넉넉하지 않은데 어떤 경우에는 소출을 다 내놓아도 오히려 공가의 부세(賦稅)에 부족하기 때문에 심지어는 우마(牛馬)나 집기(什器)로 바꾸어서 납부하는 자까지 상당히 많아 역(役)이 번거롭고 세금이 무겁기가 지금 같은 때가 없었습니다.

법으로 정해진 정공(正供)은 감액할 수 없지만 그 나머지는 헤아려서 가난한 백성들을 살게 하고, 만약 지나친 수령이 있으면 나타나는 대로 엄하게 다스리되 백성 구제하기를 화재를 구하듯, 물에 빠진 사람을 건지듯이 한 뒤에야 될 것입니다. 지난번 권간(權奸)이 뜻을 얻어 20여 년 동안 가혹하게 거두어들였던 폐단은 이루 말할 수가 없습니다. 수령을 모두 자기들의 사인(私人)으로 뽑아 보내어 뇌물을 받았고, 먼 지방의 제방이나 묵은 토지를 그곳 백성들을 모아 쌓거나 경작하게 하였으므로 각 고을에서는 그 백성들을 부리지 못하고 그 역사를 권간의 역에 나가지 않은 백성들에게 중첩해서 지웠습니다. 그러므로 곤궁한 백성들이 더욱 곤궁하게 되는데 상께서 직접 목격하신다면 어찌 불쌍하고 측은히 여기지 않겠습니까.” 하였다.

상이 이르기를, “『시경(詩經)』에 ‘즐겁구나, 우리 군자(君子)여! 백성들의 부모로다.’라고 한 것은 무엇을 가리킨 것인가?” 하니, 기대승이 아뢰기를, “‘남산유대(南山有臺)’는 잔치할 때 널리 통용하는 악가(樂歌)이며, 군자는 왕후(王侯)를 가리킨 것입니다. 무왕(武王)이 주(紂)를 치고 태서(泰誓)를 지어서 말하기를 ‘천지는 만물의 부모이다. 진실로 총명한 이가 임금이 될 수 있고, 임금은 백성의 부모가 되는 것이다.’라고 하였습니다. 사람이 천지 사이에 나서 하늘을 아버지로, 땅을 어머니로 삼는데 임금은 하늘을 대신하여 사물을 다스리기 때문에 ‘백성의 부모가 된다.’고 말한 것입니다. 하늘이 백성을 냈는데 백성들 스스로 다스리지 못하기 때문에 반드시 성스럽고 어진 임금에게 부탁하여 백성의 부모가 되게 하는데, 부모가 자식을 낳아서 기르는 데 못하는 일이 없이 하듯이 임금이 백성에 대해서도 그러하기 때문에 왕후(王侯)가 백성의 부모가 된다는 것입니다. 지위를 가지고 말한다면 백성의 부모나 실제를 가지고 말한다면 백성들이 좋아하는 것을 좋아하고 백성들이 싫어하는 것을 싫어하는 것이 바로 부모의 실제입니다. 그러니 백성의 마음을 자기의 마음으로 여겨서 백성들이 편안하고자 하면 편안하게 하고, 수고로움을 싫어하면 면제하는 것이 이른바 '내 마음과 같이하는 것이 서(恕)가 된다.'는 것입니다.

임금은 백성과는 귀천이 현격하여 비록 백성의 부모라고 하나 임금이 만약 보통으로 여겨 절실하게 체념하지 않는다면, 더없이 부귀한 지위로서 어떻게 백성들의 고통을 알 수 있겠습니까. 모름지기 항상 염려하여 날씨가 추우면 '동사(凍死)하는 자는 없는가?' 하고, 농사가 흉년이 들면 '굶주리는 자는 없는가?' 하여 부모가 자식을 생각하는 마음처럼 해야 되는 것입니다. 소신이 시골에서 생장하여 어릴 때 직접 추위와 굶주림을 경험했기 때문에 백성들의 고통을 맛보아 알고 있으나 근래에는 녹봉을 먹으며 몸이 편하기 때문에 백성들의 고통을 때로 잊기도 합니다. 구중 궁궐 위에서 항상 풍년든 해에도 굶주리는 백성을 생각하고 흉년에 죽어가는 백성을 생각하신다면 호령을 내시는 사이에 저절로 백성들은 그 혜택을 입을 것입니다. 임금이 이러한 백성들의 고통을 생각하지 않으면 여러 신하들이 위의 뜻에 아부하여 흉년이 드는 데도 백성들이 부유하다고 하고 전쟁하는 때에도 백성들이 편안하다고 할 것이니, 좌우를 가리는 폐해가 이와 같습니다.

『대학』에 '나의 덕을 밝혀서 백성을 새롭게 한다.'고 한 것은 첫째로 임금의 책임이며 그 다음은 경대부(卿大夫)의 책임입니다. 성인(聖人)은 백성들이 선하지 않은 것은 근심하여 모든 백성들이 선을 회복하기를 바랐는데, 후세에는 백성들이 편안하지 못해도 어떻게 하면 편안하게 할까를 생각하지 않으니, 하물며 선하지 않은 자가 선해지기를 바랄 수 있겠습니까? 전일 흉년이 들어 길바닥에 굶어죽은 자가 많았는데 비록 황정(荒政)이 있었지만 구제하지 못하여 참담함이 극도에 달했습니다. 금년의 흉년은 전에 없던 일인데 산릉(山陵)의 역사를 겨우 마치자 중국 사신이 연달아 오니 백성들의 고통은 이루 말할 수가 없습니다. 소신이 일찍이 사명(使命)을 받들고 의주(義州)에 다녀왔는데 황해도와 평안도의 농사가 극도로 흉년이 들어 거의 먹을 것이라곤 없었습니다. 바라건대 백성들을 보호하시는 마음을 항상 간직하시고 노심 초사 하시어 살리는 방도를 강구하소서." 하였다. 상이 이르기를, "'그러므로 나라를 다스리는 것은 그 집안을 다스리는 데에 있다.[故治國在齊其家]'고 했는데 다른 장에서는 없고 이 장에서만 말하는 까닭은 어째서인가?" 하니, 기대승이 아뢰기를, "'그러므로[故]'란 말은 위 문장을 종결하고 아래 문장을 시작하는 것인데 '나라를 다스리는 것은 그 집안을 다스리는 데에 있다.'는 뜻을 위 문장에 이미 말하였고, 아래에 또 시(詩)를 인용하여 하는 말이 있기 때문에 '고(故)'자로써 위 문장을 종결 짓고 아래 문장을 끌어내었으며 세 번 시를 인용한 아래에 또 맺는말이 있습니다." 하였다. 상이 이르기를, "삼강령(三綱領)을 해석한 곳에는 단지 능한 자의 사실만을 말하고 능하지 못한 자의 사실을 말하지 않은 것은 어째서인가?" 하니, 기대승이 아뢰기를, "성현이 글을 지어 논조를 세울 때에는 자세하고 간략한 것이 있습니다. 대체로 삼강령(三綱領)과 팔조목(八條目)은 차이가 있는 것이 아니라, 팔조목은 바로 삼강령 중의 세 조목이니 5장과 6장에 자세히 나누어 말하였습니다. 『대학』 가운데서 성의(誠意) 공부가 가장 중요한데, 사물의 이치를 극진히 알고 내 마음에 모르는 것이 없어서 생각이 성실해지면 공부가 극진해지기 때문에 7장에서는 다만 마음이 있고 없는 것의 폐단을 말하고 공부는 말하지 않았으니, 이는 마음이 사물과 접하게 되면 욕망이 동하고 감정이 우세하므로 마음을 간직하여 성찰(省察)할 수 없을까 염려해서입니다. 8장 역시 편벽됨의 병통을 말했는데 몸소 사물에 접하여 편벽된 것을 다스리게 되면 성의 공부가 막힘없이 유통하게 되니 대개 성의가 된 뒤에는 공부가 쉽게 됩니다. 9장은 자신을 닦아 집안을 가르치는 것을 말했는데 자신을 수양하는 공부를 이미 다했으므로 이것을 가정에까지 미루어가는 것입니다.

'명령하는 바가 그가 좋아하는 것과 반대된다.'고 했는데 만일 위에서 혹시 사사로 바치는 물건을 받게 되는 것은, 그 사람을 좋아해서도 아니고 그 물건을 귀중히 여겨서도 아니지만 일단 받게 되면 신하들이 뇌물을 주고 받은 잘못을 금할 수가 없을 것입니다. 임금의 행동에 터럭만한 것이라도 온당하지 못한 것이 있으면 인심은 지극히 신령스럽기 때문에 형세에 눌려 말은 못하더라도 마음속으로는 반드시 '위에서 이렇게 하는데 어떻게 나를 금지하겠는가.'라고 할 것입니다. 이렇게 되면 정사가 비록 선하더라도 사람들은 반드시 불신하게 될 것입니다. '자기에게 선이 있어야 다른 사람에게 선을 요구할 수 있고, 자기에게 악이 없어야 남을 비난할 수 있다.'고 했으니, 이것이 이른바 '자기를 미루어 남에게 미친다.[恕]'는 것입니다.

10장은 의미가 광범한데 아랫사람에게 싫어하는 것으로 윗사람을 섬기지 말라는 것입니다. 국사(國事)로 말할 것 같으면 무오년에 환관(宦官)이 사신으로 왔을 때 요청한 대강군(擡扛軍)이 5백 명에 이르고, 한 대강을 담당한 짐꾼이 많은 경우에는 20여 명도 이르렀는데, 황해도(黃海道) 각 고을의 짐꾼이 5~6백 명도 못 되는 실정이었습니다. 중국 사신이 끼치는 폐단은 바로 윗사람에게 싫어하는 것입니다. 우리나라의 환시(宦寺)들이 외방에 가서 범법한 사실의 유무를 조사할 때에 폐단이 있다면 역시 이와 같을 것이니, 윗사람에게 싫어하는 바로써 아랫사람을 부리지 말아야 될 것입니다. 또 신하가 임금에게 마음을 다하지 않아서 간혹 속이는 폐단이 있습니다. 일본(日本) 사신이 간사하고 악독한 마음을 부려 요구해 가져가는데 이것은 아랫사람에게서 싫어하는 바입니다. 우리나라 사신으로 연경(燕京)에 간 자들이 무역의 이익을 좋아한다면 역시 이와 같을 것이니 아랫사람에게 싫어하는 바로써 윗사람을 섬기지 말아야 할 것입니다.

또 나도 효도를 하고 싶고 백성들도 효도를 싫어한다면 그들로 하여금 효도를 다할 수 있도록 해 주어야 하고 자신은 잘하고 다른 사람은 잘못하게 해서는 안 되니 이것이 모두 혈구(絜矩)의 뜻입니다. 대개 10장은 좋아함과 싫어함, 의(義)와 이(利)를 말했는데, 나라를 다스리는 도는 좋아함과 싫어함, 의와 이뿐입니다. 맹자(孟子)가 처음에 양혜왕(梁惠王)을 보고 말하기를 '하필 이(利)를 말하십니까. 역시 인(仁)과 의(義)가 있을 뿐입니다.'라고 했으니 의와 이의 분별이 가장 중요한 것입니다." 하였다.

또 아뢰기를, "『대학』은 분량이 많지 않은 책인데 경(經) 1장은 대개 공자(孔子)의 말씀일 것입니다. '대개'라고 한 것은 분명하지는 않다는 말입니다마는 경 1장은 간략하면서도 이치가 갖추어져 있으며, 말은 비근하면서도 뜻이 원대하니 성인이 아니면 미칠 수가 없는 것입니다. 말이 축약된 문장은 읽기에 이해하기가 쉽지 않은 듯 하나 반복해서 완미해 보면 그 의미가 경 1장에 완비되어 있으니 경 1장을 읽을 때 전(傳) 10장의 의미를 함께 포함시켜 보면 서로 뜻이 드러납니다. 제왕(帝王)의 학문은 필부와는 다르니 장구(章句)의 훈고(訓詁)뿐만 아니라 반드시 큰 곳을 보아야 합니다. 명덕(明德)이란 것은 사람이 하늘로부터 얻은 것이어서 허령 불매(虛靈不昧)하고 모든 이치가 다 갖추어져 있어 모든 일에 응할 수 있는 것입니다. 사람들이 하늘로부터 얻은 것은 누구나 부여받은 인(仁)·의(義)·예(禮)·지(智)의 성(性)이고, 허령 불매한 것은 심(心)이며, 여러 가지 이치를 갖춘 것은 성(性)이며, 모든 일에 대응하는 것은 정(情)입니다. 심이란 성과 정을 통섭(統攝)하는 것으로, 이(理)와 기(氣)가 합하여 마음이 된 것이지만, 이가 주체이고 기가 발하도록 하기 때문에 간직하면 보존되고 놓아버리면 떠나는 것입니다.

명덕이란 것은 선(善)을 위주로 하나 인심을 가지고 말하면 진실과 거짓, 그릇됨과 올바름이 있고, 명덕을 가지고 이름하면 강충(降衷)이란 것이니 성이 겉으로 나타난 것입니다. 명덕이란 사람마다 다 같이 가지고 있는 것인데 음양(陰陽)과 오행(五行)으로 나타납니다. 때문에 기품(氣稟)이 없을 수 없으며, 이목구비(耳目口鼻)를 통한 욕망이 없을 수 없는데, 기품과 물욕에 가려져서 때로는 혼미(昏迷)할 경우도 있으나 본체(本體)의 밝음은 일찍이 그칠 때가 없었습니다. 천리(天理)는 어디에나 밤낮없이 유행하므로 비록 오랫동안 폐색(閉塞)되어 있었다 할지라도 감응하면 곧 본체가 나타납니다. 어린아이가 우물 속으로 들어가는 것을 보면 두려워서 불안한 생각이 저절로 생기고, 수오(羞惡)와 공경 등의 마음이 경우에 따라 끝없이 나타나는데도 사람들이 스스로 알지 못합니다. 그러므로 물욕에 깊이 가려져서 천리를 잃어버리게 되면 금수(禽獸)와 다를 것이 없는데, 만약 나타나는 것을 인연하여 밝혀 나간다면 처음에는 은미하더라도 배양(培養)하여 점차 키울 수 있을 것입니다.

천리를 1분(分) 자라게 하면 1분 인욕(人慾)을 사라지게 할 수 있고, 10분의 천리를 자라게 하면 10분의 인욕을 없앨 수 있어 본성의 단서가 점차 회복될 수 있습니다. 상께서 아무런 잡념 없이 사물을 대응하실 때와 고요하여 아무런 욕망이 없을 때 깊이 성찰(省察)하시거나, 혹은 독서하실 때 깨닫게 되신다면 본체의 밝음을 보실 수 있습니다. 기질을 변화시키고 습관이 몸에 배어 성품을 변하게 하면 인욕이 소멸되고 천리가 막힘없이 통행하게 되는데 이것이 명덕의 공부입니다. 명덕의 요체(要諦)는 생각을 정성스럽게 하는 것이 가장 중요한데, 마음이 발할 때에는 진실 되기가 가장 어려우니 악을 미워하는 마음을 물속이나 불속에 들어갈 수 없는 것과 같이 하여야 선을 행하는 것이 날마다 진보되고 달마다 더해짐이 있을 것입니다. 한가하게 계실 때에 이러한 뜻을 유념하셔서 때때로 강론(講論)을 접하신다면 학문이 날로 진보하실 것입니다. 옛사람의 말에 '임금이 하루 동안에 환관이나 궁첩(宮妾)과 가까이 지내는 시간은 적고, 어진 사대부들과 접촉하는 시간이 많은 뒤에야 덕성을 함양할 수 있다.'고 하였고, 또 말하기를 '배우는 것은 훌륭한 사람과 가까이하는 것보다 더 손쉬운 것은 없다.' 하였으니, 환관이나 궁첩과 오래 있으면 무례한 마음이 생기고 어진 선비와 오래 있으면 공경하는 마음이 생기는 것입니다. 인민의 고통이나 농사일의 어려움들이 모두 학문하는 일이 아님이 없으니 마음을 잘 지키고 방종하지 않으면서 용맹하게 힘을 다해 노력한다면 덕이 날로 진보할 것이지만, 그럭저럭 한가하게 세월만 보낸다면 이익 됨이 없을 것입니다.

공자께서 말씀하기를 '학문은 못 미치는 듯이 하며 한편으론 잃어버릴까 두려워해야 한다.' 했으니 강론(講論)에 힘쓰면 날마다 자기가 모르던 것을 알게 되어 마음이 편안해지고 이치에 익숙해질 것입니다. 그러니 자주 접견하셔서 하루 동안 따뜻했다가 열흘 동안 춥게 하는 것과 같이 일이 없게 하소서. 여염의 유자(儒者)들도 반드시 사우(師友)가 있는 뒤에야 학문이 진보되는 것입니다. 만약 자기 한 사람의 견해만 가지고 학문을 하면 소견이 잘못되어 자기의 견해를 버리고 다른 사람을 따르지 못하게 되어 그 폐단이 많은 것입니다. 다시 더 유념하소서." 하였다.

또 아뢰기를, "'독대학법(讀大學法)'은 바로 주자(朱子)가 문인(門人)들에게 제시한 것인데 말이 매우 긴요하다고 간절합니다. 당초 진강(進講)할 때는 어록(語錄)이 있고 번잡할 듯 하므로 진강하지 않았는데 한가하실 때에 때때로 살펴보시면 도움이 많을 것입니다. 다만 독법(讀法)의 토는 비록 감수하여 교정(校正)했어도 간혹 타당하지 않은 곳이 있기 때문에 고쳐서 들이려고 했으나 시간이 미치지 못했습니다. 토를 고친 뒤에 때때로 열람하시다가 의심나시거든 하문하소서. 이렇게 하신 뒤에야 크게 진보가 있을 것입니다. 이 책은 권질(卷帙)이 작고 말을 만든 것이 간략하나 천하 국가사를 망라하지 않은 것이 없기 때문에 그 요령을 얻기가 매우 어렵습니다. 장구(章句)의 집주(輯註)를 다 볼 필요는 없고 비록 대주(大註)라도 아주 절실하지 않은 것이 있으니 본문을 음미하여 마음속으로 체득함이 가장 좋습니다. 제왕(帝王)이 학문을 할 때는 기타 잡서(雜書)는 볼 것이 없고 이들 책만 보신다면 재미없던 곳도 점차 깨달아서 재미가 있게 될 것입니다." 하였다.

또 아뢰기를, "김명윤(金明胤)의 죄상을 양사(兩司)에서 연일 복합(伏閤)하고 본관(本館)에서 여러 차례 차자를 올렸는데도 아직까지 윤허를 얻지 못하여 많은 사람들의 심정이 답답해 하고 있습니다. 부정하고 반복 무상하여 흉악한 정상이 삼사(三司)의 계사(啓辭)에 다 나왔으니 상께서도 반드시 통찰하셨을 터인데 노인의 지난날의 과실이라고 해서 어렵게 여기십니다. 그러나 그의 평생 동안의 행동이 반복 무상했었는데 지금까지 몸을 보전하고 있으니 국가의 불행입니다. 공론이 이미 드러났으니 상께서는 굽어 살피셔서 인정을 따르지 않을 수 없습니다. 봉성군(鳳城君)은 밀계(密啓)에 의해 죄를 받았는데, 이는 대체로 밀계가 발의된 후 조정에서 부득이 논계하자 선왕께서 여러 달을 굳게 거절하시다가 조정이 끝까지 청하자 할 수 없이 죄를 준 것이니 어찌 선왕의 본의였겠습니까. 을사 사화의 초기에 죄를 정하고 공을 기록할 때 명윤(明胤)이 공신으로 기록되고 싶어 윤임(尹任)을 처치하고자 아뢰면서 봉성군은 관련된 사실이 없는데도 아울러 처치하기를 청하였는데 처치라는 것은 죽이라는 것입니다. 왕자 중에 착한 사람이 있음은 국가의 복인데 고변(告變)으로 공을 얻을 것을 마음에 두어 감히 처치할 것을 고했으니 너무 심한 일입니다. 그러나 윤원형(尹元衡)이 권력을 잡고 있을 당시에, 누가 입을 열 수 있었겠습니까? 선왕께서도 이 사실을 아시고서 죽은 뒤에 왕자의 예로 장례를 지냈으니 지극하다고 하겠습니다. 지금에 이르러 그 죄를 추론(追論)하고자 하는 것이 아니라 간사하고 반복이 심한 사람을 축출하여 조정에 머물러 있지 못하게 하고자 하는 것입니다.

한 무제(漢武帝)는 웅대한 재주와 지모(智謀)가 있었는데, 강충(江充)이 여 태자(戾太子)를 참소하여 무고(巫蠱)의 옥(獄)을 크게 일으켰고 태자가 애걸했지만 강충은 듣지 않았습니다. 태자는 드디어 강충을 죽이고 스스로 해명하려고 했으나 사람들이 태자가 반란을 일으켰다고 말했으므로 무제는 크게 노하여 승상(丞相)에게 대궐에서 군사를 거느리고 토벌하게 하니, 태자는 5일 동안 싸우다가 패망하고 호(湖)에 이르러 스스로 목매어 죽었습니다. 뒷날 고침랑(高寢郞) 전천추(田千秋)가 간하기를 '자식이 아버지의 군사를 멋대로 부린 죄는 태형(笞刑)에 해당합니다. 꿈에 백발의 노인이 신으로 하여금 상서(上書)하도록 하였다.' 하자, 무제는 이는 바로 고묘(高廟)의 신령이 자신에게 일러준 것이라 생각했으며, 태자가 황공하여 그랬을 뿐 다른 뜻이 없었음을 알고는 드디어 강충의 일족을 멸하고 귀래망사지대(歸來望思之臺)를 세웠습니다. 부자 사이에도 소인들이 이간질하는 정상이 이와 같으니 하물며 봉성군의 사건이야 지적할 형적이 없겠습니다. 훈적(勳籍)에 오르기 위하여 '처치해야 된다.'고 진언하였으니, 지금까지 모두들 그 억울함을 알고 있습니다. 비록 그 죄목으로 그를 죄 줄 수는 없지만 어찌 그로 하여금 조정에 머물게 해서야 되겠습니까. 사람들의 감정이 통분해 하지 않는 이가 없으니 흔쾌히 공론을 따르시어 먼 변방으로 유배시킨다면 인심이 안정되고 공론이 정해질 것입니다."하였다.

29. 기대승이 구언에 인색하지 말 것을 청하였다.

『선조실록』 2권, 선조 1년(1568) 1월 12일.

상이 사정전(思政殿)의 조강(朝講)에 나아가 『논어(論語)』〈학이편 (學而篇)〉을 강론하였다. 기대승(奇大升)이 아뢰었다.

"예로부터 임금은 궁궐 안에서 거처하니 총명이 어찌 넓겠습니까. 총명이 넓지 못하여 국가의 일도 미처 알지 못하는 것이 많을 것입니다. 이 때문에 백관(百官)을 세워 정사를 함께 의논하게 하는 것인데, 대신은 임금에게 있어서 복심(腹心)과 같아 나라의 일을 오로지 주관하는 것입니다. 그 사이에 대신이 간혹 미처 살피지 못한 일도 있을 것이고 그르친 일도 있을 것이며 임금이 한 일도 잘못이 없을 수 없으므로 대간(臺諫)을 설립하는 것이니, 정사(政事)와 호령(號令), 용사 (用舍)와 출척(黜陟)하는 사이에 대간이 규정(糾正)하고 대신이 헌체 (獻替)하는 것은 예로부터 지금까지 제왕의 법제입니다. 이에 어김이 있으면 국사가 그르쳐집니다.

근래의 일로 보더라도 조정에서 하는 일이 별로 없습니다. 다만 공론이 일어나면 대간은 아뢰지 않을 수 없으므로 부득이 힘껏 논쟁하는 것이고 대신도 상달한 일이 있는데도 일마다 망설이시니 매우 미안합니다. 나라를 위하는 마음이 있다면 대간의 말을 모두 따른 다음에야 언로(言路)가 열릴 것입니다. 망설이는 일이 있다면 사람들이 말을 못할 뿐만 아니라 인심이 해이해지고 상께서도 습관이 되어서 '대간의 말을 따르지 않은들 무슨 해가 있겠는가.'라고 여길 것이니, 임금의 생각이 이와 같으면 어찌 크게 두려운 일이라 하지 않겠습니까. 요즈음 선왕조(先王朝)의 일에 간혹 망설이시는 상의 뜻은 그러실 수 있는 일이나, 부득이 따라야 할 일이면 응당 짐작해서 끝내 거절하지 말아야 하는데, 요즈음은 소소한 논쟁거리도 다 망설이시니 매우 불편합니다.

지난번 김명윤(金明胤)을 내치는 일만 하더라도, 양사(兩司)의 관원이 전부 와서 아뢰고 옥당(玉堂)이 연일 차자를 올렸으나 오래도록 뜻을 이루지 못하여 공론이 답답하게 여기고 대신들도 와서 아뢰었습니다. 대신은 체모가 매우 중한 것입니다. 삼대(三代) 이상은 알 수 없습니다만, 한(漢)나라 이후로는 대신이 주청하는 일은 따르지 않은 때가 없었습니다. 대신이 어찌 범연히 헤아려서 아뢰었겠습니까. 대신의 아룀도 흔쾌히 따르지 않으시니 대신의 말을 따르지 않는다면 누구의 말을 따르겠습니까. 대신이 그 지위에 합당치 않은 자라면 저절로 공론이 있게 마련이니 상께서 스스로 물리치시는 것이 옳겠지만, 그 자리에 두었으면서 그 말을 따르지 않아서야 되겠습니까. 이런 다음에야 대신도 아는 바를 말하지 않는 것이 없을 것입니다. 알고 있는 것을 아뢰었어도 들어주지 않는다면 어떻게 사지(四肢)를 놀리겠습니까. 지나간 일이라 아뢸 것은 없습니다만, 사체가 중대할 뿐만 아니라 또한 상께서 대신 말을 소홀히 여길까 염려되어 감히 아룁니다.

예부터 대간은 주상의 과실이라도 말하기를 꺼리지 않았는데 하물며 대신이겠습니까. 대신은 모든 일을 경솔히 하려고 하지 않기 때문에 젊은 사람의 소견으로서는 유쾌하게 여기지 않을 때가 있습니다. 때가 어려워 말할 수 없다면 그만이거니와, 만약 대간으로 하여금 말을 다하게 했다면 대신과 다른 점이 있을 경우에 어찌 말하지 않을 수 있겠습니까. 상께서 대간을 중히 대우하시고 더욱 대신을 무겁게 대우하여 일을 의논할 때에 충분히 헤아려서 처리하시면 조정에는 어지러운 일이 없을 것이고 나라의 명맥도 연장될 것입니다. 옛 글을 보건대, 임금의 직책은 정승을 물색하는 것으로 위주 하였는데, 후세에는 대신이라고 해서 모두 훌륭할 수 없기 때문에 대신과 더불어 나라 일을 수의(收議)하여 결정하지 않는 때도 있었습니다. 대신의 극진하지 못한 곳을 대간이 논박하여도 대신은 또한 원망하거나 노하지 않았으니, 다 같이 서로 존경하고 화합한 다음에야 그럴 수 있는 것입니다. 나라에 잘못된 일이 매우 많으니 한꺼번에 다 고칠 수는 없다고 하더라도 건의하여서 차츰 고쳐야 할 것입니다. 먼 지방 초야에 잘못된 일이 있다 한들 상께서 어떻게 알겠습니까. 선왕조에서도 구언(求言)하던 때가 있었습니다. 지금은 곧 즉위한 원년이니 구언하여 할 말을 다 말하게 하고 잘 처치한다면 그릇된 점을 바루어 아름다움을 이룰 것입니다.”

30. 기대승이 학교 진흥, 『소학』 장려 등을 권하였다.

『선조실록』 2권, 선조 1년(1568) 1월 12일.

상이 사정전(思政殿)의 주강(晝講)에 나아가 『논어』를 진강하였다. 기대승이 나아가 아뢰기를, "예부터 성스러운 임금이나 총명한 임금이 태평한 정치를 일으키고자 할 때에는, 먼저 내 몸을 닦았을 뿐만 아니라 인재 모으기를 우선으로 하여 반드시 어진 자와 더불어 함께 다스렸으니, 인재를 얻지 못하면 어떻게 나라를 다스리겠습니까. 보통사람도 집을 지으려면 먼저 재목을 갖춘 뒤에야 이룰 수 있습니다. 근래 조정에 인재가 부족하지는 않았으나, 20년 사이에 사림의 화가 참혹하여 선비가 학문하는 데 힘쓰지 않아 보고 느껴 떨치고 일어나는 일이 없게 되었습니다. 선배는 없고 후배는 적으니 매우 염려됩니다. 인재를 길러서 어진 이를 조정에 모으고, 또 학교 정책을 닦으면 나라의 치란(治亂)과 백성의 휴척(休戚)을 아는 자가 많아서 폐단을 고칠 수 있을 것이며, 옛사람이 미처 하지 못한 일도 닦아 거행할 수 있을 것입니다.

중종 말년에 인재가 많이 나왔으나 불행하게도 사림의 화가 있어서 죄도 없이 죽었고 남은 자가 많지 않습니다. 20여 년 귀양살이 중에도 오히려 학문을 폐하지 않은 사람이 있으니, 그런 사람으로 어떤 자는 나이가 70이 넘었고 어떤 자는 60이 넘었으며 어떤 자는 또 60에 가깝습니다. 그들은 요즈음 상의 은혜를 입어 다시 벼슬길이 트였는데, 그중에는 학문과 기절(氣節)이 있는 자도 있는 듯합니다. 옛 시대에는 어진 사람이면 혹 큰 벼슬을 바로 주기도 하였으나 근래에는 그런 일이 없었습니다. 다만 나이 많은 사람을 낮은 관직에서부터 차례대로 임용한다면 미처 쓰지 못할 것이며 또한 어진 사람을 우대하는 도리가 아니니, 이처럼 드러나는 사람은 발탁하여 채용하는 것이 좋을 것입니다.

학교와 민간에는 떨치고 일어날 사람이 없습니다. 선왕 말년에 학교에 관심을 두어 사유(師儒)를 가려 뽑았는데, 조정에서 글 잘하는 사람이면 다 그 선발에 참여하였습니다. 옛날에는 학식이 있고 나이가 많은 사람이라야 뽑혔는데 지금은 겨우 6품만 되고 나이가 20세에 가까운 사람이면 누구나 뽑히므로 유생이 모두 같은 또래들이고 혹 나이가 더 많은 자도 있으니, 어떻게 가르칠 수 있겠습니까. 선왕조에서 자주 사유를 뽑았으나 효과를 보지 못한 것은 이 때문입니다. 여러 해 몰락해 있으면서도 학문을 일삼고 곤궁과 환란에 처해서도 지조를 변하지 않은 사람이야말로 사표가 될 적임자입니다. 그들에게 사장(師長)의 임무를 주어 분발시키고 권장하게 하면 나라의 치화(治化)가 점점 태평한 곳으로 나아가게 될 것입니다." 하였다.

또 아뢰기를, "〈대학(大學)〉의 가르침은 자신의 덕을 밝혀 백성을 새롭게 하는 것이니, 상께서 학문에 마음을 두시면 이보다 더 나은 것이 없습니다. 그러나 상께서 혼자만 하시고 아래까지 미치지 못한다면 온당치 않은 일이 아니겠습니까. 선(善)으로써 남에게 미치게 하면 믿고 따르는 사람이 많기 때문에 즐거운 것입니다. 평범한 사람이 선을 하여도 남에게 미치는데 임금이 선을 하면 한번 호령하는 사이에 사람마다 다 믿고 따를 것입니다. 외방 향교의 유생은 다『소학(小學)』·『삼강행실(三綱行實)』·『이륜행실(二倫行實)』 등의 책을 읽도

록 감사(監司)에게 하유하여 궁벽한 시골에서도 다 이런 책을 읽을
줄을 안다면 자연 사방이 듣고 떨쳐 일어날 것입니다.

소신은 시골에서 자라나 책 읽을 줄을 몰랐습니다. 중종 말년에 조
정에서 한 일은 미처 모르겠으나, 그때 송인수(宋麟壽)가 관찰사가 되
어『소학』을 읽게 하였으므로 그 책을 얻어 읽은 뒤에야 성현의 하는
일을 알았습니다. 지금 그런 것을 읽게 하면 어찌 떨쳐 일어날 사람
이 없겠습니까. 옛날에는 감사로 있는 자가 임금의 덕화를 받들어 널
리 펴더니, 을묘년 이후에는 다른 일에 미칠 겨를이 없어 다만 군기
(軍器)에 관한 일만 척간(擲奸)할 뿐입니다. 사표가 될 만한 사람을
발탁하여 써서 그에게 방면을 맡기면 또한 유생을 깨우칠 것입니다.”
하였다. 아뢴 뒤에 상이 승정원에 전교하기를, “아뢴 일들을 아울러
대신들에게 의논하게 하라.” 하였다.

31. 기대승의 말에 따라 변절하지 않은 유희춘·노수신 등 의 발탁을 명하는 전교.

『선조실록』 2권, 선조 1년(1568) 1월 13일.

직제학 기대승의 아뢴 바에 따라 전교하기를, “태평한 정치를 일으
키고자 하면 반드시 인재를 모아 어진 선비와 함께 다스려야 한다.
지난 중종 말년에 인재가 많이 나왔으나 불행하게도 사림의 화가 있
어 무고하게 죽고 남은 자가 많지 않았다. 20여 년 귀양살이 중에도
오히려 학문을 폐하지 않고 곤궁과 환난 중에도 변절하지 않은 사람

이 있으니, 그들 중에 어떤 자는 나이 70이 넘었고 어떤 자는 60이 넘었으며 어떤 자는 60에 가까운데 지난번 선왕(先王)의 유지에 따라 원한을 씻어 주고 수용(收用)하여 다시 벼슬길을 터주었다. 옛날에는 어진 사람이면 혹 뽑아 대관(大官)에 제수하기도 하였다. 지금 이런 연로(年老)한 사람들은 학문이나 절개나 다 널리 권장하기에 합당한 사람들인데, 차례대로만 등용하면 아마 미처 쓰지 못할 사람도 있을 것이며 또한 어진 사람을 우대하는 도리도 아니다. 이런 뚜렷한 사람은 발탁하여 임용할 것을 이조(吏曹)에 내리라." 하였다. 나이가 70이 넘은 사람이란 백인걸(白人傑)을 가리키고, 60이 넘은 사람이란 김난상(金鸞祥)을 가리키며, 60에 가까운 사람은 유희춘(柳希春)과 노수신(盧守愼)을 가리킨 것이다.

32. 기대승을 동부승지로 삼았다.

『선조실록』 2권, 선조 1년(1567) 2월 14일.

도목정사가 있었다. 직제학 기대승을 동부승지로 삼고, 노수신(盧守愼)을 특별히 명하여 직제학으로 삼았다. 이때 정청(政廳)에서 아뢰기를, "전일 뚜렷하게 학행이 높은 사람은 신원하여 수용해 불차로 뽑아 쓰라고 하신 일은 사체가 중대하니, 신중하게 하지 않을 수 없습니다. 또 그 이름이 나타나지 않았으므로 사유를 갖추어 계품하였는데, 직이 당상에 있는 자는 현직(顯職)을 주고 당하에 있으면서 학행이 높은 사람은 당상으로 주의할 것을 하교하셨습니다. 또 대신과 의논하라고 하셨으므로 대신에게 의논하였더니, 직급이 당하인 사람을 당상으로 주의하는 것은 바로 법외(法外)의 특이한 일로서 삼대(三代) 이후로는 이런 일을 시행하기 어려운 형편이었다고 하였습니다. 『대전(大典)』에 '홍문관 관원으로서 직제학 이하에 빈 자리가 있으면 출사(出仕)한 개월 수를 헤아리지 않고 차례로 벼슬을 옮긴다.' 하였으므로 전에 자급(資級)에 구애받지 않고 특별히 승천(陞遷)을 명한 적도 있었으니, 이것이 바로 불차로 뽑아 쓰는 일인 것입니다. 경연의 진강을 돕는 것이 가장 절실하니 학문이 있는 사람을 홍문관 관원으로 삼아 차차 승천시켜 오래도록 강석(講席)에 둔다면 반드시 성학에 도움이 많을 것입니다. 또 조종조에서는 혹 직급이 3~4품에 있을지라도 위에서 특별히 당상직에 제수한 사람도 있었으니 지금도 이같이 하면 사체에 합당할 것입니다.

또 인재를 뽑아 쓰는 권한은 해조에만 맡길 것이 아니라, 은명(恩命)은 당연히 위에서 나와야 합니다. 지금 해조가 자급을 헤아리지 않고 차례를 넘어 의제(擬除)하면 정사의 체통에 흠이 있을 것이니 실로 미안합니다. 의당 뽑아 쓸 사람이 직급에 있는 자라면 해조가 당연히 우선 올려 쓸 것입니다. 그중 나이 70을 넘은 자란 백인걸(白人傑)을 가리키고 나이 60을 넘은 자란 김난상(金鸞祥)을 가리키고 60에 가까운 자란 노수신(盧守愼)과 유희춘(柳希春)을 가르키는 것인데, 이 사람들은 다 높이 장려하여 등용되지 못한 탄식이 없게 해야 할 것이고, 또 그중 노수신은 물의가 학행이 최고라고 하니 마땅히 먼저 불차 탁용해야 될 것입니다. 그러나 자급은 종4품만을 줄 수 있고 정4품 이상의 직은 상의 특명에 달려 있습니다. 이것은 보통일이 아니라서 즉시 봉행할 수 없으니 매우 황공합니다." 하였다. 알았다고 답하고, 곧 노수신을 직제학으로, 김난상을 홍문관으로 응교로, 윤원례(尹元禮)를 선공 부정(繕工副正)으로 삼았다.

33. 기대승이 중국 사신이 왔을 때의 민역에 대해 말하였다.

『선조실록』 2권, 선조 1년(1568) 3월 25일.

상이 사정전(思政殿)에서 연 조강에 나아가 『논어』 〈위정편(爲政篇)〉을 강론하였다. 기대승이 나아가 아뢰기를, "소신이 별영위사(別迎慰使)로서 의주(義州)에 다녀왔는데 전년에도 중국 사신이 왔다 갔고 금년에는 두 번이나 사신이 다녀가 역로(驛路)의 각 고을이 아주 피폐해졌습니다. 전년에도 소신이 종사관으로 다녀왔는데 그때 농사가 흉작인데다 중국 사신이 오지 않은 지 오래 되었으므로 모든 일을 미리 조치하고 관사까지 다 고치느라 폐농하게 되었습니다. 금년에는 관사를 고치는 일은 없으나 중국 사신 때문에 보리 종자를 지금에야 갈아 심기 시작하였으니 민생의 일이 매우 염려스럽습니다. 지공(支供)하는 일을 소홀히 할 수 없으므로 각 고을이 역[站]에 나가 5~6일씩 머물러 기다리며 도로에서 고생하니 매우 불쌍하였습니다. 사신의 행차가 끊이지 않아 역졸이 감당하지 못하고 하루도 집에서 쉴 때가 없었으며 말[馬]도 너무 피곤해 보였습니다. 이것은 국가의 큰 걱정이니 장차 어떻게 처치하여야 되살아날 수 있을지 모르겠습니다. 백성이 고생한다는 것을 상께서는 항상 유념하셔야 합니다. 또 일로에서 본 것으로 말하면 적임자인 수령을 앉힌 뒤에야 모든 일을 잘 처리할 수 있는 것이니, 수령을 가려 보내는 것은 평상시에도 중요하지만 지금은 더욱 간절합니다.

두 차례 중국 사신이 다녀간 소식을 들어보니, 구(歐) 사신이 역을 걸러 치달려 인마(人馬)가 매우 다쳤고 두목(頭目)에게 밥 먹을 사이도 주지 않았으며, 두목에게 양쪽 길가에 서서 가마꾼을 돌아다니며 독촉하게 하였답니다. 또 몸소 채찍을 잡고 독촉하여 계속 '빨리 달려, 빨리 달려.'라고 소리치고, 도중에서 배고프고 피곤하다고 하는 사람을 보면 헛소리한다고 하여 사람들이 매우 괴롭게 여겼다니 그 인품은 선한 자가 아니었습니다. 우리나라가 사람을 쓸 때 그와 같이 멀리 보내는 사역에 각별히 가려 보내야 마땅합니다. 장조(張朝)는 평양에 있을 때 다음 차례의 사신이 온다는 말을 듣고 그들의 일행의 궤짝 15개를 성 밖 소나무가 빽빽한 곳에 숨겨두었다가 다음 사신이 지나가기를 기다린 다음에 가져갔다고 하니, 요구한 것이 많기는 하였으나 그래도 조정을 두려워하는 마음이 있기 때문에 숨긴 것입니다. 또 구 사신은 서책을 남겨두고 장조는 의주(義州)에 돗자리와 어물(魚物)을 남겨두고서 뒷날 실어 오라고 하였습니다. 이는 다 사신이 부탁한 말이니 실어 보내는 것이 마땅할 듯합니다. 그러나 중국에 돌아가더라도 그 집에 다 가져갈 수는 없고 반드시 주사(主司)에게 고하고 바쳐야 하는데 주사가 알면 반드시 예부(禮部)에 고할 것입니다. 선물 꾸러미를 실어 보내는 것은 부당한 듯하고 또 예부가 혹시 따져 물을까 염려됩니다. 만약 후일에 다른 사신이 끝없이 요구하고 다 실어다 주기를 바란다면 반드시 오늘을 예로 삼게 되어 뒤 폐단이 끝이 없을 것이니 좋은 말로 답변하여 실어 보내지 않는 것이 어떻겠습니까? 이를 조정에 내려 의논하여 처리하게 하소서." 하니, 상이 대신들에게 수의하도록 명하였는데, 영상 이준경이 우선 실어 보내 그들의 처치를 시험하는 것이 어떻겠느냐고 하자, 상이 그 말을 따랐다.

34. 기대승이 총론으로 설명하였다.

『선조실록』 2권, 선조 1년(1568) 3월 25일.

상이 사정전(思政殿)에서 석강에 나아가 『소학(小學)』을 강론하였다. 기대승(奇大升)이 나아가 아뢰었다.

"『소학』 총론(總論) 끝에 있는 '허형(許衡)이 『소학』 대의를 말하였다.[許氏衡曰小學大義]'라고 한 부분을 소신이 전일 옥당(玉堂)에 있을 때 마침 강의하였는데, 반맹견(班孟堅)이 지은 『한서(漢書)』에는 소학과 대학의 규모의 대략을 논설하였으나 거기서는 상세한 절목(節目)은 보지 못하였습니다. 이에 〈예문지(藝文志)〉를 상고하니 없어서 계달하지 못하였는데, 나중에 마침 〈식화지(食貨志)〉를 상고하니 과연 그 말이 있었습니다. 그 내용은 '사람은 8세에 소학에 들어가 오방(五方)·육갑(六甲)·서계(書計)의 일을 배워 비로소 부부·장유(長幼)의 질서를 알게 되고, 15세에 대학에 들어가 선성(先聖)의 예악(禮樂)을 배움으로써 조정 군신의 의의를 알게 된다.'고 하였으니, 이것이 규모의 대략입니다.

옛 성현이 사람을 가르칠 때에는 백성을 부유하게 한 뒤에 가르치라고 하였기 때문에 그렇게 한 것입니다. 후세에는 선왕의 도를 폐지하여 형벌은 번거롭고 부세는 무거워서 백성들이 삶의 즐거움이 없는데 어느 겨를에 선을 하겠습니까. 나라의 폐단이 한 가지만은 아니나 근본은 백성을 편안케 하는 데에 있으니 백성이 편안한 다음에야 교화가 시행됩니다.

또 우찬성 이황의 상소가 왔을 때 상께서 지제교(知製敎)에게 교서를 짓게 하여 하유한 것은 극히 아름다운 뜻입니다. 요즈음 교명을 자주 내리고 높은 벼슬을 주시니, 그들이 빨리 교명에 응해야 할 것을 모르기 때문이 아니라 감당하지 못하여 오지 않는 뜻이 많습니다. 어진 사람이 어찌 '어질다'고 자처하겠습니까. 감당하지 못한다는 뜻도 그릇된 것은 아닙니다. 상께서 이 상소를 보시면 미안해하는 뜻을 아실 것인데 계달(啓達)하는 신하는 높은 벼슬로 정성스럽게 부르라는 뜻으로 아뢰었으니 이 때문에 더욱 미안스럽습니다. 예로부터 임금이 어진 이를 부르면 감당할 수 없어서 오지 못하는 사람도 있고 온 사람도 있었습니다. 훌륭한 명성을 얻은 이 사람이 상께서 간절히 불러도 오지 않는 것이 다른 사람이 보기에는 미안한 일이나 실정은 그렇기 때문입니다. 대개 요즈음 사대부의 풍속은 옛날과 다르고 치사(致仕)하는 풍속도 없으니 물러가려는 자가 있어도 물러가지 못합니다. 이 상소를 보면 치사할 방법이 없어 번민하는 뜻도 있습니다. 사대부의 대우를 마땅히 옛 도리대로 하고 늙어 병든 사람이 은퇴하는 일도 또한 허락하는 것이 옳습니다. 여러 번 불러도 오지 않는 것에 대해 상께서 아마 실정을 모르시는 듯 하여 감히 아룁니다."

35. 기대승이 조광조의 증직, 대강을 세울 것 등을 말하였다.

『선조실록』 2권, 선조 1년(1568) 4월 3일.

상이 사정전에서 석강에 나아가 『소학』을 강론하였다. 기대승이 나아가 아뢰었다.

"조광조(趙光祖)를 증직하는 일에 대하여 온 나라의 인심이 같습니다. 소신이 전에 잠깐 아뢰었었는데 요즈음 대신들도 아뢰었습니다. 상께서 이미 알면서도 머뭇거리시는 것은 반드시 자세히 살피자는 뜻인줄 알고 있습니다마는, 그러나 아랫사람의 마음은 상께서 아직도 환히 알지 못하신 듯하여 미안해 합니다. 환히 아신다면 의당 차례대로 거행하셔야 할 것입니다. 아랫사람들의 바람은 즉시 흔쾌히 따라 주시기를 원합니다. 상께서 강학에 힘쓰시면 도리가 점점 밝아져 광조의 어진 것을 저절로 아실 것이니 높이고 기리는 등의 일을 상께서 먼저 행하시면 더욱 좋겠습니다.

임금이 다스려야 할 일은 사실 많습니다. 날마다 천만 가지 사무를 다 마음에 두시되 대강(大綱)을 먼저 세운 다음에야 저절로 조리가 서서 일이 쉽게 될 수 있는데 지금 상은 정치를 도모하려고 하고 아랫사람들은 정치를 보좌하려고 하니, 이 기회야말로 매우 좋습니다. 나라 일의 쌓인 폐단이 매우 많은데 하나하나 고치려고 하면 반드시 방애되는 점이 있을 것이고, 그대로 놔두려고 하면 폐단이 더욱 깊어져 바로잡기 어려울 것이니 마땅히 그 사이에 경중과 완급을 참작하여 순서대로 시행해야 합니다. 옛사람의 의논은 큰 강령을 주로 하였습니다. 옛날에 정이천(程伊川)이 말하기를 '나라를 다스리고자 하는 자는 반드시 뜻을 세우괴[立志], 어진 이를 구하괴[求賢], 책임을 맡겨 야[責任] 한다.' 하였는데, 그 일을 하고자 하면서도 한가하게 세월만 보낸다면 끝내 이루어지지 않을 것으로, 태평한 정치를 이루고자 한 다면 반드시 삼대(三代)의 성주(聖主)를 본받아 항상 '온 나라 안의 곤충과 초목까지도 다 나를 우러러 의지하니 제각기 제 살 곳을 얻도 록 해야겠다.'고 생각하면 이것은 임금이 뜻을 세운 것이니, 이 뜻이 이미 서면 방종과 탐욕이 감히 생기지 않아 천리(天理)가 점점 밝아 질 것입니다. 백성이 편안치 않은 듯하면 편안하게 하고 세상의 도가 바르지 않은 듯 하면 바르게 할 것을 생각하여 기거(起居)하고 잠자 는 사이에도 정치에 방해되는 일이 있지나 않나 염려하고, 생각하고 말한 적에도 조정에 해를 끼치지나 않나 염려하여 삼가고 두려워하며 옛 성인의 뜻을 따라 항상 힘쓰소서.

옛사람이 '순(舜)은 어떤 사람이며 나는 어떤 사람인가.' 하였으니, 이것이 바로 뜻을 세우는 것입니다. 그러나 궁궐 안에서는 듣고 보는 것이 넓지 않으니 아래에서 받들어 행하는 사람이 없으면 은혜가 미 처 시행되지 못할 것입니다. 반드시 어진 이를 얻어 친근히 하고 그 를 알아주어 의심치 않으면 저 어진 사람은 자기가 아는 사방의 어진 이를 끌어올 것이니, 그들이 조정에 가득 차면 시대가 저절로 태평해 질 것입니다. 이른바 책임을 맡긴다는 것은, 어진 이를 얻어 정승 자 리와 육경(六卿)의 반열에 두어 그를 믿고 의지한다는 말이니, 소소한 일을 반드시 그의 임무로 책임지운 뒤에야 모든 직무가 다 제대로 거 행되어 나라가 다스려질 것입니다. 이를테면 수령에게는 반드시 백성 을 다스리는 것으로 책임지우고, 변방 장수에게 반드시 군민(軍民)을 보살피는 것으로 책임지도록 한다는 것입니다. 우리나라는 폐단이 쌓인 일이 있으니 바로 백관이 백성 다스리기를 좋아하지 않는다는 점입니다. 조종조에서는 육경 장관이 많은 일을 스스로 처결한 다음에 상달하였는데, 지금은 항상 제멋대로 처단하였다는 것으로 죄를 얻을까 두려워서 법규에나 맞추고 실제 일은 하지 않아서 모든 일을 꼭 위에 물어보니 윗사람은 수고롭게 하고 아랫사람은 한가합니다.

옛 법에는 신하는 힘써 행하고 임금은 정권을 잡고 아랫사람에게 맡기면 다스리는 도가 저절로 이루어졌으니, 모든 일을 반드시 몸소 처리하지 않고 다만 규모만을 만들어서 하게 하면 되었습니다. 육경은 육조의 일을 하되 한 집안의 일과 다름이 없이 해야 하는데 지금의 관원은 자주 갈리는 것이 풍습이 되었습니다. 예전에는 병판(兵判)이 된 자는 4~5년까지 오래 있었기 때문에 무신(武臣)과 금군(禁軍) 등의 능력을 다 알고 군사 일의 전말도 반드시 잘 알았는데, 요즈음은 이조·병서 판서가 1년만 지나면 곧 정장(呈狀)하고 들어갑니다. 예전에는 호판(戶判) 역시 10여 년이 되어도 옮기지 않았으므로 나라에 있는 전곡(錢穀)의 원수(元數)를 모두 알았고, 사방의 수재·한재·풍재와 연운(年運)의 흉황(凶荒)도 잘 알아 조정하기를 마치 한 집안의 일처럼 하였는데, 요즈음은 겨우 5~6개월이 지나면 다시 갈리므로 이 때문에 관부(官府)의 물건을 다 도적맞습니다. 옛사람의 말로써 오늘날의 폐단을 보면 옛사람의 제도가 오히려 합당합니다.

청컨대 뜻을 세우는 것, 어진 이를 구하는 것, 일을 맡기는 것 이 세 가지를 항상 유념하소서. 한갓 어진 이를 구하는 마음만 두고 뜻을 세우지 않으면 구하여도 얻을 수 없고, 어진 이를 얻더라도 뜻이 굳지 않으면 또한 쓸 수 없습니다. 반드시 맡겨야 할 사람에게 맡겨서 이루기를 책임지우고 사소하게 잘못된 일 같은 것은 모르는 체하고 묻지 않는 것이니 곧 다스리는 도의 큰 강령입니다. 이 세 가지가 가장 크므로 감히 아뢰는 것이니 큰 강령이 서지 않으면 아주 작은 폐단은 구제하려고 하여도 할 수 없습니다.”

36. 기대승이 재이에 즈음하여 삼갈 것을 청하였다.

『선조실록』 2권, 선조 1년(1568) 12월 2일.

상이 문정전(文政殿) 주강에 나아가 『논어』〈선진편(先進篇)〉을 진강하였다. 기대승이 나아가 아뢰었다.

“근래 재변이 너무도 비상하여 듣고 보기에도 매우 놀라울 뿐더러 상께서 역시 반성하시고 진념하실 터이므로 생각하기에 매우 미안한 마음이 듭니다. 임어하신 이후로 재변이 잇따라 일어났습니다. 이것이 비록 천심(天心)이 인애(仁愛)하여서이지만 그러나 상께서 인애하는 천심을 믿어 경계하고 삼가지 않으신다면 수성(修省)하는 마음이 소홀하여지는 것입니다. 항상 생각을 가다듬고 ‘천심이 무슨 연유로 편안치 못한 것인가.’ 하시며 깊이 두려워하는 마음을 가져 삼가고 반성하신다면 재변은 저절로 사라질 것입니다.

지난번 뇌진(雷震)은 대단히 놀라운 괴변이었고 또 팔도의 서장을 보니 뇌진과 지진이 전 지역에 있었습니다. 위로는 천재, 아래로는 지변이 일어나고 있으니 어떠한 변고가 이보다 더 심하겠습니까. 그리고 무지개 또한 많이 나타났으니 이는 더욱더 괴이한 것입니다. 무지개는 천지(天地)의 부정한 기운으로서 음양의 기운이 교접하면 안될 때 교접하여 나타나는 현상이고 또 여름철에 있는 것인데, 천지가 응폐(凝閉)되는 겨울날에 나타나는 데이겠습니까. 요즘 일기가 따스하기는 봄날과 같고 안개도 연일 일고 있습니다. 대체로 재변은 분명히 어떠한 일로 인하여 발생한 것이라고 지적할 수 없지만, 그러나 옛사람은 그것이 같은 유에 따라 상응하는 것이라고도 하였습니다. 양(陽)의 기운이 안에 쌓여있어 밖으로 나오지 못하면 분격하여 우뢰가 일어나는 것이니 우뢰는 천지의 기운이 화평스럽지 못하기 때문입니다. 지도(地道)는 주로 정(靜)한 것인데 정하지 못하면 지진의 변괴가 있는 것이니 지진은 바로 지도가 편안하지 못하기 때문입니다. 지진을 옛사람은 신도(臣道)라고도 말하였는데 무지개와 안개는 또 음양의 사특한 기운이니 혹시 소인이 군자를 음해하려는 것이 있어서 이러한 변괴가 발생하는 것은 아니겠습니까. 안개는 덮어 가리우는 상도 되는 것입니다. 상께서는 학문에 힘쓰시고 다스림에 있어서도 청명하게 하시어 온갖 정사에 정신을 쏟아 도모하지 않는 것이 없습니다. 그러나 혹 한 생각의 잘못이라도 있으면 천지의 현상에 관계됨이 있는 것이니, 어떤 간악한 소인이 온갖 수단과 방법을 써서 성총(聖聰)을 현혹시킬 조짐이 있어 이러한 변괴가 있는 것은 아니겠습니까. 이는 성명(聖明)의 시대에는 있을 수 없는 일이지만 소신(小臣)은 여러 가지로 우려하여 상께서 군자와 소인이 소장(消長)하는 기미에 삼가시기를 바랄 뿐입니다.

양인수(楊仁壽)의 일에 대하여 양사가 이미 오랫동안 논집(論執)하였고 지금 경연에서도 깊이 논계하고 있습니다.[상이 잠저(潛邸)에 있을 때 의원(醫員) 양인수에게 『십구사략(十九史略)』을 배웠다. 이에 처음에는 동반(東班) 6품직을 제수하라고 명하니 대간이 개정하기를 계청하였고, 뒤에 상호군(上護軍)의 녹을 길이 주라고 명하였는데 자급(資級)이 맞지 않는다는 이유로 또 호군(護軍)과 사직(司直)을 오르내리며 제수하자 양사가 과중하다는 것으로 여러 날 논집하였으나 상이 허락하지 않았다.] 상께서 양인수에게 구두(句讀)를 배운 일이 있었다 하여 벼슬로 그의 공을 보답하려고 하시는 것은 비록 공정한 마음에서 나온 것이지만 그에게 동반의 직을 주라고 명하신 것은 사심에 누된 바를 면하지 못한 것입니다. 그런데 대간이 불가한 것을 논계하자 도리어 서반(西班)의 높은 직을 주라고 하셨으니, 이러하고도 간언을 따르는 실정이 있다고 이를 수 있겠습니까.

  '덕을 높이고 공을 갚는다.[崇德報功]'는 옛말이 있기는 하지만 공이 크면 크게 보답하고 작으면 작게 보답하는 것으로 경중과 대소가 자연 구분이 있는 것이니 잘못 시행해서는 아니 되는 것입니다. 만약에 경중·대소·선후·완급의 순서를 잃는다면 어찌 정치의 체모가 있다고 하겠습니까.

  상께서 들어와 대통(大統)을 이으시고 지금 상중에 계시므로 대의(大義)에 억눌려 일을 시행할 수 없기 때문에 마땅히 해야 할 일도 시행하지 못하고 계십니다. 큰일도 미처 못 하고 계시면서 하찮은 노고에 보답하기를 생각하신다면 이는 선후의 순서를 잃었다고 이를 만합니다. 군직(軍職)을 올려 제수하고 내려 제수하는 것이 별로 경중의 차이가 있는 것은 아니지만 대간의 공론을 따르지 않는 것은 곧 정치에 큰 누가 되는 것입니다. 소신의 생각으로는 대소 완급의 일을 차례대로 거행해야 할 것으로 이와 같은 일은 천천히 짐작하여 하는 것이 옳다고 여겨집니다. 중대하고 다급한 국사에 대해서 묘당(廟堂)의 중신과 가까이 모시는 신하들 사이에 지금 알맞게 처지할 방도를 생각하고 있지만 갑작스레 그 단서를 발론하는 것이 미안스러울 듯하여 현재 계달하지 못하고 있는 것입니다. 상께서 우선 언관들의 논계에 따라 양인수에게 알맞은 직품을 주도록 하시고 대소 완급에 따라서 제대로 처치하여 순서를 잃지 않으신다면 사리에 매우 온당하고 정체(政體)에도 합당할 것입니다."

37. 기대승이 수신·치심에 대해 논하였다.

『선조실록』 2권, 선조 1년(1568) 12월 6일.

상이 야대(夜對)에 나아가 『논어』〈선진편〉을 강론하였다. 기대승이 아뢰기를, "학문의 도에 대하여 옛 성현이 논하기를 더없이 하였는데 후세에 이르러 의론이 완비되어 도리어 지리하게 되었으므로 요령을 잡기가 어렵습니다. 요·순·우·탕(堯舜禹湯)의 학문은 『서전(書傳)』에 나타난 것으로 그 말이 요약되어 존심(存心)·수신(修身)을 주로 한 것입니다. 존심 수신하는 곡절에 대해서는 공맹(孔孟)이 언급하였고 정주(程朱)가 밝혀냈습니다. 대개 군주의 학문과 유자(儒者)의 공부가 다른 점이 있는 듯 하지만 대체적인 큰 강령과 근본은 다름이 없는 것으로서 학문이란 치심·수신을 근본으로 삼아야 하는 것입니다. 옛사람은 치심·수신의 공부를 하는 데 있어서 일상생활에 혹 간단이 있을까 염려하여 옛글을 읽으며 옛일을 알려고 하였습니다. 서책은 마음을 유지하는 도구이고, 밝혀져 드러난 도리도 그것으로 인하여 알게 되는 것입니다. 정자(程子)는 격물 치지(格物致知)에 대하여 논하기를 '격물이란 한 가지 일만은 아닌 것이다. 독서하며 강론하고 고금의 인물을 논하며 일을 처리함에 온당하게 하는 것이 모두가 격물의 공부이다.'라고 하였습니다. 학문과 공부는 때와 장소도 없이 노력을 해야만 이루어지는 것입니다. 상께서 만기(萬機)의 번거로움이 있더라도 언행과 동정에 한결같이 마음을 가지셔야 학문을 하실수 있습니다. 평상시에는 잊으셨다가 책을 펼 때만 하신다면 공부에 간단이 생기는 것입니다.

생각건대 옛사람이 학문에 대하여 이르기를 '스스로 스승을 찾는사람은 왕자(王者)가 된다' 하고, 또 '자기의 생각대로만 하면 협소해지고 묻기를 좋아하면 여유롭다.' 하였습니다. 후세 임금의 비록 옛사람의 스승을 찾는 도리대로 할 수는 없다 하더라도 조정 안에 어찌그럴 만한 사람이 없겠습니까. 대신의 지위에 있는 사람은 반드시 취할 만한 문견을 갖고 있으니 상께서 그 사람을 존경하신다면 비록 스승이라 부르지 않더라도 이러한 의사를 갖는 것이 현자(賢者)를 높이고 대신의 공경하는 도리입니다. 〈중용(中庸)〉에 구경(九經)을 논함에 있어 첫째가 수신(修身)이고 다음에 존현(尊賢)이었습니다. 어진덕이 있는 사람을 필시 존중해야만 임금이 그를 경외하고 삼가는 길이 있게 되어 과오를 바로잡을 수 있는 것입니다. 근래 보건대 상께서 학문에 매우 성실하시어 더할 나위 없습니다.

신이 삼가 판부사(判府事) 이황(李滉)을 보건대, 이와 같은 사람은 지금 시대에 드물 것입니다. 상께서도 그러한 내용을 아시고 매우 융숭한 대우를 하시자 대소 신료들이 상께서 현자를 높이는 의사가 있음을 알게 되어 기뻐하지 않는 이가 없습니다. 대체로 그는 나이가 많은데다 병이 깊어 출사하지 못하여 전에 오랫동안 외지에 있었고 이제 잠깐 출사하고 있으나 몸에 또 병을 지녔습니다. 상께서 그의 대한 대우가 이미 극진하셨더라도 예모(禮貌)로만 대할 것이 아니고 성상의 마음에 항상 현자라 생각하고 정성을 다하셔야 합니다. 현자는 자신을 높여주는 것으로써 자신의 마음에 편하게 여기지 않고 임금이 허심탄회하게 자신의 말을 받들어야만 그의 마음을 다하는 것입니다. 일찍이 옛사람의 사적을 상고해 보건대 현자가 조정에 벼슬하면서 어찌 꼭 그의 말을 모두 따르기만 바라겠습니까. 임금이 선을 좋아하고 간언을 따라 농사꾼의 말까지도 다 들으려 한다면 그것으로 기쁨을 삼아 행하기를 즐거워하고 힘을 다할 것입니다. 그런데 만약 그의 말을 억지로 따른다면 의사가 광범하지 못한 것으로 현자의 마음에 서운한 감이 없지 않을 것입니다.

　지난번에 이황이 계사를 올리자 그의 말대로 시행하였으므로 외간 사람들이 매우 기뻐하였습니다. 그러나 그는 현자이니 어찌 상께서 그의 말을 또 따르셨다는 마음을 가졌겠습니까. 소신의 생각으로는 그를 조정에 초치하여 그의 말을 받아들이고 우대도 극진히 하되 그의 말을 분명히 살펴 따르고, 비단 그의 말을 받아들이기만 할 뿐만 아니라 항상 그가 현자인 것을 생각하여 어떠한 정사가 있을 때마다 성상께서는 '이 일을 혹시 그가 불가하다고 여기지 않을까?' 하시어 마치 배우는 사람이 엄한 스승을 만나서 반성하듯 하는 것이 매우 좋을 듯합니다. 근래 이황이 아뢴 바에 대해서 상께서 '그의 말을 들어주고 계책을 따르겠다.' 하시자, 그는 도리어 송구스러워하며 난감하게 여기는 뜻이 있었습니다. 더구나 대간·시종들의 말은 별로 중대한 일이 아닌데도 이처럼 망설이시니 신이 비록 상세히 알 수는 없지만 옛사람의 마음으로 헤아려 보면 그의 마음인들 어찌 편안하겠습니까. 존현(尊賢)은 수신(修身)에서부터 비롯되는 것입니다. 상께서 수신을 급급히 여기신다면 그가 조정에 있는 것이 매우 유익할 뿐더러 군신 간의 도리에 있어서도 양편이 좋을 듯합니다. 하지만 외모와 은총으로 그를 붙들려고 한다면 늙고 병든 그가 어찌 구차하게 조정에 있으려고 하겠습니까. 미관(微官)이 이처럼 아뢰는 것이 매우 황공하나 이러한 사정을 상께서도 아셔야 하겠기에 감히 미열한 뜻을 아뢰는 것입니다." 하였다.

상이 이르기를, "그 말이 지당하다. 하지만 근래 내가 망설이는 것으로 그가 미안하게 여긴다는 것을 내가 어떻게 알 수 있겠는가. 이제 이렇게 아뢴 것이 매우 옳다." 하였다.

기대승이 아뢰기를, "소신이 아뢴 말은 그가 신에게 미안하게 여긴다고 말한 것은 아닙니다. 그가 올라온 뒤 상종하기를 오래하였는데 자주 그의 집에 가서 그의 말을 들었습니다. 신이 자세히 알지는 못하지만 그의 도덕과 문장은 옛사람과 다를 바가 없으니 옛사람의 마음이 그러하였기에 그의 마음도 그럴 것이라고 생각한 것일 뿐입니다. 상께서 그 뜻을 아시어 본받으신다면 그를 접대하는 도리에 온당할 것입니다." 하였다.

상이 이르기를, "그를 옛사람으로 가칭하여 말하였는데, 어떠한 사람이며 옛사람의 누구에게 비교할만한가? 이런 말로 묻는 것이 미안하지만 평소에 궁금하였기 때문에 말하는 것이다." 하였다.

기대승이 아뢰기를, "미열한 소신이 어떻게 헤아려 알 수 있겠습니까마는 전일에 의심나는 것이 있으면 서신으로 묻기도 하여 서로 만나지는 못해도 뜻을 통한 지는 이미 오래였습니다. 그가 올라온 뒤에 늙고 병든 몸이 너무 고적하게 지낼 듯 하여 때때로 찾아가 방문도 하고 평소에 의문이 나던 것을 질문도 해보았는데 우매한 신의 견해로서는 도저히 알지 못했던 것이었습니다. 따라서 신의 소견으로는 그가 범연한 인물이 아닌 듯 싶었습니다. 무엇보다도 우선 나이가 이미 70세이고 식견이 고매한데도 자기의 소견을 주장하지 않고 어진 사람이 한 말이라도 반드시 헤아려 봅니다. 그리고 고서를 관람하는데 조금도 막히는 데가 없고 정주(程朱)의 공부를 독실하게 신봉합니다. 그가 옛사람의 경지에 도달하였는지 알 수 없습니다마는, 동방(東方)에서 학문을 한 사람 중 전조(前朝)로부터 국초(國初)에까지 문장이 없어졌으나 다행히 수습해 놓은 것을 보건대 이 사람의 문장과 같은 것이 대체로 적었으며 처음 그가 올라왔을 때 올린 상소문은 정주의 글과 조금도 다를 것이 없습니다. 그의 학문도 공부도 의론도 모두가 옳은 것이었습니다." 하였다.

이담(李湛)은 아뢰기를, "소신이 중종 말년에 이황과 같은 관직에 있으면서 함께 교유도 하였는데 그는 젊을 때부터 표리가 한결같았고, 근자에는 오랫동안 산림에 있으면서 학문을 깊이 하여 공부가 독실합니다. 그를 고인의 누구에게 비교할 수는 없지만 대개 옛날 군자의 도

리와 같았으니 이러한 인물을 쉬이 구할 수 있겠습니까." 하였다.

기대승은 아뢰기를, "그의 심덕은 겸손하고도 공손하여 조금도 자신이 옳다고 여기지 않습니다. 이리하여 자기의 주장을 버리고 다른 사람의 좋은 소견을 따르기도 하니 이 점은 매우 훌륭한 것입니다. 미매한 신이 자주 상대하여 이야기를 나누었고 오랫동안 심복하였던 것이기에 지금 이처럼 아뢰는 것입니다. 그가 비록 신병으로 인하여 경연에 입시(入侍)하지 못하고 있지만 훗날 입시했을 때 상께서 널리 도리를 물으신다면 제왕의 학문에 있어서 어찌 도움이 없겠습니까." 하였다.

이담은 아뢰기를, "그는 문장과 도덕을 모두 갖춘 사람인데 상께서 성심으로 물으신다면 어찌 아뢰는 말이 없겠습니까." 하였다.

기대승은 아뢰기를, "그는 고서를 박람(博覽)하였고 품성 또한 소탈하고 담담한데다가 젊은 때부터 겸손하고 사양하는 것이 습성이 되어 있습니다. 상께서 여러 번 소명(召命)을 내렸기 때문에 마지못해 올라왔지만 그는 빈한하고 고단한 생활이 뜻에 맞고 부귀를 누리고 싶은 마음은 없으므로 물러가 평소에 닦는 학문을 더럽히지 않고서 일생을 마치려 합니다. 상께서 등용하신다면 어찌 평소에 배운 것을 펴보려고 하지 않겠습니까. 그러나 데면데면하게 대우하여 보람 없이 조정에서 죽게 한다면 평소의 학문을 저버리게 되어 매우 괴로워할 것입니다." 하였다.

이담은 아뢰기를, "동방의 학문은 전조에 정몽주(鄭夢周)가 있었고, 권근(權近)도 잠시나마 학문을 하였지만 다분히 흠결이 있었습니다. 그 후로 김굉필(金宏弼)에 이르러 학문이 매우 정당하였고 조광조(趙

光祖)는 김굉필의 제자로서 역시 범연하지 않았는데 이황은 이들을 계승하였으니 그의 학문이 어찌 범연하겠습니까. 상께서 성심으로 학문을 배우시고 치도(治道)를 물으신다면 어찌 진정으로 아뢰지 않겠습니까."하였다.

38. 기대승이 곡식 관리 등에 대해 건의하였다.

『선조실록』 2권, 선조 1년(1568) 12월 19일.

상이 문정전(文政殿) 주강에 나아가 『논어』〈선진편(先進篇)〉을 강론하였다. 호조 참판 유경심(柳景深)이 나아가 아뢰기를, "신이 보건대 사내(司內)의 경비가 전일에 비하여 많은 듯한데 혹시라도 흉년이 들거나 나라에 쓸 일이 많아지면 국가의 예산이 감축될 것은 필연적인 사세이며, 거기에다 각사(各司)의 양곡이 모두 도적맞고 있습니다. 풍저창(豊儲倉)은 국초(國初) 이후 운영해 온 양곡이 20만 석인데 그 중 이미 썩어 흙이 된 것이 많으니 먹을 만한 것이 어찌 10만 석이나 되겠습니까. 각사 어느 곳인들 중요하지 않겠습니까마는 군자 삼감(軍資三監)·광흥창(廣興倉)·풍저창의 양곡이 가장 중요하니 이곳의 관원은 올바른 사람을 뽑아야 하고 30개월이 만료된 뒤에 교체시키기를 조종조의 전례대로 해야 할 것입니다. 그리고 법전(法典)에는 해사(該司)의 서리도 일정한 인원수가 있는데 그 인원수대로 보내지 않을 뿐더러 승전을 받들어 인원을 채워 보냈더라도 1개월을 넘기는 사람이 없으므로 각사가 텅 비게 됩니다. 그러니 해사 서리들의 이름을 문서로 만들어 호조에 비치하고 호조가 입계(入啓)한 뒤에 이조가 혹시 이송시키면 호조가 즉시 추심하게 하는 것이 어떻겠습니까?

그리고 각사를 감찰하는 데 있어서도 각사의 월령법(月令法)이 있는데 요즘은 오늘의 청대(請臺)엔 이 사람을 보냈다가 내일의 청대엔 또 다른 사람을 보내니 비록 봉서(封署)하는 데 허술한 점이 있다 한들 어떻게 알 것이며 봉서를 뜯어내더라도 어느 감찰이 자기가 봉서한 것이 아니라고 말할 수 있겠습니까. 이 오사(五司)에 대해서 월령에 따라 감찰할 때 역시 강직하고 명민한 관원을 뽑아 보내되 이들의 과만(瓜滿)도 30개월로 정하고, 각사의 청대가 있을 때에는 다른 감찰을 보내지 말도록 하여 봉서하는 것을 분명하게 해야 하며 조치할 일이 있을 경우에는 조정에서 의논하게 하소서." 하였다.

상이 이르기를, "그와 같이 하는 것이 매우 온당할 듯하다. 하지만 제대로 조치하지 못하더라도 백성들에게 해를 끼치며 취렴하는 것은 참으로 해서는 안 된다. 조정에서 의논하면 처치할 수 있는 방도가 나올 것이니 의논하는 것이 온당하다." 하였다.

기대승이 아뢰기를, "전교에 '백성에게 해를 끼치며 취렴하는 것은 해서 안 된다.'고 하셨는데 이 말씀을 듣고 나니 매우 감격스럽습니다. 백성들에게 과중한 조세를 거두어 들이면 국가의 근본이 먼저 손상되니 이러한 일은 참으로 해서는 안 되는 것입니다. 그러나 후세의 임금은 이러한 줄을 모르고서 우선 눈앞에 닥친 일만을 급하게 여겨 함부로 백성들에게 거두어 들이는 것을 보통으로 여기는데, 전교의 말씀이 이와 같으니 그야말로 생민들의 복입니다.

조정에서 자연 조처할 것이지만 특별히 폐단이 없도록 한 뒤에야 고쳐 나갈 길이 있는 것이지 잠시 데면데면하게 처리한다면 고쳐지기 어려울 듯합니다. 정사와 호령에 있어서도 조치가 정당하지 못하면 위에서 아무리 옳게 마음을 쓰시더라도 시행되지 못할 것입니다. 미열한 소신의 생각에 항상 깊이 걱정되는 것은 어느 날 갑자기 국가의 저축이 고갈되어 지탱하여 나갈 수 없게 된다면 과중한 조세를 거두어들이지 않으려고 하더라도 어쩔 수 없을 것입니다. 반드시 이러한 것을 미리 알아 헛된 비용을 줄여야 구제할 수 있는데 세상 사람은 대수롭지 않게 여겨 무심히 보아넘기고 간혹 걱정하는 이가 있기는 하나 그처럼 절박한 것인 줄은 모릅니다. 식량은 백성에게 가장 소중한 것으로서 홍범 팔정(洪範八政)에 첫째로 식(食)을 말하였고, 『주역(周易)』에도 '무엇으로 인민을 모이게 하는가. 재물로써 한다.' 하였습니다. 하루도 식량이 없어서는 안 되는데 일시에 고갈된다면 아무리 백성에게 해를 끼치지 않으려고 한들 되겠습니까. 견감하는 등의 일이 조정에서 아무리 호령을 하더라도 모두 허사로 돌아갈 것입니다.

지난번에 황해도와 평안도는 여러 차례 중국 사신을 치러 특명으로 견감할 것을 호조가 외방에 이문(移文)하고 외방은 백성들에게 알렸습니다. 그러자 백성들은 마땅히 공납해야 할 조세가 감면된 것을 기뻐하며 이미 준비하였던 물자를 저들 나름대로 모두 써버렸습니다. 그러나 각사(各司)에서 재정이 모자라 공납을 폐지시키기 어렵다는 내용으로 계속 계청하고 곧이어 백성들에게 공납할 것을 독촉하였습니다. 가난한 백성들은 이미 준비했던 물자를 다 써버렸기 때문에 필시 사서 바쳐야 할 형편이었으므로 여느 때보다 몇십 배 힘겨워 백성들의 괴로움은 전보다 더욱더 심하였고 그 당시 수령이 그러한 폐단을 극론하였는데 듣기에도 처참하였습니다. 주상께서 구중궁궐에 계시면서 민생을 걱정하여 그들의 공납을 견감시키라는 조처를 내리시고 반드시 백성들이 은혜를 받았을 것이라 여기셨겠지만 백성들은 어느 때보다 더 고통스러웠습니다." 하였다.

또 아뢰기를, "1년 경비는 매우 많은데도 지난해의 세입(稅入)은 7만 석뿐이니 옛일을 고찰하여 경비를 일체 감축시키고 수입에 따라서 지출해야 합니다. 옛사람이 '3년 농사에 1년 먹을 양식이 남아야 하고 30년에 10년의 양식이 남아야 된다. 국가에 3년 먹을 양식의 저축이 없으면 그 나라는 나라꼴이 되지 못한다.' 하였습니다. 국초 이래로 저축한 것이 28만 석이었는데 먹을 만한 것이 10만 석에 불과하다면 가령 내년 세입이 10만 석이 된다 하더라도 4만 석을 끌어 써야 하고 후년에 또 그와 같이 하여 3년이 되면 비축하였던 양곡이 모두 없어질 것입니다." 하였다.

황정욱(黃廷彧)은 아뢰기를, "소신이 전에 경연에서 고자(庫子)들이 양곡을 훔쳐가는 데 대해서 아뢰면서 서원(書員)을 모두 없애고 고정 인원의 서리(書吏)를 배정시키면 방납(防納)의 길을 막을 수 있고 도적질하는 폐단도 없앨 수 있다고 아뢰자 이조와 호조가 같이 의논할 것으로 전교까지 내렸었는데, 그 뒤에 들으니 이조에서 서리들을 배정하여 보내지 않았다고 합니다. 소신은 이러한 일도 제대로 이루어지지 않는데 큰일의 조치를 어떻게 할 수 있겠는가라고 여겨집니다." 하였다.

상이 이르기를, "전일 아뢴 서리의 일에 대해서 어떻게 처리되었는지 위에서 몰랐었는데 이제 듣고서야 시행되지 않은 것을 알았다. 이러한 일도 시행되지 않았으니 중대한 일은 필시 시행되지 않는다는

말은 매우 옳은 것이다." 하였다,

　유경심이 아뢰기를, "이조에서 비록 배정하여 보낸다 하더라도 꼭 일을 담당할 만한 사람을 보낸 뒤에야 할 수 있는 것인데 보내자마자 겨우 10일도 안 되어 곧바로 다른 데에 이송합니다. 그리고 양곡을 관리하는 각사에는 서리들이 가려고 하지 않기 때문에 본시 가려 정하지 않았던 것입니다." 하였다. 상이 이르기를,

　"그렇다면 명령이 시행되지 않는 것이 바로 이조에서부터 시작된 것이다. 이번에도 배정하여 보내라고 하였지만 또 시행되지 않음이 없지 않을 것이다. 그렇다면 이조의 관원을 치죄해야 할 것이다." 하였다.

　기대승이 아뢰기를, "서리의 일에 대해서는 대체로 이조가 봉행해야 합니다. 하지만 근래 국사가 글러진지 오래 되었으므로 서리들이 소소한 각사에는 가기를 좋아하지 않을 뿐더러 가더라도 또한 오래 있지 못합니다. 고자·서원들은 훔쳐 먹는 것이 버릇이 되어 있는데 새로 들어간 서리가 시종 내막을 모르는 데다 관원도 신임하지 않기 때문에 오래 머물 생각을 하지 않으며, 또한 머물다 보면 축난 양곡을 나누어 물어내야 하는 곤경을 당할까 두려워하여 온갖 수단으로 회피하려고 하므로 시행되지 못하는 것입니다.

　이러한 폐단을 개혁하려면 급하게 서둘러서는 안 됩니다. 비록 서리를 배정하여 보낸다 하더라고 그들은 미열하여 글을 모르니 갑자기 서원을 다 없애서 부릴 만한 사람이 없으면 이를 수행하기 어려울 것입니다. 어떠한 법을 만들고 하루아침에 시행되기를 바라는 것은 어려운 일인 듯합니다. 서리들의 명부를 작성하고 배정하여 보낸 뒤에 서원을 점차로 감축시키고, 법령에 있어서도 시행 기한을 느긋하게

정하여 조정이 함께 노력해야 할 것입니다." 하였다.

또 아뢰기를, "서원을 없애고 서리를 배정하는 것은 부득이한 계책이며 소신의 생각에는 각사의 관원을 가려 쓰는 것이 근본이 된다고 봅니다. 반드시 혼매하고 용렬한 관원을 도태시키고 훌륭한 관원을 뽑아 차임시킨 뒤에야 근본이 점차 좋아질 것입니다." 하였다.

유경심은 아뢰기를, "각사의 관원을 모두 구임(久任)시키지 못하더라도 지금 아뢴 이 오사(五司)의 관원만은 30개월이 만료된 뒤에 교체시키는 것이 유익한 것임을 알 수 있습니다. 서원·서리들은 관원이 자주 교체됨으로 인하여 훔쳐 먹고 있지 않습니까." 하였다.

기대승은 아뢰기를, "예로부터 폐단 있는 법을 고치려면 반드시 폐단의 근원을 알고서 다스려야만 되는 것입니다. 한 시대의 폐단을 바로잡아 고치려고 하면서 그 근본은 버려두고 말류만을 다스리면 성사시키기 어렵습니다. 국가의 일마다 폐단이 없는 것이 없으나 그중에서 방납(防納)이 가장 큰 폐단으로 조정의 대소 신료가 모두 개혁하기를 원합니다. 그러나 미욱한 소신의 생각으로는 예전부터 유전되어 점차 크게 잘못된 것입니다. 그 당시에 고쳐버렸더라면 이처럼 되지는 않았을 것인데 그대로 누적된 폐단이 지금까지 1백여 년이 지났습니다. 그런데 하루아침에 근본은 다스리지 아니하고 곧바로 시원스럽게 개혁하기를 마치 눈앞에 닥친 일을 해치우듯이 하려고 하니 혹 거기에서 발생하는 폐단이 없지 않을 것이고 그로 인하여 곤란한 일이 생겨 또 시행되지 못한다면 이 폐단 외에 다른 폐단이 발생할 것이라 여겨집니다.

방납의 일에 대해서는 위로 묘당에서부터 아래로 백관들까지 내년 정월부터 시작하여 영원히 개혁하기로 결정하였습니다마는, 그 사이에 시행하기 어려운 점이 없지 않을 것입니다. 혹 제대로 고치지 못하여 아예 개혁하지 않은 것만 못하다면 국사만 소란스럽게 될 뿐입니다. 1~2년을 지나고 보면 시비를 마땅히 알 수 있을 것인데 혹시 제대로 바로잡지도 못하고 또 다른 폐단이 발생될까 염려스럽습니다. 그러니 이 관사의 폐단과 저 관사의 일을 각기 그 사례에 따라 개혁시켜야만 하는 것으로, 마치 풍병을 치료하고 종기를 치료할 적에 그 병에 적합한 약을 써야만 잘 치료할 수 있는 것과 같은 것입니다. 그런데 헤아려보지도 않고 한꺼번에 시행하려고 한다면 그 형세가 절로 시행되기 어려운 것이니 자세히 살펴서 시행해야만 모든 것이 완전할 것입니다." 하였다.

39. 기대승·구봉령이 구폐의 개혁을 청하였다.

『선조실록』 3권, 선조 2년(1569) 1월 16일.
상이 야대청(夜對廳)으로 석강(夕講)에 나아가[소대(召對)의 예(例)대로 하였다.] 『근사록(近思錄)』을 강하였다.

기대승(奇大升)이 아뢰기를, "예로부터 임금이 초기에는 청명하게 잘 다스려 보람 있는 업적을 이루어 보려는 뜻을 가졌다가도, 얼마쯤 지나면 처음에 부지런하던 마음이 나중에는 게을러져서 딴 길로 빠져들어 유종의 미를 거두는 이가 적은데, 대부분 모든 사람이 그러합니다. 대개 인심이란 변화 무상하므로 잘못이 있기 쉽습니다. 성제 명왕(聖帝明王) 이하의 임금은 비록 기호(嗜好)와 함닉(陷溺)의 병폐가 없더라도 혹 오랜 세월이 지나 사공(事功)을 성취하지 못하면 심지(心志)가 나태해지고 의기(意氣)가 이완되어 끝내 잘하지 못하는 이도 있습니다. 그 사이에는 병폐가 되는 곳이 매우 많으니, 혹은 사공에 힘을 쓰지만 경력이 부족하여 후환을 돌아보지 않고 경솔히 하다가 성공하지 못하기도 하였고, 더러는 봉행하는 신료들이 심원한 계획으로 조용히 처리하지 못하고서 한때 사람들이 좋아하는 데 편승해 어지러운 폐단을 낳아 성사하지 못하기도 하였습니다. 일을 성공하지 못함으로써 마음이 차츰 해이해져서 지치(至治)를 이룩하지 못한 자가 옛날 제왕들 중에 상당히 많습니다.

송 효종(宋孝宗)을 보더라도 그는 타고난 자품이 매우 고매하였고 옛 강토를 회복하려는 뜻을 품었습니다. 즉위하자 곧바로 장준(張浚)을 초치(招致)하였는데, 장준은 버림받았던 끝이라 국사를 담당하기 어려웠지만 충의(忠義)를 분발하여 애써 국사에 종사하였습니다. 그러나 출사(出師)하여 한번 패하게 되자 헐뜯고 이간하는 말이 끼어들었고, 효종도 마음이 한번 꺾이게 되자 용렬하고 범상한 사람들만 기용하여 겨우 한 세대를 유지하였을 뿐입니다.

송 신종(宋神宗)도 자품이 탁월하여 즉위한 초기에 뜻을 가다듬고 훌륭한 정치를 하려고 하였습니다. 부필(富弼)·한기(韓琦)는 충후하고 노성한 사람들이었습니다. 임금이 용병(用兵)하려는 것을 알고 20년간 입으로 전쟁을 말하지 말라고 하였으므로, 신종은 그들과 의사가 맞지 않았습니다. 송나라 옛 법의 폐단이 이미 오래되어 이를 개혁하려 하지 않는 이가 없었으나, 신종은 그 일을 담당할 만한 인재를 구하지 못하였습니다. 그러다가 왕안석(王安石)이 나와 담당하자 신종은 그를 신임하여 어지러이 법을 개혁해서 끝내 국가를 그르쳤으며, 그 뒤에 용병하다가 크게 패하자 신종은 한밤중에 일어나 통곡을 하기까지 하였습니다. 그리하여 부흥하지 못하였을 뿐 아니라 소인배들이 마구 진출하였고, 그 화가 만연되어 송나라 왕실의 화란의 터전을 만든 임금이 되고 말았습니다.

임금은 하늘처럼 지공 무사해야 합니다. 만일 한쪽으로 치우치게 신임하는 마음을 갖는다면 간사한 소인들이 기회를 노려 그 해는 이루 말할 수 없을 것입니다. 혹 일이 뜻대로 되지 않으므로 범상한 상태로 되돌아가 잘 종결을 짓지 못하면 지치를 이룩하지 못하는 것입니다. 즉위하신 이후 성상의 뜻이 고명하시어 무슨 일이든지 잘하려고 하시고 꼭 성사시키려는 마음을 가지시니 조야(朝野) 신민들의 기대에 어찌 한이 있겠습니까. 미열(迷劣)한 소신의 생각으로는, 시작에 뜻을 두는 것은 어렵지 않으나 종결에 마음을 두는 것이 더욱 어렵다고 여깁니다. 그러나 종말을 보장할 수 없다고 하여 미리 꺼리어 스스로 포기하는 것도 크게 일을 할 기상이 아닙니다. 마땅히 해야 할 일이라면 쉽게 여기지 말고 끝까지 확고히 정해야만 될 것입니다. 이러한 뜻은 성상께서도 모르시는 것이 아닙니다. 대간의 말은 때로 신중하게 여기지 않아서는 안 됩니다. 사람의 소견이란 보통 사람에 있어서도 다른 것이니, 성상의 심중에 소견이 있으실 경우 모든 일에 아랫사람의 소견이라 하여 억지로 따라서는 안될 것입니다. 그러나 공론이 있는 곳에는 인심이 모두 같은 것이니, 물론 그와 같으면 성상께서도 스스로 반성하시되 '나의 생각에 미진한 점이 있었는가?' 하시고, 자신의 주장을 굽혀 여론을 따르셔야 될 것입니다.

들자니, 경연에서 올린 구폐책(救弊策)을 상께서 쾌히 시행하시려고 결심하셨다고 합니다. 그러나 한 사람의 소견은 한계가 있게 마련이고 천하(天下)의 사변이란 무궁한 것인데 만약 한 사람의 오견(誤見)으로 이미 왕명을 내린 뒤에는 나중에 개정한다 하더라도 미안한 것입니다. 이와 같이 아뢰기는 매우 황공하나 중묘(中廟)께서 초년에 태평 성대의 정치를 행하려고 하시자 당시의 현사(賢士)들이 모두 나와 악한 자를 배척하고 선한 자를 포양한 일이 많았는데, 이와 같이 처지할 적에 어찌 진선진미 했겠습니까. 중묘께서 좋다는 의사로 일일이 받아들여 따랐으므로, 조광조(趙光祖)는 스스로 중묘와 자신의 만남을 옛날 군신(君臣)의 만남에 비하고는 상하 간에 서로 신임하여 아는 것이 있으면 말하지 않은 것이 없었습니다. 그러나 마침내 군상의 마음이 한번 동요되자 헐뜯고 이간하는 말이 끼어들어 중묘께서도 그 신하를 보전하지 못하셨으니, 이것은 바로 지난날의 밝은 거울입니다. 모든 일은 여러 각도로 충분히 생각하여 대신과 더불어 확실하게 의논하고 쉽게 여기지 말아 장구히 유지할 방도를 생각해야 합니다.

요즘 누적된 폐단이 매우 많으니 변혁하는 것 역시 아름다운 일이나, 신의 생각으로는 우선 매우 심한 폐단만 덜어 없애고 상의 학문이 차츰 높아지고 경력이 오래 쌓여 아래 신하들도 착수할 때 신중을 기하도록 경계한 연후에야 하는 일들이 견고하게 될 것이라고 여깁니다. 이러한 말이 매우 퇴폐적이고 무력한 것 같지만, 조종조(祖宗朝) 때부터 누적된 폐단이 너무나 많아 지금 인심을 복종시킬 수 없는데 갑자기 법령으로 그 폐단을 구제하려고 한다면 혹시 다른 병통이 발생하여 뒤 폐단이 없지 않을 것입니다. 속담을 가지고 말씀드리자면, 오랜 조상 때부터 낡은 가옥을 개축하려면 반드시 훌륭한 장인(匠人)을 구해야 하고 여러 가지 자재(資材)도 준비해야 하며 또한 시기를 기다려 일을 해야지, 만일 하루아침에 갑자기 철거하고 나서 장인을 구하지 못하고 자재도 준비한 것이 없다면 뒷일을 수습하기 어려울 것입니다. 요즘 인정을 살펴보건대, 그 근본을 다스리려고 생각하는 자는 적고 우선 목전에 당한 일만을 힘쓰는 자가 많습니다. 젊은이들이 쾌활한 일을 하려고 하는데 어른들은 어렵게 여기면서 시론(時論)에 구애되어 '해도 괜찮을 것이다.'라고만 하고 시종 일관 담당하여 생사를 걸고 해보려는 사람을 볼 수 없습니다. 또 어떤 사람은 폐단을 구제해야 한다는 것만 알 뿐 또 다른 폐단이 그 속에서 발행하는 것을 모르며, 혹은 유익함만 도모하고 큰 해가 그 사이에 있는 것을 염려하지 않아서 너무도 참작함이 없으니 매우 온당치 않습니다.

지난번 공상품(供上品)을 봉상(捧上)할 때 차지(次知)들이 폐단을 일으킨 일은 참으로 제거하고 싶은 바이나 저절로 차츰 변화하여 고쳐지게 하면 될 것입니다. 소신이 지금 정원(政院)에 있으면서 정원의 일을 말하는 것은 미안한 듯하지만, 관리들이 지나치게 작폐하는 폐단이 있을 경우 정원으로 하여금 규찰(糾察)하게 한 일을 원내(院內)에서도 범연하게 보았는데, 계하(啓下)하셨기 때문에 오늘 아침에 다시 아뢰는 것일 뿐입니다. 법을 세울 때는 무엇보다도 상세히 살피고 신중을 기해야 합니다. 정원이 원내의 하인(下人)들을 단속하는 것은 매우 용이한 일인데도 그대로 폐단이 쌓여 졸지에 변경할 수 없는데 외간의 일을 어떻게 알 수 있겠습니까. 정원은 왕명(王命)을 출납하는 중요한 곳으로서 그 책임이 막중한데 외간의 범람한 일까지 정원에서 맡아 검거하게 한다면 일의 대소가 달라지는 것이니 매우 온당치 않습니다.

그리고 공상품을 봉상할 때 뇌물을 받는 등의 일은 담당 하인들이 트집을 잡아 작폐하는 것이니, 매우 그르다고 하겠습니다. 하지만 그 폐단의 근원이 이들에게만 있는 것은 아닙니다. 원래 공산품은 각사의 관원의 직접 진배(進排)해야 하는데 온갖 일이 해이해져서 자신이 직접 하지 않고 하인들을 시켜 공납하게 합니다. 담당 관원이 직접 와서 진상하지 않는 까닭을 문책하면 하인들은 반드시 뇌물로써 입을 막아버리곤 하니, 각사의 관원들 역시 어찌 죄가 없겠습니까. 이러한 일은 발견되는 대로 엄히 다스려서 자숙하게 한다면 폐단의 근원이 자연 없어질 것입니다.[13일 조강에서 사간(司諫) 윤강원(尹剛元)이 아뢰기를 '내정(內庭)의 공상품을 점퇴(點退)시켜 뇌물을 받는 것을 정원으로 하여금 규찰하게 하소서.' 하였기 때문에 기대승이 언급한 것이다.] 소신이 그 때 몸에 병이 났거나 식가(式暇)로 출사(出仕)하지 못하였습니다. 그러다가 오늘 동료들에게 말하기를 '정원으로 하여금 규찰 검거하게 하는 공사(公事)는 사체에 매우 방해가 있다.'고 하니, 동료들도 역시 그러하다고 하였습니다. 근밀(近密)한 곳에서 모시고 있으면서 성명(成命)을 봉행하지 않으려니 미안스럽고[이 때 상이 윤강원이 아뢴 대로 따랐기 때문에 기대승이 이처럼 말하였다.] 봉행하자니 불편한지라 이를 신들이 고민하는 것입니다.

인심이 함닉(陷溺)된 지 이미 오래여서 형륙(刑戮)도 두려워하지 않는데 어떻게 호령만으로 다스릴 수 있겠습니까. 저마다 그런 마음을 갖지 못하게 해야 합니다. 공자(孔子)는 말씀하시기를 '빨리 하고자 하지 말며 소리(小利)를 구하지 말라. 빨리 하고자 하면 달성하지 못하고 소리를 구하면 대사(大事)를 이루지 못한다.'라고 하였으니, 이 말씀은 나라를 다스리는 데 있어서 지당한 논설입니다. 전하께서 종묘 사직의 억만 년 대업을 위해 폐단을 개혁하고자 하시니 예사로운 작은 일이 아닙니다. 심사 숙고하여 처리하셔야 합니다. 만약에 일시적인 기분에 좋다고 여겨 하였다가 나중에 행할 수 없게 되면 심지가 나태해지고 의기가 소침해지는 일이 없지 않을 것이며, 혹시라도 참소하는 말이 이간하게 되면 끝내는 필시 현자(賢者)의 말도 믿을 만한 것이 못 된다고 할 터이니 관계되는 바가 적지 않습니다." 하였다.

구봉령(具鳳齡)이 나아가 아뢰기를, "기대승의 말은 송 효종(宋孝宗)과 신종(神宗)이 시작은 있었으나 끝이 없었고 군자를 등용하면서 소인까지 섞어 등용하였으며 선한 일을 하면서 악한 데로 흘렀던 것을 상세히 분별하여 말한 것이고, 전하께서 입지(立志)가 확고하지 못하고 처음에는 총명하다가 나중에 암매하게 될 조짐이 있다고 하여 한 말은 아닙니다. 신하가 임금에게 진계(進戒)하는 것은 반드시 치세(治世)를 본받고 난세(亂世)를 징계하려는 것입니다. 어떤 일이든 쾌히 시행하려고 하지 않는 것이 매우 중요하나 일에는 경중(輕重)과 대소(大小)와 완급(緩急)과 선후(先後)가 있는 것인데 전하께서 잘못 일마다 어렵게 여겨 심사 숙고해야 한다고 생각하신다면 온당하지 않습니다. 그의 뜻은 번쇄하고도 오래된 폐단을 변경하여 계속해 나갈 수 있는 도리를 모색하려는 데 있는 것입니다.

선치(善治)를 원하는 군주로서 전진이 빠른 자는 후퇴도 빠른 법입니다. 장원한 계획을 생각하지 않는다면 반드시 빨리 하려는 근심이 있게 됩니다만, 빨리 행할 만한 일이면 빨리 시행해야 하고 중난한 일이면 대신들에게 물어서 해야 합니다. 전하의 정치가 이제까지 별로 큰 과오가 없었을 뿐더러 시초가 청명한 점은 월등하다 하겠습니다. 요즘 대간(臺諫)의 논계(論啓)는 온 나라의 공론인데도 계사에 드러내 놓고 말하지 않으면 드러내 말하라고 하시고 간혹 준엄한 언사로 하답(下答)하십니다. 만약 조정이 혼란하여 간신(奸臣)이 권병(權柄)을 차지했을 때라면 기용된 사람들 중에 충직한 군자와 간사한 소인이 섞여 있을 것입니다. 그 때 대간이 사사로운 혐의를 품고 혹시 현량(賢良)한 사람을 무함하면 성상께서 환히 살피시고 어렵게 여기시는 것도 괜찮을 것입니다. 옛말에 '치세에도 소인이 없지 않으나 소인이 되기가 어렵고, 난세라고 군자가 없지 않으나 군자 노릇하기가 어렵다.'고 하였습니다. 근일 내외의 인심이 지치(至治)를 간절히 희망하기 때문에 대간이 아뢰는 것은 모두가 온 나라의 공론이 아닌 것이 없는데도 일마다 어렵게 여기고 쾌히 따르지 않으시니, 성치(聖治)에 방해됨이 있을 뿐만 아니라 신하들의 규간(規諫)하는 마음을 막기도 합니다. 신하와 임금 사이는 의리상으로는 군신이지만 정리는 부자와 같은 것인데도 오히려 할 말을 다하는 사람이 적습니다. 그런데 상께서 조금이라도 어렵게 여기시면 군신(群臣)들은 의기(意氣)가 저상(沮喪)되어 견책(譴責)을 받을까 우려하게 될 것이며, 자만하시는 안색이 오는 사람을 천 리 밖에서 막을 것이니 심히 두려워해야 할 것입니다. 상께서 간언을 받아들이는 도리가 점차 처음만 못한데 요즘에는 더욱 심합니다.

소신이 전에 이조 낭관(吏曹郎官)으로 있으면서 보니, 온 나라에 쓸 만한 사람이 매우 적었습니다. 당상(堂上)을 의망(擬望)할 때 신이 곁에서 살펴보았는데 하자(瑕疵)가 없는 사람을 어찌 다 얻어 낼 수 있겠습니까. 군현(郡縣)이 하나만이 아니고 백집사(百執事)가 매우 많습니다. 이리하여 혹은 불가한 줄 알면서 그대로 충당하기도 하고 더러는 어떠한 인물인지도 모르면서 주의(注擬)하기도 하니, 공론을 맡은 사람이 그 불가한 것을 알게 되면 당연히 핵론하여 아뢰어야 하는 것입니다. 더구나 성왕(聖王)은 변공(邊功)에 대해서는 상을 내리지 않는다고 합니다. 또한 듣건대 우리 조종조(祖宗朝)에서도 전임(田霖)에게 해랑도(海浪島)의 토벌을 명하여 모두 토벌하고 돌아오자 개성부(開城府)에 명하여 일등악(一等樂)을 하사하여 위로하게 하였을 뿐, 상으로 하사한 물품은 안구마(鞍具馬) 1필(匹)에 불과하였다고 합니다. 그런데 지금 바다 위에 떠돌던 하찮은 무리가 스스로 죽음을 자청해 오자 한번의 추격으로 포획한 것은 대단한 공이 아닌데도 갑자기 중한 상으로 논하니, 뒷날 강적이 경내를 침범하여 왔을 때 이를 쳐부수어 방어한 공을 세운 사람이 있다면 또 어떠한 상을 더할 수 있겠습니까. 고식적인 정치를 해서는 아니되며 계속해 나갈 수 있는 도리를 생각해야 합니다. 삼가 중외(中外)의 인심을 살펴보니 실망함이 없지 않습니다."[이 때 전라 수사(全羅水使) 임진(林晉)이 흑산도(黑山島)의 수적(水賊)을 추격하여 포획했는데, 상이 가전(嘉善)을 가자(加資)하라고 명했다. 대간이 개정할 것을 청하였으나, 상이 따르지 않았다.] 하였다.

기대승이 또 아뢰기를, "구봉령이 아뢴 말이 지당합니다. 신의 뜻도 온갖 일에 모두 어렵게 여김이 있기를 바란 것은 아닙니다. 대간이 아뢴 것에 대해서 어렵게 여기는 것이 미안하다는 것을 신도 아뢴 것입니다. 변경하는 일에는 삼가시고 간언을 따르는 데는 쾌하게 하신다면 강유(剛柔)가 편중(偏重)되지 아니할 것입니다. 소신의 아뢴 것과 경연관이 아뢴 말은 서로 도와 지치를 이룩하려는 것으로 다 성덕(聖德)에 조그마한 도움이라도 되기 위한 것입니다. 그 사이에 혹 의사가 미진하거나 말에 미진한 점이 있으면 상께서 중도(中道)를 택하여 쓰소서. 요즘 임진(林晉)의 일에 대해서 양사(兩司)가 논집한 지 보름이 지났는데도 아직까지 망설이시므로 물정(物情)이 미안하게 여깁니다. 대간은 바로 공론이 있는 곳입니다. 하지만 그들의 생각인들 어찌 상께서 꼭 따르신 뒤에야 그만두려고 하겠습니까. 한두 번 아뢰다가 정지하는 일도 없지 않습니다. 그런데 이번 일은 물정이 매우 온당치 않게 여기기 때문에 대간도 그만두지 못하는 것입니다. 이런 일은 시원스럽게 따를 만한 것입니다. 만약에 끝까지 거절하신다면 언로가 막히게 되고 마지못해서 따르신다면 성덕이 미진하게 될 것이니, 이런 것이 유념할 점입니다. 혹 중죄로써 논하는데 곧바로 쾌히 따르시면 쾌하다고 이를 만합니다. 그러나 먼저 살펴보시고 뒤에 따르시는 것도 역시 무방합니다. 오래 되었는데도 따르지 않으신다면 미안한 일입니다. 임진이 수적을 포획한 것이야 무슨 칭할 만한 공로가 있다고 하겠습니까. 이홍남(李洪男)의 일도 물정이 비난하고 있기 때문에 아뢴 것입니다.[이 때 대간이 이홍남의 죄를 함께 논하였다.] 유념하시어 쾌히 따르셔야 합니다." 하였다.

40. 이황이 기대승을 평하다.

『선조실록』3권, 선조 2년(1569) 3월 4일.

상이 야대청(夜對廳)에 나아가 이황(李滉)을 인견(引見)하고는 아뢰고 싶은 말이 있으냐고 물으니, 이황은 출처(出處)의 도리, 위치(爲治)의 요지, 학문(學問)의 방도를 두루 진달하고 국조(國朝)의 일과 인재(人材)를 임용하는 일에 대해서도 언급하였다.

상이 이르기를, "학문하는 사람 중에 아뢸만한 자가 있지 않은가? 어려워하지 말고 말하는 것이 옳을 것이다."하였다.

이황이 아뢰기를, "그 일은 말씀드리기 어렵습니다. 학문에 뜻을 둔 사람이 지금 어디 한두 사람뿐이겠습니까. 옛날에 어떤 사람이 정자(程子)에게 묻기를 '문인(門人)들 중에 누가 학문의 도(道)를 얻었는가?' 하자, 정자는 '얻은 사람이 있다는 것은 쉽게 말할 수 없다.'고 하였습니다. 그 당시에 유작(游酢)·양시(楊時)·사량좌(謝良佐)·장역(張繹)·이유(李籲)·윤돈(尹焞) 등 많은 사람이 있었는데도 얻은 사람이 있다고 말하지 않았는데 더구나 신이 군상을 기만하면서까지 아무개가 얻은 바가 있다고 아뢸 수 있겠습니까.

그 가운데 기대승(奇大升)이 문자(文字)를 많이 보았고 이학(理學)에도 조예가 가장 높으니 통유(通儒)입니다. 다만 그는 수렴 공부(收斂工夫)가 부족한 것이 미진한 점인데 소신이 평상시에 이 점을 부족하게 여겨서 좀 더 공부하라고 권면하였습니다. 그러나 이러한 유자도 얻기가 쉽지 않습니다."하였다.

상이 이르기를, "이 말은 지당하다. 나로서는 그 만분(萬分)의 일인들 알 수 있겠는가. 그러나 평상시 그가 문장을 잘 짓는다고 여겼다."
하였다.

이황이 아뢰기를, "그의 문장도 역시 쉽지 않습니다." 하였다.

41. 기대승 등이 양인수의 일과 종묘의 소목과 관한 일을 논하였다.

『선조실록』 3권, 선조 2년(1569) 4월 5일.

상이 문정전(文政殿)으로 조강에 나아가 『논어(論語)』 〈헌문편(憲問篇)〉을 강하였다. 기대승(奇大升)이 나아가 아뢰기를, "중외(中外)에서 지난번의 전교를 듣고 놀라움과 두려움을 금치 못하고 있습니다.[이에 앞서 3월 26일 대사간 박계현(朴啓賢) 등이 의관(醫官) 양인수(楊仁壽)의 월령(月令)의 일은 매우 미세한 것인데도 사사로움을 호소하고 은전(恩典)을 요구하여 녹위(祿位)를 내리기에 이르렀으니 이는 아마도 밖의 말이 안으로 들어왔기에 그렇게 된 것이라고 차자(箚子)를 올려 논변(論辨)하자, 상이 정언 이충원(李忠元)을 힐책하고, 이어서 '형적(形跡)도 없는 말을 만들어냈으니 억울하다고 이를 만하다.'라고 답하였었다.] 그후 정원이 계사(啓辭)하고 옥당이 차론(箚論)하였으나 상께서 석연(釋然)히 여기지 않으시니 안타깝고 답답합니다. 이 사건을 매양 계달(啓達)함이 번거롭고 설만하다는 생각이 없지 아니하나, 인신(人臣)으로서 임금을 사랑하는 데 있어 못할 일이 없습니다. 번거롭고 설만함을 꺼리어 미리 움츠리고 물러난다면 임금을 사랑하는 의리가 어디에 있겠습니까. 문의(文義)를 강론할 때에는 말이 박절하지 않아야 한다는 말이 매우 옳습니다.[심의겸(沈義謙)이 임문(臨文)하여 아뢰기를 '스승과 제자 사이의 말도 박절하지 않음이 이와 같으니 임금과 신하 사이에는 더욱 너그러워야 한다.' 하였는데, 이는 자공(子貢)이 사람의 장단(長短)을 비교한 글의 주(註)에 '성인(聖人)이 사람을 책망함에, 말이 박절하지 않다.'는 말을 들어 아뢴 것이다.] 사람을 대하여 박절하게 아니함은 성인의 덕이 그만큼 지극한 것이니 성인과 그 덕을 같게 하려고 하여야 합니다. 유언(流言)이 한 번 나와서 여염(閭閻)에 떠들썩하게 전파되면, 어느 누구인들 듣지 않겠습니까마는 사람이 진정 계달하려는 마음을 가졌더라도 전파된 말만 가지고 번거롭게 계달하기가 어려워 그만둡니다. 서인(庶人)이 저 자에게 비방을 하면, 간관(諫官)은 이를 듣고 어찌 감히 아뢰지 않겠습니까. 위에서 '나는 이러한 일이 없는데 어찌 이런 말들을 한단 말인가.'라고 생각하시어 성충(聖衷)에 번민이 생기면 마침내 자기도 모르는 사이에 엄한 말을 하게 됩니다.

그러나 석연히 통찰(洞察)하신다면 간관이 본래 만들어낸 말이 아니요. 다만 밖에서 떠도는 말을 아뢴 것일 뿐이란 사실을 아실 것입니다. 대저 인주(人主)가 사람을 대하여 발언(發言)할 때, 그 실마리는 극히 미미하나 그 반응은 매우 큰 것이어서 만약 듣기 싫어하는 기미라도 있게 되면 아첨하고 승순(承順)하는 자가 다투어서 그 꾀를 최대한 발휘하여 모두 성총(聖聰)을 고혹하게 하려 할 것이요, 정직하고 성실하여 감언(敢言)하는 자는 말을 다하지 못하고 몸을 사려 멀리 물러날 생각을 할 것입니다. 정직하고 성실한 자가 물러가고 아첨하는 자가 진출하게 되면 조정의 해를 어찌 다 말할 수 있겠습니까. 화란(禍亂)의 발생이 반드시 이에서 말미암지 않는다고 말할 수 없습니다. 옛 임금은 누구나가 나라를 잘 다스려서 편안하게 하려 하고, 혼란과 패망을 싫어하지 않는 이가 없었지만, 끝내 잘 다스리지 못하고 마침내 혼란과 패망에 이르게 된 것은 의심과 자기 고집만을 내세웠기 때문이었습니다. 의심을 두면 직언(直言)하는 것을 자기를 배척하는 것이라 생각하고, 자기 고집대로만 하면 다른 사람의 말을 싫어하여 들으려 하지 아니합니다. 군자는 할말을 다하므로 소외(疎外)되고 소인은 승순하므로 신임을 받습니다. 이른바 소인이란 자는 또 많은 무리를 끌어들여 선인(善人)을 배척하고, 인주의 희로(喜怒)의 단서를 엿보다가 기뻐할 때는 유혹하고 화가 났을 때에는 자극을 가합니다. 조정의 상하에 의사(意思)가 통하지 않으면 끝내는 위망(危亡)의 화가 구제할 수 없습니다. 성상께서 자질이 고명하시고 학문에 뜻을 두고 계시므로 그 도리를 모르지는 않으시겠지만, 일을 대할 때 성찰(省察)하지 못하실까 깊이 걱정이 되어 감히 아룁니다.

인주(人主)는 마음을 평온히 가져 기쁨과 노여움을 드러내지 않아야 일이 바르게 됩니다. 기쁨과 노여움이 드러나게 되면 간사한 무리가 임금의 비위를 맞추려는 계획을 다투어 하려 할 것이니, 매우 두려워할 일입니다. 마음을 평온히 가지려는 공부를 하려면 반드시 먼저 사리를 밝히고 그 시비 곡직(是非曲直)을 살펴서 이것이 나를 사랑해서인가 승순하는 것인가를 깊이 생각하여 마음에 거슬리면 도(道)에 추고해 보고 뜻에 맞거든 도가 아닌지 추구해 보아 대공(大公)의 도를 극진히 하여 나의 편견을 끊어버리는 것이 옳습니다. 마음을 평온히 하고 사리를 밝히려면 반드시 경(敬)을 위주로 하여야 합니다. 옛사람이 '경(敬)'자를 해석하여 정자(程子)는 '일념을 주지(主持)하여 딴 생각이 없는 것'이라 하였고, 사량좌(謝良佐)는 '늘 깨어 있는 것'이라 하였으며, 윤돈(尹焞)은 '그 마음을 수렴하여 한 물건도 다른 것은 용납하지 않는 것'이라 하였습니다. 주자(朱子)는 또 '외(畏)'자를 추가하였는데, '외'자의 뜻을 살핀다면 임금 노릇하기 어려움을 알 수 있으니, 위로 천명(天命)이 믿기 어려운 것임을 두려워하고 아래로 민암(民嵒)이 두려워할 만한 것임을 항상 근심하고 두려워하는 마음을 간직하게 될 것입니다. 경외(敬畏)하는 뜻을 늦추지 않으면, 학문의 도에 비익(裨益)이 되어 사리에 밝고 마음이 평온하여질 것입니다. 또 경외하는 공부를 하여 알면 성덕이 날로 높아져 성인(聖人)과 같아질 것입니다." 하였다.

유도(柳濤)가 아뢰기를, "전일 사간원(司諫院)에 비답하신 말씀은 매우 온당치 않습니다. 이는 간관이 만들어낸 말이 아닙니다. 마을의 부언(浮言)이 길에 전포된 것을 간관이 듣고서 차마 그냥 있을 수 없었던 것입니다. 어찌 딴 뜻이 있겠습니까." 하였다.

상이 이르기를, "지난번 사간원의 계사(啓辭)를 보니 매우 미안스러웠다. 그러므로 이와 같이 답한 것이다." 하였다.

기대승이 아뢰기를, "위에서 미안스럽다 하시며 이와 같이 전교하시는 뜻을 아랫사람이 어찌 모르겠습니까. 상정(常情)으로 말하건대 내가 하지 않은 일을 사람들은 했다고 한다고 하면 애달프고 답답한 심회가 없지 않을 것입니다. 그러나 '나에게는 그러한 일이 없으니, 이는 아마도 헛되이 전해진 것이다.'라고만 전교하신다면 유언은 모두 풀릴 것이요, 도리에도 맞을 것입니다. 그러나 한때 미안스럽게 생각한다고 이와 같이 전교하시면 밖에서는 매우 의심하고 또 번민할 것입니다. 위에서 석연히 말씀하시면 물정(物情)은 자연 안정될 것입니다." 하였다.

권철(權轍)이 아뢰기를,"문소전(文昭殿)의 일을 지금 의계(議啓)해야 합니다." 하니, 상이 이르기를, "어제 사헌부의 계사는 공탁(共卓)으로 해야 한다고 하였고, 사간원의 아룀은 한 칸에 양위(兩位)를 봉안함은 옳지 아니하다고 논하였으니, 어떻게 하자는 뜻인가?" 하였다.

기대승이 아뢰기를, "소목(昭穆)에 관한 설은 아버지를 소(昭)로 하면 아들은 목(穆)이 되는 것으로서 후세 자손들도 각각 소목으로 순서를 정하였습니다. 무왕(武王)이 소가 되었으므로 아들은 목이 되고 손자는 소가 되었으며, 문왕(文王)이 목이 되었으므로 아들은 소가 되고 손자는 목이 된 것입니다. 형제간에 전국(傳國)할 경우, 각각 일세(一世)로 한다는 주자(朱子)의 조묘(祧廟)에 대한 차자(箚子)가 있으나, 한(漢)나라 때부터 이미 형제는 같은 소목으로 한다는 논의가 있었고, 역대 제왕도 모두 이와 같이 하였습니다. 그러므로 예(禮)의 말폐라 하였으나 또 스스로 그 논의를 굳이 시행할 것은 없다고 하였습니다.

국가의 종묘 제도(宗廟制度)에 형제는 같은 소목으로 한다는 예를 정하였으므로, 당초 대신들이 인종(仁宗)·명종(明宗)의 형제위(兄弟位)는 모두 계통(系統)을 이은 임금으로 함께 부묘(祔廟)하여 같은 소목에 일위(一位)를 함께 해야 한다고 의정(議定)하였습니다. 그러므로 일찍이 후침(後寢) 한 칸을 증축하고, 또 전전(前殿)을 증수(增修)하자고 청한 것은 전(殿) 안이 좁아 배치하기가 어렵기 때문이었습니다.

그 논의가 정당하였지만 물정이 나라의 재정은 비고 시일은 촉박하니 전 안에 적의(適宜)하게 배치하고자 하여 여러 가지로 생각한 끝에 공탁(共卓)으로 하자는 논의가 나오게 된 것입니다. 어제 원(院)에서, 후침 한 칸을 더 증축하자고 아뢴 일이 이미 윤허를 받았습니다. 전 전의 복(袱)의 길이는 30척, 신(申)의 길이는 20척으로서 15척씩 중간을 나누어 묘가(廟家) 하나씩을 배치하였습니다. 지금 30척 안에 3위(位)를 나누어 배치하려면 묘가를 모두 개조(改造)하여야만 비로소 상탁(床卓)을 놓을 수 있을 것입니다. 세종(世宗) 초년에는 찬품(饌品)에 정수(定數)가 없었으며 기명(器皿)도 점점 사치스러워지고 커지므로 횡간(橫看)의 제물들을 물을 타서 사용하기까지 하였으니, 제향(祭享)의 일에도 편치 않은 일입니다. 상탁과 기명을 개조하거나 줄이는 등 변통하여 배설(排設)한다면 이는 가증한 일이겠습니다. 그러나 이와 같이 하는 경우 또 어려움이 있다면 앞 뒤로 물려서 통용해서 배치할 수 있습니다. 반으로 나누어 칸을 막자는 논의는 전전(前殿)에 미안할 뿐 아니라 또 후세에도 크게 문제가 될 것입니다. 대신에게 다시 논의하도록 한다면 선처할 방법이 있을 듯 합니다."하였다.

권철(權轍)이 아뢰기를, "지금 회의를 하여 논의된 내용을 입계하게 되면 위에서 알 수 있을 것입니다. 전년에 반으로 나누어 칸을 막자는 뜻을 이미 계달하였으므로 감히 다시 말씀드릴 수 없으나 여러 의견들은 3묘가를 나누어 설치하면 상탁을 각각 배설할 수 없다고 합니다. 공탁으로 할 경우, 일도 편하고 폐단도 제거될 것입니다. 그렇게 하는 것이 좋을 듯 싶습니다. 신이 전에 증수(增修)의 책임을 받고 3위로 나누어 설치하였는데 척수(尺數)를 헤아려 보니 한 묘가 너비는 3척이요, 길이는 7척이었습니다. 반드시 중주(中柱) 안에 끌어넣어 위(位)를 설치하면 일위(一位)의 상탁을 붙일 수 있습니다. 그러나 답장(踏掌)이 태조실(太祖室)에 너무나 가깝고, 묘가·답장·축상(祝床)·배석(拜席)의 설치에도 매우 좁고 찬례(贊禮)·대축(大祝)·전잔(奠盞)·봉향(奉香)·봉로(奉爐)·승지·집사의 출입에 어려움이 있어 태조실의 묘가를 3척쯤 줄여야만 절장 보단(折長補短)이 되어 겨우 움직일 수 있었습니다. 그리고 선조(先祖)의 실(室)을 모두 줄인다는 것도 극히 편치 않은 일입니다. 지금 반으로 나누어서 칸을 막는 규모는 후일 체천(遞遷)할 때 자연 그 칸은 제거되어 다시 일실(一室)이 될 것이며, 반드시 전(殿) 안에서 옛날과 같이 행동할 것이므로 구차하게 이와 같이 하는 것은 심히 편치 않은 일입니다.

후침(後寢)은 동당 이실(同堂異室)의 제도에 따라 각각 일실을 전용으로 한 것입니다. 그러므로 처음에는 증건하자는 말이 있었으나 위에서 어렵다 하시므로 추진하지 못하다가 어제 증건하도록 명하시니 이는 추진할 만한 일입니다. 의논하는 자는 '종묘(宗廟)도 공탁(共卓)으로 행하는데 유독 원묘(原廟)에는 불가하단 말인가.'라고 말들 합니다. 신들도 어찌 이런 의사가 없겠습니까. 다만 생각하여 보면 세종대왕께서는 평소에 봉양(奉養)하시던 일을 상징하여 망극한 경외심(敬畏心)을 펴셨던 것인데 『가례(家禮)』에도 공탁에 대한 논의가 없고 『오례의(五禮儀)』의 사대부 제사에도 각탁으로 되어 있습니다. 그러므로 여러모로 생각해 보았으나 편치 않아 감히 추진하지 못하였던 것입니다. 다만 오늘 중의(衆議)를 채집하여 단정하게 됨은 실로 성충(聖衷)에서 나온 일입니다. 또 종묘의 일은 외의(外議)도 아직 결론을 짓지 못한 상태에서 오묘(五廟)로 논하고, 또 조(祖)는 공이 있고 종(宗)은 덕이 있는 것으로 헤아린다면 혹은 대수가 이미 찼다고도 하고 차지 않았다고도 할 것이므로, 이를 반드시 결정한 뒤에야 가능할 것입니다. 부묘(祔廟)가 임박하였습니다. 종묘는 본래 11칸으로, 10실(室)은 이미 찼고 한 칸이 비어 있습니다, 그러므로 명종을 빈 칸에 부묘해야 한다고 생각하여 해조에서 현재 수리하고 있습니다. 상위(上位)를 체천하면 그 빈 칸은 굳이 수리할 필요가 없습니다. 오늘 육경(六卿) 이상에게 의계하도록 하였으나 종묘의 일이 또 이와 같으니 2품 이상에게 모두 회의를 명하시면 이에 적당한 논의를 알 수 있을 것입니다." 하였다.

박순(朴淳)이 아뢰기를, "종묘(宗廟) 제도는 다른 데서 상고하지 않고 『오례의(五禮儀)ₓ』만 보아도 결정할 수 있습니다. 태조(太祖) 1위(位)에, 소(昭)가 2위(位), 목(穆)이 2위라 하였으며 그 아래에 또 같은 소목(昭穆)이면 같이 1위로 한다고 하였습니다.[이는 『오례의』의 글이다.] 선왕(先王)의 규례(規例)가 분명하게 정해져 있으니 종묘의 체천은 조금도 의문이 없습니다.

문소전(文昭殿)의 경우에는 소목의 위향(位向)만을 말하였으나, 형제는 같은 소목으로 같이 일위로 한다는 뜻도 그 가운데 들어 있습니다. 형제는 각각 일실(一室)로 한다는 설은 본시 주자(朱子)가 말하였으나 같은 소목이면 같이 일위로 한다는 논의가 이미 종묘의 제도로 정하여졌는데, 원묘(原廟)의 경우에만 다르게 함은 곧 조법(祖法)과 고례(古禮)를 일거에 모두 폐지하는 것으로서, 시행하여서는 안 된다는 것을 알 수 있습니다. 형체를 같이 일위로 하는 것으로 되어 있다면 반드시 일실에 봉안해야 할 것입니다. 송나라의 9세 12실은 아마도 부득이한 조치였을 것입니다." 하였다.

권철이 아뢰기를, "지난번 간관(諫官)이 5실(室)을 초과할 수 없다고 고집하였습니다. 비록 『국조보감(國朝寶鑑)』에는 뚜렷이 기재되어 있지 않으나 그때 대신의 논의는 있었습니다. 봉친(奉親)은 마땅히 사친(四親)입니다. 사대부의 경우도 그러한데 더구나 인주(人主)의 경우이겠습니까. 성종의 부묘(祔廟) 때 태종을 조천(祧遷)하였고, 중종의 부묘 때 세종을 조천하였으니, 여기서 고조(高祖)까지를 받든다는 사실에 의심의 여지가 없음을 볼 수 있습니다." 하였다.

박순이 아뢰기를, "고조·증조·조·부는 선유(先儒)가 『사서장도(四書章圖)』에 배열하였고, 하순(賀循)도 고조·증조·조·부에게는 제사를 지내야 한다고 하였습니다. 다만 원묘가 종묘와 다른 점은 원묘에는 사친만을 봉안하나 종묘에는 또 불천지위(不遷之位)가 있는 것입니다." 하였다.

기대승이 아뢰기를, "세종의 5실을 초과하지 말라는 훈유(訓諭)는 정상적인 경우를 말씀한 것이요, 권변(權變)을 말씀한 것은 아닙니다. 『오례의(五禮儀)』의 종묘조(宗廟條)를 보면 원묘에도 적용하여 시행할 수 있는 것으로서 5세 6실의 제도는 그렇게 아니할 수 없습니다. 다만 익히 들어온 사실만 가지고 불가하다 하여 변통(變通)하여 예(禮)에 맞게 하는 일을 어찌 그만둘 수 있겠습니까. 잡다한 논의에는 혹 형제를 같은 위(位)로 하고 대수(代數)가 약간 오래 된 경우에는 비록 고조·증조 이내라 하더라도 체천할 수 있다고 말하나 이는 결코 그렇지 않습니다. 형제가 나라를 전수(傳受)하였다 하더라도 과거에는 군신(君臣)의 관계에 있었으니 이는 곧 부자(父子)와 같습니다. 중묘(中廟)께서 인종에게 전하셨고, 인종은 명종에게 전하셨으니 그 사이에 어찌 경중(輕重)을 가릴 수 있겠습니까. 만약 가린다면 이는 사사로운 뜻을 두는 것으로서 매우 불가합니다. 난처한 일을 만났을 때는 반드시 사의(事宜)에 맞도록 하여야 합니다. 비록 이전의 일이라 하더라도 어찌 권변의 방법이 없겠습니까. 지난번 5실을 초과할 수 없다는 논의는 매우 교착, 완고하여 통하지 않는 말입니다. 성상께서 자세히 아시고 재정(裁定)하시는 것이 옳습니다." 하였다.

심의겸(沈義謙)이 아뢰기를, "처음에 더 축조(築造)하려 할 때에는 묘가도 마땅히 헐어야 한다고 하였었는데, 지금은 묘가를 헐어 고칠 수 없다고 하니 신은 알 수 없습니다." 하니 권철이 아뢰기를, "묘가를 허는 일이 편치 않은 일일 뿐만 아니라 태조실(太祖室)도 헐어야 하므로 더욱 미안하게 생각하는 것입니다. 세 묘가를 나누어 설치하게 되면 어쩔 수 없이 공탁(共卓)으로 하여야 하는데 아래에서 경솔히 고치는 일도 매우 편치 않은 일입니다." 하였다.

박순이 아뢰기를, "인종·명종을 부묘(祔廟)하게 되면 6실이 되는 것으로, 1실이 더 많다 하여 예종을 곧 조천한다는 것은 옳지 아니하며, 예종을 조천할 수 없다면 6실은 어쩔 수 없는 일입니다. 전(殿) 안에 6위(位)를 나누어 설치하고, 각탁(各卓)으로 변경하며, 묘가를 고침은 부득이한 조치입니다. 조종(祖宗)의 영혼도 굽어 살피지 않으시겠습니까." 하였다. 심의겸이 아뢰기를, "인종·명종 양위(兩位)를 같이 1세(世)로 하면 마땅히 시종(始終)을 같이 해야 할 것인데 선후를 분별할 것이 뭐 있겠습니까. 상께서 비록 인종으로부터 직접 승계

(承繼)하신 것은 아니나 한결같이 섬기셔야 하며 경중을 나눌 수는 없습니다. 문소전 안의 제도를 자세히 볼 수 없으므로 의논이 각각 달라서 권철(權轍)은 지세(地勢)의 넓고 좁음과 편의(便宜) 여부를 측량해야 한다고 하나, 밖의 의논은 또 지세가 좁으므로 칸을 막아야 한다고 주장하는 쪽으로 기울어지고 있습니다. 조정(朝廷)으로 하여금 같이 그 제도를 살펴보게 한다면 잡다한 의논도 없어져 석연(釋然)해질 것입니다." 하였다.

권철이 아뢰기를, "관계없는 사람들이 범연히 말하는 것이므로, 그 말이 이러한 것입니다. 눈으로 직접 본다면 충분히 알 것입니다." 하였다.

기대승이 아뢰기를, "종묘에서 조천하는 일은 『오례의』에도 실려 있는데 1위를 체천하면 명종은 마땅히 부묘(祔廟)되어야 합니다. 1칸이 비록 비었으나 굳이 수리할 필요가 없습니다. 소목의 차서(次序)는 선왕(先王)의 예(禮)로서 문란케 할 수 없습니다." 하였다.

권철이 아뢰기를, "마땅히 예로써 단정하여야 하고 정(情)은 돌아볼 것이 아니나, 의논이 귀일되지 못하니 다시 논의하여 결정하여야 하겠습니다." 하였다.

기대승이 아뢰기를, "인종·명종은 아버지가 되고 중종은 할아버지가 되고 성종은 증조가 되고 덕종과 예종은 고조가 되니 이것이 사친(四親)입니다. 사친 이외는 예로 보아 마땅히 체천되어야 하는 것이나 공덕(功德)이 있는 군주는 자연 불천지위(不遷之位)가 되는 것입니다. 이른바 불천지주(不遷之主)란 마땅히 친진(親盡)되어 조천(祧遷)하게 된 뒤에 논해야 하고, 사친(四親) 이내에서 미리 논의할 수는 없는 것입니다." 하였다.

42. 기대승이 학문의 본성에 접근할 것을 청하였다.

『선조실록』 3권, 선조 2년(1569) 4월 19일.

상이 문정전(文政殿)으로 조강에 나아가 『논어(論語)』의 〈위령공편(衛靈公篇)〉을 강하였다. 기대승이 임문(臨文)하여 아뢰기를, "옛사람의 말은 비록 한쪽만을 가리켰더라도 마땅히 비류(比類)하여 보아야 합니다. 성인의 말씀인 경우에는 아래위가 모두 통합니다. 쌍봉 요씨(雙峯饒氏)가 주(注)를 낸 곳이 많은데, 옛사람들은 요씨가 주를 잘 내기는 했으나 스스로의 깨달음은 적다고 하였습니다. 재물을 좋아하고 색(色)을 좋아한다는 말은 『맹자(孟子)』에도 있습니다.[전날의 진강(進講)에서 '공자(孔子)가 말하기를, 속이지 말 것이며 직간(直諫)하여야 한다고 하였다.' 한 아래의 주(注)에 쌍봉(雙峯)은 '스스로는 재물을 좋아하고 색을 좋아하면서 자기 임금에게는 색을 좋아하고 재물을 좋아하지 말라고 간하니, 이는 모두 임금을 속이는 것이다.' 하였는데, 윤근수(尹根壽)가 이 말이 잘못된 것이라 하였으므로, 대승(大升)이 이어서 아뢴 것이다.] 제 선왕(齊宣王)이 맹자에게 말하기를 '과인은 재물을 좋아한다.' 하니 맹자가 답하기를 '옛날 공유(公劉)도 재물을 좋아하였습니다. 지금 왕께서 백성들과 함께 좋아하시면 왕천하(王天下)하는 데 무슨 어려움이 있겠습니까.' 하였습니다. 선왕(宣王)이 또 말하기를 '과인은 색을 좋아한다.' 하니, 맹자가 답하기를 '옛날 태왕(太王)도 색을 좋아하였습니다. 왕께서 색을 좋아하신다면 백성들과 함께 좋아하시면 왕천하하시는 데 무슨 어려움이 있겠습니까.' 하였습니다. 재물을 좋아하고 색을 좋아하는 마음도 기품(氣稟)의 부여된 바로서, 없을 수 없는 것입니다. 다만 이러한 마음을 미루어 백성들과 함께 좋아하면서 사심(私心)을 버릴 수 있으면 되는 것입니다. 음식·남녀의 욕망 또한 천리(天理)의 소유(所有)이나 함부로 넘치게 되면 잘못입니다. 그러나 아예 끊을 수는 없는 것입니다. 재물을 좋아하고 색을 좋아하는 마음이 신자(臣子)에게 있을 경우 스스로 다스리는 공(功)을 다하여야 하고, 다스려서 미치지 못하는 곳은 타인(他人)과 추진하여 같이 미루어야 합니다. 인주(人主)에 있을 경우 넘치는 것을 경계하고 백성과 함께 한다면 도리가 저절로 행해질 것입니다. 요씨(饒氏)의 말은 미진한 것 같으니 상께서 보시고 지금 아뢴 것과 같이 넓히셔야 합니다.[윤근수(尹根壽)의 아룀을 가리킨 것이다. 그의 말에 '군신(君臣) 사이는 사가(私家)의 부자(父子)와 같아서 그 정의(情義)가 지극히 중하다. 임금에게 한 가지 일의 잘못이나 한 가지 생각의 잘못됨이 있는 경우, 언관(言官)이나 시종(待從)은 모두 규간(規諫)하여야 한다. 내 몸에 과오가 없어야 비로소 임금의 과오를 간할 수 있다고 한다면 사람으로서 과오 없는 자가 적으니, 공·맹·정·주(孔孟程朱)가 아니면 어찌 임금에게 간할 수 있겠는가. 다만 정의가 절박하므로 임금의 과오를 보고 간하지 않을 수 없는 것이니, 비록 자신은 재물을 좋아하고 색을 좋아하지 않을 수 없더라도 마땅히 간하여야 한다. 요씨의 말은 극히 잘못된 것이다.'라고 하였는데, 대승이 그 뜻을 부연(敷衍)하여 이와 같이 말한 것이다.] 인신(人臣)으로 성현(聖賢)의 지위가 아니면 어찌 능히 진선(盡善)할 수 있겠습니까.

선(善)을 하려고 하는데도 공부가 미치지 못하여 하지 못하는 경우가 있는가 하면, 악(惡)을 않으려고 해도 기질이 치우치고 통하지 못하여 비록 뉘우치고 깨달았으나 과오에서 면할 수 없는 경우도 있습니다. 그러나 임금을 사랑하는 마음이 우리 임금이 하는 일이 모두 선하고 과오가 없도록 하려는 것이므로 간하지 않을 수 없는 것입니다. 만일 자신은 능히 그렇게 하지 못한다 생각하여 임금의 과오를 간하지 않는다면 이는 '우리 임금은 선도(善道)를 할 수 없다고 말하는 것을 적(賊)이라고 한다.'라고 한 말에 거의 가깝습니다. 옛날 후한(後漢) 광무제(光武帝)가 '황후(皇后)를 폐할 수 없는가?'라고 질운(郅惲)에게 물으니, 칠운이 '부부의 정호(情好)는 아비가 아들에게 얻을 수 없는 것인데 더구나 신하가 임금에게서 얻을 수 있겠습니까.' 하고 답하자, 광무는 '나를 미루어서 임금을 헤아리기를 잘한다.'고 하였습니다. 주자(朱子)는 이를 『대학혹문(大學或問)』에 인용하여 그 잘못을 극언하기를 인신(人臣)된 자가 임금에게 어려운 일을 하도록 책하며 선(善)을 하도록 진술하지 아니하여 그 임금을 해롭게 하는 죄를 크게 열어놓았으니, 한 글자의 뜻에 밝지 못한 해가 크다.'고 말했습니다. 지금 임금에게 과오가 있는데 신자로서 '나도 그렇게 하지 못한다.' 하고 생각하여 간하지 않는다면, 나라의 일이 어찌 바르게 되겠습니다. 위에서 보시고 한쪽으로 치우치신 것 같으니, 외간에서 들으면 매우 미안해 할 것입니다." 하였다.

기대승이 이어 학문은 본성에 접근하고 자기에게 충실하도록 힘껏 면려해야 한다고 논하고, 또 아뢰기를, "유자(儒者)의 학문은 마땅히 본성에 접근하여야 합니다. 더구나 제왕의 학문은 더욱 지나치게 하여 잡서(雜書)를 보아서는 안 됩니다. 총명이란 한계가 있고, 만기(萬機)는 무궁합니다. 잡서와 소주(小註)는 간혹 보는 경우가 있더라도 그 사이에 중설(衆說)이 어지러울 정도로 많으니, 보아서는 아니됩니다. 비록 신서(新書)라 하더라도 성인(聖人)의 글과 절충이 된 것이면 볼 수 있으나, 잡서는 보지 않는 것이 옳습니다. 지난번 『사서장도(四書章圖)』를 인출(印出)하도록 하라는 명을 들었습니다. 소신이 이 책을 보지 못하였으나 대개는 들었습니다. 중원(中原) 사람들은 학문은 깊지 않는데도 저서(著書)를 일삼는 자가 많이 있습니다. 이 책은 한때의 소견을 저술한 것일 뿐 절문(切問)·근사(近思)의 글이 아니므로, 인출하여 본다면 총명이 나뉩니다. 옛사람은 정력(精力)이 나뉘는 것을 두려워하였습니다. 총명과 정력이 나뉠까 걱정입니다." 하였다.

또 아뢰기를, "영락 황제(永樂皇帝)가 『사서대전(四書大全)』·『오경대전(五經大全)』 및 『성리대전(性理大全)』을 편찬하도록 명하였는데, 주자(朱子)의 뜻을 모르고 찬수(撰修)한 것이 많고, 『시(詩)』·『서(書)』·『논어(論語)』의 집주(輯註)는 선유(先儒)의 논의와 어긋나는 곳도 많이 있습니다. 우리 세종께서 만년에 집주는 보지 않았고, 사서(四書)의 경우, 대문(大文)과 대주(大註)만을 인출하여 보셨는데, 홍문관에도 이 책이 있습니다. 소신이 재작년에 옥당(玉堂)에 있을 때, 이 책을 장서각(藏書閣)에서 찾아내었습니다. 상께서 한번 훑어보시도록 계달(啓達)한 뒤에 곧 이 책을 올릴 생각이었으나, 아직 그러하지 못하였습니다. 『논어』의 집주는 굳이 보아야 할 것은 아니니 한번 훑어본 뒤에 곧 대문·대주의 책을 보는 것이 타당합니다." 하였다.

강이 끝나자 기대승이 아뢰기를, "지금 아뢴 배릉(拜陵)에 관한 일은[이 때 심 대비(沈大妃)가 강릉(康陵)과 태릉(泰陵)에 친배(親拜)하려 하자 대간(臺諫)이 논계하여 정지하기를 청하였다.] 『두씨통전(杜

氏通典』에 있습니다. 옛사람은 제사에 내외의 관원(官貟)을 갖추므로, 임금이 초헌(初獻)을 하면 황후가 아헌(亞獻)을 하였으니, 이는 삼대(三代) 때에 예(禮)입니다. 한·당(漢唐) 이후로 황후가 아헌을 하는 예가 없어졌으나 그 옛법을 보존하기 위하여 『의주(儀註)』에 이 말이 있는 것입니다. 『두씨통전』에 이른바 '황후의 배릉도 종묘(宗廟)와 같이 한다.' 함은 황제가 초헌을 하면 황후가 아헌을 한다는 정도이고, 혼자 전적으로 하는 일을 말한 것은 아닙니다. 아조(我朝)에도 근래에 와서 왕후가 상릉(上陵)하는 일이 있었으나 모두 한 번씩 하였습니다. 만약 예 밖의 일을 여러 번 한다면 어찌 편치 않은 일이 아니겠습니까. 더구나 태릉의 참배는 더욱 편치 않은 일입니다. 상사(喪事)란 점점 길(吉)로 나아가는 것입니다. 제4일에 성복(成服)하는 것은 살아 있는 사람으로 말하면 곧 제3일이니 '산 사람의 입장에서는 죽은 다음날부터 헤아린다.'는 것입니다. 졸곡(卒哭)에는 옷을 바꾸어 입고, 소상(小祥)에는 옷을 빨아 입고, 대상(大祥) 전에는 옷을 바꾸는 일이 없으나, 대상 날에 와서는 비로소 옥색(玉色)을 입는 것입니다. 부득이 중국 사신의 내방(來訪)과 같은 외정(外庭)에서 맞이하고 접대할 일이 있게 되면 주상(主上)은 옷을 바꾸어 입어야 합니다. 궁중에 있어서는 부득이한 일이 없는데 현재 상중(喪中)에 있으면서 옷을 바꾸어 입으려는 것은 매우 편치 않은 일입니다. 이는 단연코 해서는 안 될 일입니다. 원중(院中)에서 이 뜻을 아뢰려 하였으나 동료들이 '비록 서계(書啓)하더라도 자세하지 못하다.' 하여 오늘 경연에 입시할 때 진계(陳啓)하려 하였는데, 간원에서도 논계(論啓)하였습니다. 자전(慈殿)께서 애모(哀慕)하시는 정은 비록 무궁하실 것이나 상께서 예에 옳지 못하다는 뜻을 반복하여 깨우쳐 인도하시어 정지하도록 품달(稟達)하셔야 타당합니다. 어버이 섬기는 도에 있어 부모에게 부당한 일이 있으면 마땅히 노여움을 사지 않도록 완곡하게 간할 것이며 공경을 다하고 효성을 다함이 옳습니다. 지금 편치 않은 일을 하시면 물정(物情)도 모두 편치 않아 할 것이니 성상께서 조용히 품달하시는 것이 옳습니다." 하였다.

권철(權轍)이 아뢰기를, "위에서 예(禮)에 의거하여 진달하시면 자전께서도 어찌 억지로 하시겠습니까." 하였다.

기대승이 아뢰기를, "마땅히 예에 의거해 진달하여야 합니다. 소소한 일까지 아울러 아뢰자니 미안한 듯하나, 민간의 일을 이미 알고 계달하지 않는다면 마음이 매우 편치 않은 일입니다. 그러므로 감히 아룁니다. 3월에 위에서 능(陵)에 행차하시려다가 마침 일변(日變)이 있어 정지하셨는데, 그 때 경기의 수령(守令)들이 교량과 도로를 보수하느라고 백성들을 거느리고 왔었으니 농무(農務)에 얼마나 방해가 되었겠습니까. 일변으로 인하여 정지를 명하셨다가 지난번에 행차하자 수령들이 또 그 백성들을 거느리고 왔는데, 배릉(拜陵)이 끝나자 백성들은 모두 차후에는 일이 없을 것이라고 하였다 합니다. 그런데 지금 자전께서 배릉 하신다면 수령들이 또 그 백성들을 거느리고 올 것이니 1년 안에 세 번씩이나 거둥이 있으시면 민폐(民弊)를 염려하지 않을 수 없습니다. 기전(畿甸)의 백성들은 요즘 나라에 일이 많아 해마다 농사를 지을 수 없어서 곤궁함이 극에 달하였습니다. 수시(隨時)로 무휼해주어야 하는데 매양 이와 같이 생각하신다면 폐해가 민간에 미치지 않겠습니까. 이 점을 염려하시는 것이 옳습니다. 만약 소소한 폐해는 헤아릴 것 없다고 하시면 해가 반드시 백성들에게 미칠 것입니다. 이를 아룀이 구차한 것 같으나 절실하게 알고 있으므로 계달하지 않을 수 없어 감히 아룁니다." 하였다.

또 아뢰기를, "3월에 능에 행차하시려다가 정지를 명하였고 4월에 행차하시었는데 5월에 또 자전께서 배릉 하시겠다고 하시니, 백성들이 농사 일이 한창 급한 중요한 철에 그 시기를 잃게 되면 1년간 기근(饑饉)에 허덕이게 될 것입니다. 배릉 하실 일을 지금 이미 전교하셨으니 기전의 백성들이 반드시 올라올 것입니다. 속히 계달하여 정지하신 뒤에야 폐해가 백성에게 미치지 않을 것이요, 대간이 여러 날 논계한 뒤에 부득이하여 따르게 된다면 민폐가 클 것입니다. 근래 국가에 일이 많아서 작년과 재작년에 백성들이 모두 경운(耕耘)하지 못한지라 금년의 농작은 크게 관계가 됩니다. 나라는 백성을 근본으로 삼으므로 우려하지 않을 수 없습니다. 예에 의거하여 진달하는 것이 지당하다 하겠으나, 민폐를 염려하지 않을 수 없다는 뜻을 아울러 품달하여 속히 결정하는 것이 타당합니다." 하였다.

또 아뢰기를, "근일 이달 보름께부터 일기가 한랭하고 바람도 계속 불고 있어 극히 수상합니다. 사람들은 모두 '일기가 어찌하여 이러하단 말인가.' 하면서 서리가 내리지 않을까 걱정하고 있습니다. 듣자니 평안도에는 우박이 내렸고, 강원도에는 눈이 내렸으며, 경기·황해도에도 우박이 내리고 눈이 내렸다 합니다. 4월은 곧 양기가 성한 달입니다. 양기가 성한 달에 눈과 우박이 내렸으니 어찌 이와 같은 참혹한 변이 있을 수 있습니까. 『시경(詩經)』에 '4월에 된서리 내리니 내 마음 쓰리고 아프네.'라고 하였습니다. 서리가 내려도 이와 같이 걱정을 하는데 더구나 눈이 내리기까지 하였으니 어찌 놀라지 않겠습니까. 위에서 홍문관으로 하여금 널리 고사(故事)를 상고하여 들이게 하셨는데, 공구 수성하는 일은 외간에서 자세히 알 수 없으나 다만 이와 같은 참혹한 재변을 당하고 널리 고사를 상고하는 데에 그칠 뿐이라면 하늘의 뜻에 보응하는 정성이 미진한 듯 싶습니다. 옛날에 정자(程子)는 '음양(陰陽)의 운동은 상도(常道)가 있어 어긋남이 없는 법인데, 그 상도를 잃음은 사람이 그것을 감동시켰기 때문이다.' 하였고, 공자(孔子)는 『춘추(春秋)』를 지으실 때 재이(災異)를 기록하여 후인을 경계하였으며, 주자(朱子)는 '옛 성왕(聖王)은 재이를 만나면 두려워하여 덕을 닦고 일을 바로잡았으므로, 재이가 변하여 상서가 되었다.'고 하였습니다. 지금의 재변은 극히 참혹합니다. 덕을 닦고 일을 바로잡아야만 재이가 변하여 상서가 될 것입니다. 그렇지 않으면 재변이 있은 뒤에는 기근의 우려가 따르기도 하고 좋지 않는 일이 있기도 할 것이므로 매우 불안합니다.

옛사람은 '임금은 천계(天戒)를 삼가서 모든 정성을 다한다.'라고 하였습니다. 아무 재변은 아무 일의 감응(感應)이라고 한다면 편치 않은 일입니다. 그러나 기자(箕子)는 홍범(洪範)을 무왕에게 설명하면서 천인(天人)의 도를 합하여 말하였으니, 하늘에 있어서는 오행(五行)이요, 사람에 있어서는 오사(五事)입니다. 서징(庶徵)이라고 하는 것은 우(雨)·양(暘)·욱(燠)·한(寒)·풍(風)입니다. 휴징(休徵)이란 아름다운 감응을 말하고, 구징(咎徵)이란 좋지 않은 감응을 말합니다. 휴징에서 이른바 '임금의 모(謀)가 원대하면 시기에 맞는 추위가 따른다.' 함은 겨울에 추운 것과 같은 일이요, 모(謀)란 곧 임금이 남의 말을 따르는 일입니다. 구징에서 이른바 '임금의 성품이 급(急)하면 오랫동안 추위가 계속된다.' 함은 4월에 눈이 내린 경우와 같은 것으로서, 곧 오랫동안 추위가 계속된다는 조짐입니다. 급(急)이란 조급함을 말하는 것으로, 곧 임금이 자기 의사대로 하는 일입니다. 한유(漢儒)의 오행전(五行傳)은 홍범(洪範)을 근본으로 하여 서술하였는데, 그 글에도 '듣기를 총명하게 아니함이 바로 모(謀)하지 않음이니, 그 구징(咎徵)은 계속하여 추움이다.' 하였습니다. 위에서 한쪽 말만을 듣고 신임하면 아랫사람의 뜻이 통하지 아니하리니 곧 이른바 '듣기를 총명하게 아니함이 바로 모하지 않음이다.'는 것입니다. 이로 본다면 하늘과 사람의 감응을 옛사람이 매우 자세히 말하였습니다. 어떤 일이 바로 그 감응이라고 지적할 수는 없으나 서로 근사한 것도 있습니다. 위에서 항상 '그런 것이 아니겠는가.'라고 생각하신다면 이는 곧 하늘을 공경하는 도입니다.

요즘의 일을 보면 전날과 같지 않은 것이 많아서 외부 사람들이 자못 의아해 합니다. 대간이 논계를 하면 준엄하게 답하시고, 근시자(近侍者)가 진달하면 순서를 무시한다고 전교하시니, 이것이 이른바 '듣기를 총명하게 아니함이 바로 모(謀)하지 아니함이다.' 한 데 근사하다고 하겠습니다. 정원이 일로 인하여 면대(面對)를 청하였으나 윤허하지 않으셨고, 재이(災異)로 인하여 연방(延訪)을 청하였으나 따르지 않으셨습니다. 대내에 무슨 연고가 있어서 따르지 않으시는지는 알 수 없으나 외부 사람들이 의아해 하니 이와 같은 일은 마땅히 살피고 생각하셔야 할 일입니다. 옛글의 말이 이와 같고 지금의 재변 또한 이와 같으니 정사를 염려하시는 사이에 혹시 조급함이나 한쪽만을 듣고 신임하시는 일은 없으신지 항상 성찰(省察)을 더하여 사사로운 마음을 버리신다면 천변(天變)은 자연히 사라질 것입니다.

옛사람은 또 '여름에 눈이 내리는 것은 억울한 일이 있어 그런 것이다.'라고 하였습니다. 오늘날 재변이 참혹하여 여러 가지로 생각해 보니, 형옥(刑獄)의 일에 억울한 일이 있어 이러한 변을 초래하지 않았나 생각합니다. 지난 선왕(先王) 말년에 국가에 일이 많아 자주 계복(啓覆)하지 못하였는데 오늘에 이르러서도 할 수가 없었으므로[상중(喪中)에 있었으므로 계복할 수 없었다.] 하지 못하였습니다. 10여 년씩이나 옥에 갇힌 자도 있으니, 형장(刑杖) 아래에 승복(承服)은 하였더라도 어찌 억울한 자가 없겠으며, 근래의 사건에 있어서도 어찌 모두 정당하게 처리되었다고 할 수 있겠습니까. 이와 같은 일은 대신과 의논하여 억울함을 심리한다면 이 또한 천변에 응하는 방법입니다. 또 근래 조정에서 전날 죄를 입은 사람으로서 죽은 자에게는 벼슬을 추증(追贈)하기도 하고 고신(告身)을 환급하기도 하였으며, 산 자에게는 관직을 주어 현양(顯揚)하기도 하였으니 지극하다고 할 만합니다. 다만 그 사이에는 처신(處身)을 잘못하거나 처사를 잘못하여 파면된 자도 없지 않으며, 한때 비록 실수가 있었으나 10여 년씩이나 침체된 사람도 있으니, 옛사람은 '백성이 희망을 잃어서 그런가.'라고 하였습니다. 이 사람들이 답답하고 억울한 마음에 빠져 있으니 어찌 그 한이 없겠습니까. 까닭없이 파산(罷散)되었지만 공론이 좋지 않게 여겨 폐기(廢棄)된 자도 있습니다. 이 경우는 사람들이 모두 그르다고 하므로 서용(敍用)하기는 미안스런 일이나, 옛글에서 그러한 일을 많이 볼 수 있듯이 사람이 큰 죄를 짓고서도 변화하지 않는 자를 제외하고, 그 이하는 조정의 대임(大任)을 맡기는 것은 미안스런 일이나 말직에 임용하기를 천지(天地)의 도량처럼 하는 것은 왕정(王政)의 당연히 해야 할 일입니다. 지금 재변이 참혹한데 달리 아뢸 일은 없고 평소 이와 같이 생각하였으므로 아뢰는 것입니다. 그러나 이 말의 타당성 여부는 모르겠습니다. 대신에게 물어서 억울한 옥사와 침체된 사람을 살펴 준다면 좋을 것입니다." 하였다.

상이 이르기를, "이른바 억울한 사람이란 누구인가?" 하니, 기대승이 아뢰기를, "소신이 스스로 생각할 때, 혹은 이러한 일도 없지 않으리라 생각되어 아뢴 것입니다. 지적하여 말하라 하시면 어떤 옥사가 억울한지 알 수 없습니다. 파산 침체된 자들이 많이 있으나 아무 아무라고 지적하여 말할 수는 없습니다. 대신에게 물어 대신이 당연하다고 한다면 해조(該曹)에서 자연히 살필 것입니다. 또 소신은 분에 넘치는 대우를 받고 얼마 전에 들어왔으니, 진주 옥사(晉州獄事)의[하종악(河宗岳)의 처가 실행(失行)한 사건이다.] 전말(顚末)은 모릅니다. 다만 동료의 말을 들으면 그 계본(啓本)이 이미 올라왔는데도 아직 지정(指定)한 것이 없다고 하였습니다. 지방의 일은 자세히 알 수 없으나, 정확히 지적할 수 없는 일을 전년에도 형추(刑推)하고 금년에도 형추하여 옥에 갇힌 자가 매우 많다고 합니다. 한 사람의 경우면 그럴 수도 있겠으나 어찌 그 가운데에 애매하게 형을 받고 있는 자가 없겠습니까. 계본을 대내로 들여 위에서 보신다면 자연 아실 것입니다. 우연한 일이 큰 사건이 되었으니 이와 같은 일은 위에서 살펴보시는 것이 좋습니다." 하였다.

상이 이르기를, "이 계본이 엊그제 비로소 들어왔는데 어제와 오늘은 재계(齋戒)로 인하여 보지 못하였고, 엊그제 잠깐 첫 장은 보았으나 자세히는 알지 못한다. 그러나 그 초범(初犯)은 드러난 것은 없으나 실제 있었던 일인 것 같다.” 하였다.

기대승이 아뢰기를, “간통 사건은 가장 알기 어려운 일입니다. 그러나 사람들이 모두 알게 되고, 온 고을이 말하게 되어 마침내는 공론(公論)까지 일어나게 된 것은, 그 사건이 작지 않은 일이기에 그런 것입니다. 사간(事干)으로 추열(推閱)된 자만도 한둘에 그치지 않으나 단서도 잡지 못하였다 합니다. 세간에는 혹 미워하는 자가 있어 한 사람의 입에서 나와 마침내는 이와 같이 되는 경우도 있습니다. 다시 추열하였으나 단서를 잡지 못하여 사간이 3~4차의 형장(刑杖)을 받았으니, 어찌 그 가운데 억울한 자가 없겠습니까. 이는 큰 사건이라 개석(開釋)을 청할 수는 없으나 다만 옛사람이 ‘신중(愼重)하고 신중하게 형옥을 처결하라.’ 하였습니다. 이와 같은 사건에는 억울하게 걸리는 일이 없지 않으니, 위에서 살피시고 유념하신다면 화기(和氣)를 유도하여 기를 수 있을 것입니다.” 하였다.

43. 기대승이 김개의 망발을 비판하고 조광조를 높이다.

『선조실록』 3권, 선조 2년(1569) 4월 19일.

상이 문정전으로 석강에 나아갔다. 기대승이 아뢰기를, “아침의 경연에서 대간과 홍문관 관원이, 전일의 김개(金鎧)의 말을 개석해야 한다고 한 뜻은 다 옳습니다.[지난번에 김개가 경석(經席)에서 아뢰기를

'조광조(趙光祖)의 처사에는 잘못이 있다. 자기에게 붙은 자는 진출시키고, 자기와 달리하는 자는 배척하였다.'고 하였고, 또 '남곤(南袞)을 추삭(追削)할 수 없다.' 하였으며, 또 '이행(李荇)을 정광필(鄭光弼)에게 비길 수 있다.'고 하였으므로, 삼사(三司)의 관원들이 경연에서 그 시비를 변란(變亂)시킨 죄를 강력히 아뢰었었다.] 근래 국시(國是)가 이미 결정되어 시비와 사정(邪正)이 분명해졌습니다. 위에서 자세히 살피지 않으신다면 치란(治亂)에 관계됩니다. 김개는 소신(小臣)이 나이 어려 미처 알지는 못합니다만, 그 사람은 몸가짐은 청근(淸謹)하나 식견에 그릇된 곳이 있어 망발한 것입니다. 위에서 혹시나 편치 않은 마음이 있으시다면 옳지 않으므로 감히 계달합니다." 하였다.

상이 이르기를, "조광조의 일은, 내가 15세경까지 여염(閭閻)에서 자라 외간 일을 모르는 것이 없으니, 조광조가 현인(賢人)이란 것을 일찍이 들었다. 공론도 분명하므로 그 시비에 대하여는 조금도 의심이 없다." 하였다.

기대승이 아뢰기를, "지금 상이 말씀을 들으니 감격하기가 그지없습니다. 조광조의 일은 굳이 다시 아뢸 것이 없습니다. 김개가 미처 자세히 살피지 못하고 아뢰었으므로, 대간과 시종(侍從)이 그 시비를 가리려 한 것입니다. 그러나 그 사람은 대체로 염근(廉謹)하고 불선(不善)한 사람은 아닙니다. 예로부터 불화(不和)의 단서는 작은 일에서 발생하는데, 의구심(疑懼心)을 갖는 자가 있을까봐 감히 아룁니다." 하였다.

44. 기대승 등이 진주 유생의 옥사를 아뢰었다.

『선조실록』 3권, 선조 2년(1569) 5월 21일.

상이 문정전으로 조강에 나아갔다. 『논어』의 〈위령공편(衛靈公篇)〉을 강하였다. 대사헌 박응남(朴應男), 헌납 민덕봉(閔德鳳), 경연관 신응시(辛應時)·정탁(鄭琢) 등이 각각 진주 유생(晉州儒生)의 옥사를 아뢰었다.[박응남·민덕봉은 반드시 치죄한 뒤에야 두려워할 것이라고 하였고, 신응시와 정탁은 그 정상(情狀)을 살펴보면 사혐(私嫌)에서 취한 행동은 아니니 지금 만약 죄를 가한다면 아마도 성조(聖朝)의 아름다운 일이 되지 못할 것이라고 하였다.]

기대승(奇大升)이 아뢰기를, "각각 그 의사대로 아룀은 지당하나, 다만 이 일은 헛된 말이 많아 전한 자도 잘못이 있는가 하면, 들은 자도 잘못이 있어서 자세히 알지 못해 잘못 아뢰기까지 한 자도 있으니 매우 미안스럽습니다. 어제 경석(經席)에서의 말을 들으면 50여 명이 옥에 들어갔다[최원(崔遠)의 말이다.] 하니, 이것 또한 잘못입니다. 소신이 감사(監司)의 수도(囚徒) 명단을 보니 이희만(李希萬)만을 가두었습니다. 한 고을 사람이 모두 일어났다는 것도 잘못인 것으로 단지 1면(面) 사람의 소행이며, 원척(元隻) 사이의 일도 아니니 치죄할 수 없다[신응시의 말이다.]고 하였는데, 무소(誣訴)한 죄는 비록 다스릴 수 없다 하더라도 사람의 집을 훼철한 죄안은 다스리지 않을 수 없습니다. 그 추안(推案)을 보면, 그 사람들은 그 집을 훼철하기 전에 하종악(河宗岳)의 종을 잡아다가 말하기를 '하종악(河宗岳)의 처(妻)가 하가(河家)와는 이미 의절(義絶)이 되었으니 그 교령(教令)에 복종하여서는 아니된다.' 하고, 다짐[侤音]을 독촉하여 받아 내었다고 하였는데, 이도 해선 안 되는 것입니다. 홍문관에서 아뢴 뜻은 유생에게 죄를 가하는 것은 미안하다는 것입니다. 소신의 용렬한 생각에는 유생들이 당연히 해야 할 일을 하였다면 괜찮으나, 지금의 행위는 유자(儒者)의 일이 아니라 곧 무뢰배들의 일이라고 여깁니다." 하였다.

박응남(朴應男)이 아뢰기를, "지금 치죄하지 않는다면 뒷날 이와 같은 일이 발생하였을 때 극히 편치 않을 것입니다. 이희만·하옹(河灁)·하항(河沆) 등 3인이 주도하여 많은 사람으로 하여금 그릇된 일을 하게 하였으니, 3인만을 죄주는 것이 옳습니다." 하였다.

기대승이 아뢰기를, "소신은 죄를 가하려고 이와 같이 아뢴 것은 아닙니다. 다만 이 일의 시비가 현란하여 그 실상을 알 수 없는데, 소문만을 듣고 간혹 잘못 아뢴 자도 있었으니 대단히 미안스럽습니다. 죄를 주지 않음은 마땅히 그 실상을 알고 나서 처리하는 것이 옳습니다. 옥당의 아룀도 사의(私意)가 있는 것이 아니라 밖으로부터 전해들은 사실만을 가지고 아뢴 것입니다. 하인서(河麟瑞)도 처음에는 발명 단자(發明單子)에 들어 있었는데, 그후 훼철을 주도하였습니다. 그 연유를 추문(推問)하니 '처음에는 자세히 알지 못하고서 그 4촌 정몽상(鄭夢祥)이[하종악(河宗岳)의 후처의 4촌이다.] 와서 사정을 하므로 서명(署名)하였는데, 후일 다시 들으니 그 일이 적실하여 훼철한 것이다.'고 하였습니다. 한 마을에 같이 살고 있는데, 어찌 모를 리가 있어 전후의 말이 이와 같이 어긋난단 말입니까. 말이 나왔으므로 아뢰지 않을 수 없습니다. 조식(曺植)이 진주에 살고 있는데, 나이 젊은 사람들이 이 일을 조식(曺植)에게 말하니 조식은 악(惡)을 미워하는 사람이고 또 이름이 있는 사람이므로, 이에 감사(監司) 및 여러 사람에게 말하였습니다. 그러므로 처음에 잡아 가두었으나 단서를 잡지 못하여 석방한 것입니다. 그후 추관(推官)으로서 파직된 자는 모두 조식이 떠들어 그렇게 된 것입니다. 조식은 현자(賢者)로서 빈말을 할 사람이 아니므로 그 일이 이에 이른 것이며, 또 장자(長者)가 말한 것이므로 한 고을의 경망한 사람들이 서로 전파한 것입니다. 당시는 모두 조식을 현자라 하였습니다. 소신이 지금 이 말씀을 아뢰는 것이 대단히 미안스럽습니다. 다만 조식도 사심이 있어 이와 같이 한 것은 아니며, 자연 믿을 만한 사람이 말하였기 때문에 통분을 이기지 못하여 그렇게 한 것입니다." 하였다.

홍섬(洪暹)이 아뢰기를, "지금 대사헌의 아룀을 듣건대, 사람을 서울로 보내어 조관(朝官)을 위협하여 회문(回文)이 나오자 그 집에 불을 지르고 그 방을 훼철하였다니, 이런 일은 모두 유자의 일이 아닙니다. 약간 죄책(罪責)을 보이는 것도 옳으나 다만 옥에서 죽는 일이라도 생기면 매우 온당치 못한 일이니 성심(聖心)으로 재정(裁定)하실 것입니다." 하였다.

기대승이 아뢰기를, "그 죄를 다스리려 함은 고신(拷訊)하려는 것이 아닙니다. 또 이른바 그 집을 불태웠다 함도 그 집을 불태운 것이 아니고, 그 기와만을 헐어낸 것입니다. 이 사실은 이미 승복하였으니 약간의 죄벌을 가한다고 하여 성덕(聖德)에 해가 되겠습니까. 이 일은 매우 우려됩니다. 조식은 이름이 있는 사람입니다. 또 유생들이 추문(推問)을 당했으므로 그 곳의 7~8읍의 유생들이 상소하였으나 감사(監司)가 받아들이지 않았다고 합니다. 조식은 하종악의 전실(前

室) 여자와 서로 연결이 되고 이정(李楨)의 첩은 하종악의 후처와 서로 연결됩니다. 이정은 '은미한 일이라 알 수 없다.' 하여 구제한 것 같습니다. 두 사람[이정(李楨)과 조식(曺植)이다.]은 평소 서로 교분(交分)이 있었으나 지금 이 일로 인하여 조식이 이정을 그르다 하므로, 나이 젊은 사람들도 모두 이정을 그르다고 합니다. 하종악(河宗岳)의 처의 실행(失行) 사건으로 명류 장자(名類長者)까지도 틈이 생기게 되었고, 나이 젊은 사람들도 서로 비방하니 매우 미안스럽습니다. 서울의 의논도 서로 판이하니 관계가 매우 중대합니다. 위에서 어찌 아시겠습니까. 마침 말끝에 나왔기에 감히 아뢰는 것입니다." 하였다.

또 아뢰기를, "왕언(王言)이 한번 나오면 사방으로 전포됩니다. 전교하실 때 언사의 미진한 점이라도 있으면 관계가 매우 중대하니, 사람을 그르다고 하는 데도 반드시 침착해 하여야 하고, 사람을 옳다고 하는 데도 역시 침착해 하여 정실(情實)에 맞아야만 타당하다고 할 수 있습니다. 근래 장필무(張弼武)의 일을 사간원(司諫院)에서 논계하였습니다.[상이 장필무의 자급(資級)을 가선(嘉善)으로 올리라 명하자, 사간원이 개정(改正)을 계청하였으나 상이 완강히 거부하고 듣지 않았다.] 소신은 장필무를 알지 못합니다. 혹은 청렴하다고 말하는 사람도 있으나 자세히 알 수 없고 혹은 포악하다고 말하는 사람도 있으나 역시 자세히 알지 못하니, 다만 남의 말만을 듣고 짐작하여 알고 있습니다. 청렴하다고 이르는 것은 지나친 아룀일 수 있고, 포학하다고 이르는 것 역시 그 말이 모두 옳은 것인지 알 수 없습니다. 지난번 전교에서는 '금석(金石)을 통하고 일월(日月)을 꿰뚫는다.'라고 하셨고, 어제는 또 '일월과 빛을 다툰다.'라고 전교하였으니[이 두 말은 상기 간원의 논계에

답한 말이다.] 대단히 미안스럽습니다. 일월과 빛을 다툰다 함은 성현(聖賢)의 지위에 이른 사람이 아니면 어찌 감히 감당할 말이겠습니까. 이는 비록 한때의 청근(淸謹)함을 포장(襃獎)하시는 뜻으로 하신 말씀이긴 하나 왕언이 정도에 지나쳐 매우 미안스럽습니다.

듣자니, 장필무의 일은 무지한 무부(武夫)로서 몸가짐을 이와 같이 하니 귀하긴 귀한 일입니다. 다만 그 행적(行跡)을 공정히 살펴보면 놀랄 만한 일이 없고, 비록 청렴하다고는 하나 오릉 중자(於陵仲子)의 청렴과 같아서 한쪽으로 치우쳐 가소로운 일이 많습니다. 풍속이 퇴폐한 때이므로 위에서 격려하시려는 뜻은 지극하나 다만 맹자(孟子)의 말씀으로 본다면 취할 일이 못 됩니다. 그 사람이 이와 같은데도 아뢴 바가 지나쳐서 위에서 불세출(不世出)의 인물로 생각하셨으니 어찌 미안스런 일이 아니겠습니까. 장수가 된 자는 비록 포흑(暴酷)하더라도 지략이 있으면 채찍질하고 격려하여 임용(任用)하고, 버려서는 아니 됩니다. 장필무의 경우 그가 과연 모략(謀略)이 있어 대장으로 임용할 만한 인물인지는 알 수 없습니다. 한때 비록 그가 청렴하다고 칭송되었으나 옛사람과 비교한다면 어찌 현격하다고 하지 않겠습니까. 그 행적은 중자(仲子)가 형을 피하고 어머니 곁을 떠난 것과 실상 같습니다.

지난 을축년에 만포 첨사(滿浦僉使)가 되어 갔다가 국휼(國恤)을 만났고 그후 강계 부사(江界府使)로 옮겨 제수되었다가 체직(遞職)되었는데, 그때 체직되기만 한 것은 칭송할 만한 일이 있었기 때문입니다. 주상의 즉위하신 뒤 국문(國門)에 들어오지 않았으니 마땅히 즉시 올라와서 사은(謝恩)하여야 하며, 그 집으로 곧장 돌아가서는 아니됩니다. 더구나 회령 부사(會寧府使)로 차서(次序)를 뛰어서 발탁 임용하였으니 더욱 감격하여 왔어야 하며, 조정에서 오지 않음을 그르다 한다고 들었으면 곧 와야 함에도 유산(遊山)한다 핑계대고 나갔으니, 이 사람에게 완전 무결함을 책할 수는 없으나 군신(君臣)의 의로 볼 때 어찌 이럴 수 있습니까. 변장(邊將)이 부임하지 않으면 그에 대한 죄벌이 있으니 앞서 변협(邊協)이 그 죄를 받았고, 문신(文臣)으로 말하면 평사(評事) 나흡(羅恰)·이충범(李忠範)이 모두 그 죄벌을 받았습니다. 그 죄가 같다면 그 벌도 같아야 합니다, 어찌 유독 장필무에게만 그 죄벌을 다스리지 않습니까. 칭찬할 만한 일이 있다면 마땅히 취택하여야 하나, 이와 같은 일이 있으면 마땅히 추고(推考)하여 죄를 다스려야 기강이 섭니다. 장필무에게 죄를 주지 않았다가 후일 방자한 자가 있어 그 죄를 다스리려 할 때, 죄는 같은데 벌이 달라서 그 죄를 가하지 못한다면 응징이 되지 못할 것이니, 어찌 조정의 서체(事體)에 손상이 되지 않겠습니까. 매우 미안스럽습니다. 소신이 간관이 아니면서 이와 같이 아뢰는 것은 미안하나, 다만 근밀(近密)한 자리에 있으면서 미안스런 마음을 품고도 계달하지 않는 것이 역시 미안스런 일이며, 위에서 미처 생각하지 못하신 듯하여 감히 아룁니다." 하였다.

45. 기대승이 송의 양시, 단종의 일 등을 소개하였다.

『선조실록』 3권, 선조 2년(1569) 5월 21일.

상이 문정전으로 석강에 나아갔다. 『근사록(近思錄)』의 '양중립(楊

中立)이 묻기를, 서명(西銘)은 체(體)를 말하고 용(用)은 말하지 않았다'에서부터 '폄우(砭愚)를 동명(東銘)이라 하였다'까지 진강하였다. 상이 이르기를,

"유작(游酢)은 서명을 읽고 곧 의심이 확 풀리어 마음에 거슬리지 않아서 '이것이 중용(中庸)의 이치이다.'라고 하였으니 지견(知見)이 있다고 할 수 있다. 그러나 양중립은 몰랐으니, 이로 본다면 양시(楊時)가 유작만 못하다. 두 사람 가운데 누가 나은가?"하였다.

기대승(奇大升)이 아뢰기를, "전현(前賢)의 학문의 지위를 후학이 의논할 수도 없고 알 수도 없습니다. 유작은 의심이 확 풀리어 마음에 거슬리지 않는다 하였으니 이는 반드시 깨달음이 있어서 그런 것이요, 양시는 의문을 가지고 물었으니 이도 쉬운 일이 아닙니다. 유작과 양시은 모두 정문(程門)의 고제인데 지위로 말하면 구산(龜山)이 높았습니다."하였다.

상이 이르기를, "이 두 사람이 비록 정·주(程朱)에는 미치지 못하나, 역시 범연한 사람은 아니다. 한때 벼슬한 일이 있는가?"하였다.

기대승이 아뢰기를, "소신이 널리 보지 못하여 알지는 못하나, 다만 『이락연원록(伊洛淵源錄)』에 대략 나와 있습니다. 유작은 찰원(察院)이었습니다. 양시는 휘종(徽宗) 말년, 채경(蔡京)이 국정을 잡아 변이 아침 저녁으로 발생하던 때의 사람입니다. 당시 사람으로 장학(張鷟)이란 이가 채경의 집에 손님으로 있으면서 그 아들을 위하여 학문을 가르쳤습니다. 하루는 장학이 그 제자에게 '너희들은 달아나는 것을 배웠느냐?'고 물으니, 대답하기를 '선생께서 평소 제자에게 걸음걸이를 가르쳐 주시어 모두 법도에 따르고 있는데, 어찌 달아나는 것을

배웠느냐고 하십니까.' 하니, 장학이 '너의 아버지가 천하를 극도로 파괴하였다. 큰 난리가 일어날 것이니 달아나는 것을 배워야 화란(禍亂)에서 벗어날 수 있다.' 하였습니다. 제자는 크게 놀라 채경에게 말하니, 채경이 소인이나 이해(利害)를 알므로 장학에게 대책을 물었습니다. 장학이 '지금 어찌할 도리가 없으나 천하의 대현(大賢)을 기용하면 가능성은 있다.' 하였습니다. 채경이 그게 누구냐고 물으니, 장학이 구산(龜山)이라고 답하였습니다. 이에 구산을 불러 들여 관직에 임명하니 이때 나이 70이었습니다. 당시 왕안석(王安石)에 대한 시비가 결정되지 아니하여 공자묘(孔子廟)에 종사(從祀)되어 있었는데, 구산이 간의 대부(諫議大夫)가 되어 왕안석을 배향(配享)의 반열에서 제거하기를 청하였습니다. 이 때 왕안석을 배우던 자들은 도리어 구산을 그르다고 하였습니다. 얼마 아니 되어 금(金)이 송(宋)을 쳐서 휘종(徽宗)·흠종(欽宗)이 북수(北狩)하게 되자 구산도 조정에서 떠났습니다. 호안국(胡安國)이 구산의 묘지(墓誌)를 지으며 '당시 그 건의를 받아들여 썼었더라면 결단코 그 반은 구제할 수 있었을 것이다.'고 하였으니, 후학이 어찌 구산의 발끝이나 바랄 수 있겠습니까. 대체로 정·주에는 미치지 못하나 지위는 높습니다. 현자가 조정에 있으면 비록 그 패망이 극도에 달하였다 하더라고 그 힘이 없지 아니합니다. 채경의 사람됨이 극히 간사하나 이해를 잘 알므로 가능성이 있다고 생각하여 끌어들여 임용한 것입니다. 당시 구산을 비방한 자들이 채경에게 넘어갔다 하여 그르다고 하지만, 구산은 곧 대현으로 사심(私心)이 있어 그런 것은 아닙니다. 어찌 감히 그 사이에 논의할 수 있겠습니까." 하였다.

상이 이르기를, "이 사람이 당시 도(道)를 행하였으면 치국 평천하할 수 있었겠는가?" 하니, 기대승이 아뢰기를, "당시 그 건의를 받아들여 썼더라면 결코 그 반은 구제할 수 있었을 것이라고 하였으니, 어지러운 것들을 잘 다스려서 정상적인 질서를 회복하였을 것이며, 평상시에 임용되어 뜻대로 다스릴 수 있었다면 그 덕화(德化)가 비록 삼대(三代) 때와 같을지는 알 수 없어도 범상한 정도는 아니었을 것입니다. 송조(宋朝)의 재상들은 거의 모두 학문을 몰랐습니다. 그 가운데에는 범중엄(范仲淹) 같은 이도 있었는데 겨우 참지정사(參知政事)에 임명되었다가 오래지 않아 돌아갔으며 이항(李沆)은 비록 현상(賢相)이라고 하나 역시 도학(道學)을 몰랐습니다. 구산 같은 이가 평상시에 임용되었더라면 비록 평천하인들 무엇이 어려웠겠습니까." 하였다.

신응시(辛應時)가 아뢰기를, "예로부터 어진 재상이라 일컬어 오는 이로 당(唐)나라에는 방현령(房玄齡)·두여회(杜如晦)·요숭(姚崇)·송경(宋璟)이 있었고, 송(宋)나라에는 한기(韓琦)·범중엄(范仲淹)·부필(富弼)·구양수(歐陽脩)가 있었는데, 그들의 기질(氣質)과 사업(事業)은 범상하지 않았습니다. 그런데 이들은 한 시대를 구제(救濟)한 재상이나, 유자(儒者)의 학문은 몰랐던 사람들입니다. 학문한 사람이면 의리(義理)로 나라를 다스렸을 것이니, 그 정치의 덕화(德化)가 어찌 한 시대를 구제하는 정도에 그칠 뿐이겠습니까. 다만 예로부터 유자는 당시의 임금에게 임용되지 못하였습니다. 한(漢)나라 때에는 동중서(董仲舒) 같은 이가 있었으나 무제(武帝)가 임용하지 못하였고, 송나라 때에는 정·주(程朱)와 같은 여러 현인이 배출되었고 인종(仁宗)·효종(孝宗) 역시 범상치 않은 임금이었으나 의리로 임금을 보좌하고 치화를 이루려 하였으므로 임금과 불합했던 것입니다. 예로부터 유자로서 마침내 재상의 지위에 이른 이는 한 사람도 없습니다. 사마광(司馬光)은 유자였으나 정·주에 비기어 본다면 어찌 거리가 없겠습니까. 그러나 그도 역시 장구하게 일을 하지는 못하였습니다. 학문한 사람으로 재상을 시킨다면 국가에 도움이 되는 일이 클 것입니다. 이 점에 있어서는 고금이 다르지 아니하니 깊이 생각해야 합니다." 하였다.

기대승이 아뢰기를, "지금의 아룀은 지당한 말입니다. 대개 유자는 도리(道理)에 우원(迂遠)하지 않는데도 임용되지 못합니다. 다만 사람과 구차스레 합하려 아니하므로 그 진출(進出)이 어렵습니다. 또 바른 길로 임금을 보좌하려 하므로 선(善)을 좋아하는 임금의 경우에는 비록 좋아할 것 같으나, 자기 의사를 굽혀 임금을 따르려 아니하므로 임용되지 못합니다. 또 당시 사람이 모두 선한 것만은 아니고 간혹 꺼리는 사람도 있으므로, 또한 세상에 용납이 되지 못하는 것입니다. 위로는 인주(人主)가 좋아하지 아니하고 아래로는 당시 사람과 서로 어긋나므로 이에 도덕을 가슴속에 품고 물러가는 것입니다. 인주된 이가 그가 현자임을 알고 전적으로 임용한다면 현자의 도가 어찌 후세에 쓰이지 아니하겠습니까. 오직 임금이 성실하게 임용하는 데에 있을 뿐입니다. 옛사람 같은 이는 비록 대대로 있는 것은 아니나, 시인(時人)들이 아끼어 임용하면 세상은 자연 치평(治平)이 될 것이요, 그 도(道)도 행해질 것입니다. 유자가 뜻을 이루지 못하는 병폐를 마땅히 아셔야 할 것입니다." 하였다.

신응시가 아뢰기를, "그 뜻을 이루지 못하는 것은 구차스레 합하려 하지 않기 때문입니다. 그의 말이 행해지지 않으면, 말이 행해지지 않는데 녹을 먹을 수 없다고 스스로 생각합니다. 그러므로 쉽게 물러나고 진출하기는 어려워하는 것입니다. 대체로 임금이 현자를 임용하려 하면 반드시 사(邪)와 정(正)을 분별해야만, 현자가 임용됨을 즐거워합니다. 사와 정이 병진(竝進)하여 혼용되면 장애가 많으므로, 예로부터 현자는 모두 임용되지 못한 것입니다. 임금은 이 폐단을 깊이 아셔야 합니다." 하였다.

기대승이 아뢰기를, "임금이 임용하려 해도 사정이 어쩔 수 없어 임용하지 못하는 경우도 있습니다. 옛날 송 효종은 주자(朱子)를 임용하려고 지남강군사(知南康軍事)에 제수하였으나 주자는 사양하여 취임하지 않고, 절동 제형(浙東提刑)이 되어서는 주자도 의욕을 가지고 그 직무를 다하려고 힘썼습니다. 태주(台州)를 맡고 있던 당중우(唐仲友)에게 부정이 있자 주차(奏箚)하여 탄핵하였는데, 그 당시 정승이었던 왕회(王淮)는 중우와 인친(姻親)이었으므로 이를 숨기고 아뢰지 않았습니다. 주자는 탄핵에 더욱 힘써 봉장(封章)을 여섯 번이나 올렸습니다. 그 때 중우는 이미 강서 제형(江西提刑)으로 임명되었으나 아직 부임하지 않은 때였습니다. 왕회는 할 수 없이 중우의 강서 제형을 박탈하여 주자에게 주었으나 주자는 이를 사양하고 나아가지 않았습니다. 그후 병부 낭중(兵部郎中)이 되었는데, 시랑(侍郎) 임율(林栗)이 주자와 서명(西銘)·태극도설(太極圖說)을 논하다가 의견이 맞지 아니하자 상소(上疏)하여 논박하였습니다. 당시 위의 뜻은 한창 주자에게 향하고 있었으나 재상이 꺼리므로 양쪽을 다 아끼는 방책(方策)을 썼습니다. 효종이 주자를 임용하지 않으려는 것은 아니었으나, 소인이 이간하므로 마침내 이와 같이 된 것입니다. 후세 인주도 현자를 임용하려면 이러한 폐단이 있을까 두려우니 마땅히 깊이 살펴야 할 것입니다." 하였다.

정탁(鄭琢)이 아뢰기를, "이것이 효종의 부족한 점입니다." 하였다. 기대승이 아뢰기를, "주자는 효종이 만사(挽辭)에서 '군신(君臣)간의 의가 잘 맞을 것 같았는데, 도리어 참소의 상한 바 되었으니 슬프다.' 라고 하였습니다." 하고, 신응시가 아뢰기를, "임금과 신하가 서로 계합(契合)한다는 것은 예로부터 어려운 일입니다. 송 인종은 진정 범상한 임금이 아님에도 한기·범중엄·부필·구양수를 임용하지 못하고 여이간(呂夷簡)을 재상으로 삼았던 날이 많았습니다." 하였다. 기대승이 아뢰기를, "바르지 못한 사람은 매달리고 영합(迎合)하여 물러가려 아니하지만, 군자는 맞지 않는 일이 있을 경우 몸을 돌려 곧 물러납니다. 그러므로 소인은 항상 임용되나 군자는 항상 임용되지 못합니다. 근일의 일로 말하더라도 중묘(中廟)가 조광조(趙光祖)를 지성으로 대하였으나 마침내 소인의 이간에서 벗어나지 못하여 임금과 신하의 관계를 보전할 수 없었으니, 어찌 이런 일이 있을 수가 있습니까. 마땅히 생각할 일입니다." 하고, 신응시(辛應時)가 아뢰기를, "예로부터 조정(朝廷)이 간혹 불화하는 것은 반드시 의논이 같지 않기 때문에 그런 것이니, 임금과 신하가 서로 부합하지 못하거나 조정이 동조하여 서로 협조하지 못하는 것은 모두 이에서 말미암은 것입니다. 옛날 범진(范鎭)의 말에 '중의(衆意)를 모아 이목(耳目)으로 삼고, 노성(老成)한 사람을 임용하여 복심(腹心)으로 삼아야 한다.' 하였습니다. 중의를 모아 임금과 재상이 협심하여 쓸 수 있다면 어찌 좋은 일이 아니겠습니까. 군자는 반드시 합하려고 아니하므로, 그 의논도 꼭 같지 않습니다. 절충하여 시행하는 것은 임금과 재상에게 있을 뿐입니다. 마땅히 유념해야 할 일입니다." 하고, 기대승이 아뢰기를, "사람이 재지(才智)는 비록 일컬을 만한 점이 있다 하더라도 심기(心氣)를 화평하게 가지기란 어렵습니다. 논의하다가 서로 감정이 격해서 미워하고 마침내는 등을 돌리기까지 하면 그 해가 없지 않습니다. 대개 시비란 없을 수 없는 것이니, 조화시켜서 양쪽을 모두 보존하려 하면 이는 빙탄(氷炭)을 조화시키려는 것과 다름이 없습니다. 어찌 어려운 일이 아니겠습니까. 인주(人主)는 반드시 시비를 변별한 뒤에야 다스릴 수 있습니다. 혼동하여 분별하지 못한다면 마침내 큰 해가 있을 것입니다. 함께 수용(收用)하여 같이 둔다는 것은 매우 어려운 일이며, 그른 것을 옳다 하고 옳은 것을 그르다 하면 더욱 잘못입니다. 반드시 거경(居敬)하고 궁리(窮理)하는 공효를 다하여 심덕(心德)이 밝아진 뒤에야 능히 변별할 수 있을 것입니다. 조정의 치란(治亂)·현사(賢邪)·소장(消長)의 이치는 하루 사이에 나누어지는 것입니다. 가장 경계하고 두려워해야 할 일입니다." 하였다.

강을 마치자, 기대승이 나아가 아뢰기를, "조정의 의논이란 각각 자기 소견대로 말하는 것이므로 동의하는 의견과 반대하는 의견이 있게 마련이니, 그 중간에 나아가 분변하여 쓴다면 좋을 것입니다. 만약 의논이 바르지 못하여 의리에 해가 있다면 분변하지 않을 수 없습니다. 지난번 문소전(文昭殿)의 일에 있어서도 조정이 지난 정월부터 여러 가지로 의논하였으나 그 타당함을 얻지 못하였습니다. 정신(廷臣)들이 조종조의 고사(故事)를 모를 리가 없는데도 감히 거론하지 못하는 것은 미진한 곳이 있기 때문입니다. 그 전제(殿制)를 증수(增修)

할 수 없게 되자 이에 구차스런 논의가 일어났습니다. 대신(大臣)의 의논은, 인묘(仁廟)를 그대로 연은전(延恩殿)에 모시는 것이 무방하다 하여 성묘(成廟) 초년의 문종 체천 의궤(文宗遞遷儀軌)를 근거로 하여 말했으니, 아무 뜻없이 말하였다고 하나 실은 의리에 해로워, 인정(人情)이 분울해 하였습니다. 곧 그 의논을 고치도록 명하여 지금은 이미 결정이 되었습니다.

이와 같이 매번 아뢰는 것이 미안한 것 같으나 그 사이에 그릇된 말이 많으므로 아뢰지 않을 수 없어 감히 아룁니다. 대신이 이른바 '세종(世宗)의 5실(室)을 초과하지 말라는 전교는 곧 사친(四親)을 가리켜 한 말씀이다.'라고 한 말은 옳습니다. 그러나 세종이 창립한 본 뜻은 그 권변을 말함이 아니고 그 정상적인 것을 말씀한 것입니다. 거기에 '2소(昭)와 2목(穆) 및 태조(太祖)로 하여 후세 봉사(奉祀)에 5실을 초과하지 말라. 후세 자손에 이르러 각각 그 묘(廟)를 세우게 되면 그 번거로움을 감당할 수 없다.'고 한 것도 모두 그 정상적인 것을 말하였을 뿐, 후세의 난처한 변례 같은 것을 당시에는 굳이 걱정할 필요가 없었던 것입니다. 가사 걱정했다 하더라도 그 정상적인 일만을 말하지 어찌 그 변례를 말하였겠습니까. 그후 문종·세조는 형제로서 왕위에 올랐으니 마땅히 권변으로 통하게 하여 후세의 법이 되게 했어야 했는데, 당시 사람들이 사체를 몰랐을 뿐 아니라 이의(異意)도 있었으므로 갑자기 문종을 천묘하였으니, 의리에 해로움이 극도에 달하였습니다. 그 때 재상은 후세에 죄를 지은 것이 크지 않겠습니까. 지금 그 때의 의논을 끌어들여 말함은 매우 미안스런 일이므로 이 점을 군신들이 다투는 것입니다. 조야(朝野)가 항의하고 영상도 상차(上

箚)하였으므로 따른다고 전교하셨는데, 영상의 차자는 그 말에 오류가 많습니다. 이른바 '대략 사친(四親) 및 인묘(仁廟)를 경천(經遷)한 사실을 취하여'라고 한 말은 모두 매우 부당한 말입니다. 왕통을 이은 임금을 이미 부묘(祔廟)하였으면 어찌 경천할 이치가 있겠습니까. 무엇인지를 모르고 이와 같이 아뢴 것입니다. 그러나 이는 필시 미처 생각지 못한 것입니다. 소신의 아룀은 대신을 비방하려는 것이 아니요, 그 시비를 아뢰지 않을 수 없는 까닭입니다.

문종의 체천(遞遷)에 관하여 주상께서 필시 자세히 알지 못할 것이니, 이는 신자(臣子)가 차마 말할 일이 아니나 위에서는 마땅히 아셔야 할 일입니다. 문종이 승하하시고 노산군(魯山君)이 왕통을 이어 왕위에 오르자 세조에게 정난(靖難)의 공이 있었고, 수상(首相)이 되어 어린 임금을 보좌하면서 주공(周公)으로 자처하셨습니다. 노산군이 세조에게 공신 교서(功臣敎書)를 내리면서 '나는 성왕(成王)이 주공을 대우하던 예로 숙부를 대우하겠으니 숙부도 주공이 성왕을 보좌하던 마음으로 나를 보좌하라.' 하였습니다. 노산군은 주공처럼 하기를 세조에게 희망하였고, 세조도 주공처럼 할 것으로 자임(自任)하였으나 뜻하지 않게도 천명(天命)과 인심이 세조에게 돌아가므로 을해년에 노산군이 세조에게 선위(禪位)하고 상왕이 되었습니다." 하였다.

상이 이르기를, "고사를 자세히 알지는 못하나 『무정보감(武定寶鑑)』만 보더라도 세조의 수선(受禪) 및 황보인(皇甫仁)·김종서(金宗瑞)·성삼문(成三問)·박팽년(朴彭年)이 죄받은 사실이 소상하게 실려 있었다." 하니, 기대승(奇大升)이 아뢰기를, "대개는 『보감』 가운데 실려 있으나 소문을 기록한 것도 있고, 또 당시 사람이 기록한 것도 있습니다." 하였다. 상이 이르기를, "위에서 자세한 것을 알지 못하니 한번쯤 모든 사실에 대해 진술해 주면 좋겠다." 하니, 기대승(奇大升)이 아뢰기를, "병자년에 성삼문의 일이 발각되었습니다. 그 의도는 상왕을 복위(復位)하려는 것이었으나, 세조는 난을 일으키려는 것으로 생각하였고, 일이 발각된 후에 상왕이 그 일에 참여해 알았다 하여 상왕을 영월(寧越)로 옮긴 것입니다." 하였다.

상이 이르기를, "평상시에는 궐내에 있었는가?" 하니, 기대승이 아뢰기를, "경복궁에 있었다 하나 영월로 옮겨가 있었고, 그 때 정인지(鄭麟趾)가 영의정이 되어 백관을 거느리고 처치(處置)하기를 청하니, 세조는 물정(物情)에 구애되어 허락하셨습니다. 이에 금부 도사를 보내어 영월에서 사약(賜藥)하였으니 그 공사(公事)가 지금도 금부(禁府)에 남아 있습니다. 당시 영월 사람이 그 일을 기록하여 간직해둔 것이 있었는데 김취문(金就文)이 관찰사로 있을 때 또한 그것을 보았다고 합니다. 성삼문의 난에 상왕이 그 모의에 참여하였는데 변이 종사(宗社)에 관계되어 입으로는 말할 수 없는 중대한 일이라 이것으로 죄목(罪目)을 삼았다고 합니다. 처치하기를 청함은 전사(前史)에 없었던 일인데 감히 하였습니다. 정인지는 비록 한때 명상(名相)이라 일컬어졌으나 지금은 모두 상서롭지 못한 사람으로 여깁니다. 지금 그 때의 의논을 인용하려고 하기 때문에 공론(公論)이 격발한 것입니다." 하였다. 신응시가 나아가 아뢰기를, "이 일은 후세에서 인용할 수 없는 일입니다. 그러므로 지난 정미년에 이기(李芑)는 인종을 '미성지군(未成之君)'이라 하였으니, 이 자는 실로 인종에게 역심(逆心)이 있던 자입니다. 그러나 인묘(仁廟)를 부묘할 때에는 차마 이를 인용하여 증거로 하지 못하였습니다. 만약 인용하였더라면 인묘도 영원히 문소전에 들어갈 수 없도록 그때 의정(議定)하였을 것입니다. 명종이 성명(聖明)하시므로 '후일 부묘하여야 한다.'고 전교하셨고, 이기와 윤원형(尹元衡)도 막지 못했던 것입니다." 하였다. 기대승이 아뢰기를, "이기와 윤원형의 행위는 자세히 알 수 없으나, 다만 성묘(成廟) 초년에는 문소전의 실수(室數)가 차지 않았는데도 감히 문종을 체천하였습니다. 그 때 성묘가 군신(群臣)을 인견하고 하문하였는데, 군신들이 말을 수식(修飾)하여 대답한 사실이 『정원일기(政院日記)』에 자세히 기록되어 있으므로 누구나 다 알고 있습니다. 그 일이 이와 같은데도 감히 인용하여 위로 천청(天廳)을 흐리게 하였으니 매우 부당한 일입니다. 조종조의 일도 좋은 것은 마땅히 만세토록 고침이 없어야 하나, 미진한 일은 고친다 해도 해로울 것이 없습니다. 태조가 정몽주(鄭夢周)를 죽였으나 태종은 포장(襃章)하여 증직(贈職)하였고, 태조가 전조(前朝)의 왕씨를 모두 죽였으나 문종은 숭의전(崇義殿)을 세우셨고, 세조는 소능(昭陵)을 내다 버렸으나 중종은 다시 복구했습니다."[말이 끝나지 않았는데 상교(上敎)가 내렸다.] 하였다.

상이 이르기를, "이른바 내다 버렸다 함은 무엇을 내다 버렸다는 말인가?" 하니, 기대승이 아뢰기를, "이는 신자로서 차마 계달할 수 없는 말입니다만 그 재궁(梓宮)을 내다 버린 듯 싶습니다. 당시 사람이 비밀히 봉안(奉安)하였는데 그후에 다시 복구한 것입니다. 전일의 미진한 일을 조종조에게서 모두 고쳤습니다. 소능을 복원하고 또 노산(魯山)에게 사제(賜祭)하였는데 그때 신상(申鏛)이 제관(祭官)이었습니다. 이러한 뜻을 위에서 어떻게 아시겠습니까. 다시는 거론하지

말아야 신자의 마음이 편합니다. 공정 대왕(恭靖大王)의 일도 오늘날
에 예(例)를 인용할 수 없습니다. 공정 대왕(恭靖大王)은 스스로 처리
하고 모든 일을 다 줄이었다고 하였는데 대개가 『무정보감』에 실려
있으니 상께서도 필시 아실 것입니다. 태종이 좌명(佐命)할 때 태조
께서 놀라서 함흥(咸興)으로 귀향하시니, 나라에 주인이 없어 공정 대
왕이 권도(權道)로 임금이 되었다가 곧 태종에게 전위(傳位)하셨습니
다. 이 일도 신자로서는 말할 수 없는 일입니다. 옛 동진(東晉)의 명
제(明帝)는 총명한 임금이었습니다. 선조(先祖)의 일을 왕도(王導)에
게 물었는데 왕도가 낱낱이 진술하자 명제는 놀란 얼굴을 상(床)으로
가리웠다고 합니다. 조종(祖宗)의 일을 후대에서 어찌 알겠습니까."
하였다., 신응시(辛應時)가 아뢰기를, "예로부터 조종조에 어찌 그런
변이 없겠습니까. 중묘께서 소능을 복위하신 것은 실로 조종보다 빛
나는 일입니다. 명나라 정통(正統) 때에도 건문(建文)의 신하를 소급
해 사면한 적이 있습니다." 하였다.

　기대승(奇大升)이 아뢰기를, "인종(仁宗)은 곧 태종(太宗)의 아들이
었으나, 건문의 신하를 모두 개석(開釋)하였습니다." 하고, 또 아뢰기
를, "인묘를 문소전에 같이 부묘(祔廟)한 일은 곧 인심과 천리의 지극
한 일입니다. 그러므로 사전에 상의하지 않았어도 서로 같아진 것입
니다. 옛날 송조(宋朝)에서 희조(僖祖)를 출위(出位)시키려 할 때, 주
자(朱子)는 조여우(趙汝愚)에게 편지를 보내어 '사람으로 하여금 괴롭
고 마음이 아프게 하니 죽느니만 못하다' 하였습니다. 지난번 이 일
을 만나서는[인묘(仁廟)를 문소전에 부묘하지 않는 일을 가리킨다.]
실로 죽는 것만 못하다는 마음이 있었습니다. 그러나 곧 개정을 명하

셨으니, 허물이 없는 데로 복귀하였다고 할 수 있습니다. 그러나 경천(經遷)이란 말은 극히 의리에 해가 되는 것임을 위에서 분명히 아셔야 할 것입니다."하였다.

신응시가 아뢰기를, "인심이 이와 같으므로 어쩔 수 없이 따른다고 전교하신 것은 아마도 위에서 조종조의 고사(古事)는 준행(遵行)하는 것이 옳다고 여기시는 것이 아닌가 하여 관중(館中)에서 상차(上箚)한 것인 듯합니다."하자, 기대승이 아뢰기를, "그 때 하도 답답하였기 때문에 경연에 입시하여 말이 광망(狂妄)한 줄도 모르고 아뢰었을 것입니다. 지금은 일이 이미 결정되었고, 시일도 오래 되었으므로 말이 이에 이른 것이나 이와 같이 계달하는 것도 광망한 일입니다. 다만 천안(天顔)을 지척에서 모시고 회포를 아뢰지 않는 것도 미안스런 일이므로 감히 아룁니다. 그간의 시비를 성념(聖念)으로 마땅히 분명하게 아셔야만 합니다. 대신도 딴 뜻이 있어 그런 것은 아닙니다. 다만 논의가 서로 격하여지면 걱정이 없지 아니할 것입니다. 지금 이후로 조정이 화평(和平)해지면 어찌 좋은 일이 아니겠습니까."하였다.

46. 기대승이 신하의 말을 넓게 받아들이라고 청하였다.

『선조실록』 3권, 선조 2년(1569) 6월 4일.

상이 문정전의 조강에 나아갔다. 『논어』의 〈계씨편(季氏篇)〉을 진강(進講)하였다. 기대승(奇大升)이 아뢰기를, "지난번 사간원(司諫院)이 계사의 잘못으로 체차(遞差)되는 일까지 있었습니다.[5월에 헌납

민덕봉(閔德鳳)과 정언 황정식(黃廷式) 등이 용궁 현감(龍宮縣監) 이종(李悰)의 탐오(貪汚)한 정상에 대해 논계하자, 상이 이를 조옥(詔獄)에 내려 추고(推考)하라고 명하였다. 이에 조사해 보니 모두 허위임이 밝혀져 민덕봉 등은 이로 인하여 체직(遞職)이 되었었다.] 그 일은 이미 잘못되었으니 마땅히 체직시켜야 합니다. 군신 관계에 있어서 윗사람이 그 일에 실수가 있으면 아랫사람이 간쟁(諫爭)하고, 아랫사람이 그 직임에 실책이 있으면 위에서 꾸짖어 각각 그 타당함을 다하여야 지극하다고 말할 수 있습니다. 만약 속 마음이 편치 않을 것이라 하여 말을 하지 않는다면 위아래가 사귀어지지 아니하고 의사(意思)가 통하지 않을 것이니 매우 미안스런 일입니다. 전교하신 뜻은 지당합니다. 근래 옥당과 사간원이 연속하여 상차하는 것은 딴 뜻이 있어서가 아닙니다.[상이 이종의 일로 인하여 대간의 아룀을 부언하며 부실하다고 하였으므로, 삼사(三司)가 개정하기를 청하여 논집(論執)하였으나, 상이 듣지 않았다.] 그런데 일체 준절(峻切)한 전교를 내리시니 임금의 덕인 함홍지도(含弘之道)에 어긋나는 듯 싶습니다. 모든 대간의 말을 부실하다 한다면 방해(妨害)됨이 매우 많습니다. 지금 영상(領相)의 아룀은 매우 타당합니다.[이날 이준경(李浚慶)이 입시하여, 대간의 말을 관대하고 겸허한 마음으로 받아들이지 않으면 안 된다는 뜻을 반복하여 간절히 아뢰었다.] 임금의 덕은 천지(天地)와 같은 것입니다. 하늘을 본받아 함용(含容)하여야만 덕이 더욱 커지는 것입니다. 이와 같이 하여 시비가 분명하여지면, 이른바 도가 병행하여 서로 어긋나지 않는다는 것입니다. 대체로 함용만을 힘쓰고 꾸짖는 뜻이 없으면 가부(可否)가 없는 것에 가깝고, 세세한 일까지 살피되 함용의 도가 없으면 근본이 크게 미진한 병폐가 있습니다. 제대로 이 뜻을 알고 편폐(偏廢)하는 일이 없으면 진선 진미하게 될 것입니다. 아랫사람은 성상(聖上)이 함홍(含弘)을 위주로 하시기를 바라니, 신하에게 혹시 미진한 일이라도 있으면 분명하고 소상하게 말씀해 주시는 것이 옳습니다." 하였다.

또 아뢰기를, "부실하다고 전교하신 것도 옳습니다. 요즘 언사(言事)에 있어 부실한 사실이 어찌 전연 없었다고 말할 수 있겠습니까. 풍문(風聞)의 오류는 분변하여 살피기가 매우 어려운 일입니다. 풍문의 법은 당(唐)나라 무후(武后) 때 나온 것으로 무후가 임조(臨朝)하여 천하의 비방을 억압하려고 비로소 밀고의 길을 열었었습니다. 송조(宋朝)에서는 언관을 우대하여 풍문을 허용하였으니 이를 횡포(橫暴)에 이용하면 조작(造作)이 되고, 공정(公正)에 이용하면 정당하게 되는 것입니다. 우리 조종조에서도 풍문을 위주로 하였습니다. 풍문이란 것은 마치 바람 소리가 나면 사람이 듣는 것과 같은 것이니 아랫사람은 들은 바를 자세히 살펴서 아뢰어야 합니다. 그러나 대간에서 이른바 '탐오한 사람'이라고 지칭한 이들도 꼭 장죄(贓罪)를 받는 것이 아니고 파직되는 데 지나지 않을 뿐입니다. 그러므로 조종조의 규구(規矩)도 그러했던 것입니다. 만약 풍문이라 하여 항상 부실하다고 한다면 겁 많은 사람은 구차하게 무사하기만 바라고 논집(論執)하려 하지 않을 것이니, 그 폐단이 없지 않을 것입니다. 부실한 말임이 드러나면 꾸짖어야 하나 진실로 들은 바가 있으면 모두 말하게 하는 것이 옳습니다. 만약 '전일에 한 말이 부실하였는데 지금 무슨 말을 하려 하느냐.'고 한다면 어찌 부당한 일이 아니겠습니까. 신이 보기에 요사이 풍문의 오류를 범한 자도 있기는 합니다. 진주 옥사(晉州獄事)만 해도 어찌 부실한 것이 아니라고 할 수 있겠습니까. 그 말이 전파된 지 오래였으므로 감사(監司)가 듣고 가두었다가 석방시킨 뒤에 물의가 분해하므로 논계한 것이었는데 조사해 보니 또다시 형적이 없었으니, 위에서는 반드시 헛된 일을 가지고 논계하였다고 하실 것입니다. 이종(李悰)의 일에 있어서도 지금 또 이와 같으니 이는 매우 미안스런 일입니다. 위에서는 이 뜻을 아시어 참작하시면 좋겠습니다. 풍문이란 모두 옳다고 할 수도 없고, 또한 모두 그르다고 할 수도 없습니다. 상께서 평탄한 마음으로 이치를 살피시어 사물(事物)이 마음에 와 닿을 때 대공 지정(大公至正)한 마음으로 응하신다면 시시 비비는 각각 그 타당성을 얻게 될 것이고, 만약 한 곳으로 치우쳐 지향(指向)하신다면 뒤에 폐단이 없지 않을 것이므로 이에 아뢰는 것입니다." 하였다.

47. 기대승이 김개의 말을 인하여 면대를 청하였다.

『선조실록』 3권, 선조 2년(1569) 6월 9일.

기대승이 승정원(承政院)의 뜻으로 아뢰기를, "조강에서 김개(金鎧)가 아뢴 것은 존망(存亡)에 관계되는 일이라 신들이 계달할 일이 있는데 필찰(筆札)로는 모두 아뢸 수 없어 면대를 청합니다." 하니, 들어오라고 전교하였다.

48. 문정전에서 기대승 등이 김개의 말이 소인의 말이라고 논박하였다.

『선조실록』 3권, 선조 2년(1569) 6월 9일.

상이 문정전(文政殿)에 나아가자 좌승지 기대승(奇大升), 우승지 심의겸(沈義謙), 좌부승지 김취문(金就文), 우부승지 이담(李湛), 동부승지 송하(宋賀), 주서 윤승길(尹承吉), 한림 정이주(鄭以周)·이산보(李山甫)가 입대(入對)하였다. 기대승(奇大升)이 나아가 아뢰기를, "오늘의 조강에서 김개가 아뢴 말은 극도로 남을 해하려는 마음을 지닌 것으로서 모두 옛날에 소인이 임금을 고혹시키던 말입니다. 신들이 근밀(近密)한 자리에 있으면서 아뢰지 않을 수 없으므로 면대를 청하였습니다. 김개가 경석(經席)에서 이미 끝난 일을 범연히 끌어다가 말한 것이야말로 아무런 내용도 없을 뿐더러 시비도 전도되어 사람들이 모두 의아하고 괴이하게 여깁니다. 다만 노망(老妄)한 사람의 사려(思慮)없는 망발이라 여기고 덮어 두었는데 오늘의 계사(啓辭)를 보니 그 말에 매우 의도가 있습니다. 이른바 '나이 젊은 사람이 삼공(三公)을 두루 비방한다.'고 한 말은 실로 무근한 말로서 새로 만들어 발설하여 사림(士林)을 무함하려는 것이니 어찌 이와 같은 일이 있을 수 있습니까. 예로부터 소인이 군자를 다스림에 있어 조정의 정사를 비방하거나 대신을 업신여기는데도 인주(人主)가 자세히 알지 못하기 때문에 이로 말미암아 화가 일어난 경우가 많습니다. 지금 성명(聖明)이 위에 계시고 대신도 모두 적임자라 할 수 있습니다. 그러나 그 사이에는 어찌 가부 시비(可否是非)의 일이 없겠습니까. 상계 미진한 일

이 있으면 간관이 오히려 힘을 다하여 간쟁(諫爭)하는데 더구나 대신
이야 더 말할 것이 있겠습니까. 외간의 사의(私議)란 없게 할 수가 없
는 것입니다. 이는 대신을 비방해서가 아니라 시비에 관한 일이 자연
있기 때문입니다. 이것을 빌미로 해서 화(禍)를 전가하려고 '경상(卿
相)을 두루 비방한다.'고 이른다면 이는 일망 타진하려는 계획이니 이
것이 어찌 일조 일석의 일이겠습니까. 그 사이에는 그럴 만한 이유가
없지 않습니다. 매우 미안스러우나 위에서 어찌 아시겠습니까. 조정
(朝廷)에서는 옳으면 옳다 하고 그르면 그르다 하는 것이 당연한데,
김개가 사람들로 하여금 남의 허물을 말하지 못하게 한 것은 마치 이
임보(李林甫)가 조사(朝士)들을 경계하며 장마(仗馬)에 비유한 말과
같은 것이며, 김개가 사람들로 하여금 사의(私議)를 하지 못하게 한
것은 곧 진 이세(秦二世) 때 조고(趙高)가 사람들의 입을 봉하게 하여
감히 말을 못하게 한 것과 같습니다. 공자(孔子)는 '오직 나의 말대로
만 하여 나에게 어김이 없게끔 하라고 한다면 그 한 마디 말이 나라
를 망하게 하는 것이다.' 하셨습니다. 이는 범연(泛然)한 듯이나 김개
의 말은 결국 나라를 망하게까지 할 것입니다. 오늘 대간과 시종이
그 대체적인 것만을 계달하였으나 위에서는 나이 많은 사람이라 하여
애석하게 하시는 뜻이 있는 듯하니 매우 부당합니다." 하였다. 심의
겸·김취문·송하 등이 각각 앞으로 나아가, 김개가 시비를 변란(變亂)
시켜 화를 사림에게 씌우려는 죄상을 극력 진달하였다.

기대승(奇大升)이 아뢰기를, "지금 아뢰기를 대체로 다하였습니다. 김
개의 사람됨은 경박(輕薄)하고 식견(識見)이 없다는 말도 과연 옳습니
다. 다만 기묘년의 시비는 어린애와 심부름꾼도 모두 아는 사실인데

김개는 육경(六卿)의 반열에 있으니 전연 그 시비를 모른다고 할 수는 없을 것입니다. 삼가 오늘의 계사를 보니, 특히 기묘년의 일만을 말한 것이 아닙니다. 근래 나이 젊은 사람들이 그 시비를 분명히 가리려 하므로, 이와 같이 그르다고 한 것이며 구함(構陷)하여 바른 말을 못하게 한 것이고, 기묘의 일을 들어서 슬그머니 위의 뜻을 탐시(探試)해 보려고 한 짓이니, 어찌 이와 같이 남을 해칠 마음을 품을 수 있습니까. 평소에는 그 사람을 경박하다 하여 무심(無心)한 자라 하였는데 오늘의 아룀을 보니 그 정상이 뚜렷이 드러났습니다. 대개 소인은 한때는 제대로 행동하지만 그 정상은 마침내 드러나게 되어 있습니다. 김개의 정상도 오늘의 말에서 드러났습니다. 기묘년의 시비는 지금 이미 결정이 났는데, 감히 조광조는 죄가 없다 하고 남곤(南袞)은 온당치 못했다는 것으로 경석(經席)에서 진달하여 상청(上聽)을 현혹시키니 사람마다 놀라워하였습니다. 소신이 간장(諫長)이 되었을 때 공론이 울분해 하여 모두들 그를 탄핵(彈劾)하려 하였으나, 소신의 뜻은 망령된 사람의 무정(無情)한 아룀을 논박하는 것은 부당하니, 조용히 진정시키는 것이 좋다고 하였습니다. 그런 지 얼마 안 되어 곧 본직(本職)에 제수되었는데 그 시비는 대간과 시종이 이미 진계하였으므로, 감히 무정한 일로써 깊이 문책하는 것은 미안하다는 뜻을 계달하였던 것입니다. 지금 와서 보면 소신의 망령된 아룀은 그 죄가 만 번 죽어도 마땅하나, 김개의 이른바 '사람들로 하여금 사의(私議)를 할 수 없게 해야 한다.'는 말은 위에서 마땅히 살펴보셔야 하니, 이는 참으로 상서롭지 못한 일입니다.

삼가 고서(古書)를 보건대, 주 려왕(周厲王)이 비방(誹謗)을 감시하는 법을 제정하여 비방하는 자를 매번 죽이니, 당시 사람들은 '백성의 입을 막는 것은 냇물을 막는 것보다 심한 것이어서 물이 막혀 무너지면 상하는 사람이 많을 것이다.'고 하였습니다. 그러나 여왕(厲王)은 듣지 아니하다가 나라 사람이 배반하여 왕은 체(彘)란 곳으로 유배(流配)되어 죽었으며, 진 시황(秦始皇)은 비방하는 자를 죄주고 둘이 모여 말하는 자도 죽였습니다. 대체로 삼대(三代) 이전과 삼대 이후에는 이처럼 상서롭지 못한 일이 없었으나 진(秦)나라는 이로 말미암아 망하였습니다. 동한(東漢)의 말기에 당고(黨錮)의 화(禍)가 일어나 여러 현자(賢者)가 모두 죽었습니다. 그 때는 혼란하여 공론(公論)이 초야 인사에 있었는데, 일거에 모두 무함되니 동한도 이로 말미암아 망하였습니다. 당가(唐家)의 말기에도 청의(淸議)가 치성하였다는 말은 듣지 못하였습니다. 그런데 주전충(朱全忠)의 청류(淸流)라 지목하여 백마역(白馬驛)에서 선비들을 살해하여 황하(黃河)에 던지니 당나라도 망하였습니다. 예로부터 이와 같은 경우가 한둘에 그치지 않았으나 사람들로 하여금 사의(私議)를 하지 못하도록 해야 한다는 말을 성명(聖明)의 아래에서는 입 밖에 낼 수 없었는데 김개의 아룀이 이와 같으니 그의 정(情)은 비록 소인과는 다르다 하더라도 그 죄는 전고(前古)의 간사한 악(惡)이 모두 그에게 모인 것입니다. 이와 같은 말이 비록 있다 하더라도 신자(臣子)된 자로서는 마땅히 성의와 힘을 다하여 천청(天聽)을 깨닫게 해야 하는데도 무단히 상달(上達)하여 인심이 어지럽히니, 매우 부당합니다.

이른바 '방미두점(防微杜漸)한다.'는 것도 간사한 말입니다. 방미(防微)란 어떤 문제의 기미가 있어 미연(未然)에 방지함을 이르는 말입니다. '나이 젊은 사람들이 대신을 그르다고 한다.'는 것은 설혹 그러한 비어(飛語)가 있더라고 이는 실로 무근한 말입니다. 마땅히 조용히 진정시켜야 할 일인데도 도리어 이 말을 핑계로 사림(士林)을 무함하려 하니 매우 옳지 않습니다. 예로부터 시비는 없을 수 없는 것입니다. 세속(世俗)에서 혹은 '너그럽게 포용하는 것이 옳다.'고 하고, 혹은 '조용히 진정시키는 것이 옳다.'고 하나 이는 모두 그렇지 않습니다. 시비와 사정(邪正)은 서로 용납될 수 없습니다. 음과 양, 낮과 밤의 상반(相反)됨과 같아서, 저것이 이기면 이것은 쇠하고 이것이 이기면 저것은 쇠하게 마련입니다. 그러니 위에서 부득이 그 시비를 결정하셔야 합니다. 물과 불, 얼음과 숯이 한 그릇에 있게 되면 마침내는 해가 있습니다. 한두 사람의 허물을 말하는 것도 오히려 옳지 않는데 더구나 온 세상 사람을 무함하려는 것이야 더 말할 게 있습니까." 하였다.

상이 이르기를, "지금 계사를 들으니 이는 한갓 김개만을 그르다는 것이 아니고 조정(朝廷)을 동요케 하려는 것이니 매우 지나치고 또한 두려워해야 할 일이다. 기묘(己卯)의 일은 시비가 이미 정하여졌는데도 김개가 지금 그것을 말하니 크게 잘못이다. 그러나 이 어찌 뜻이 있어 말하였겠는가. 또 비록 그릇된 일이 있다 하더라도 나라의 시비는 본시 대간과 대신이 있으니 위에서 대신과 논의하여 처리함이 옳다." 하였다.

기대승(奇大升)이 일어났다가 다시 엎드려 아뢰기를, "지극히 황공합니다." 하고, 심의겸(沈義謙)이 일어났다가 다시 엎드려 아뢰기를, "삼가 상의 분부를 받들어 황공하기 그지없습니다. 김개가 조정을 동요시킨 것이지, 신들이 어찌 감히 조정을 동요시키겠습니까.”

하니, 상이 이르기를, “김개의 말은 한 점의 구름이 태양을 가린 것과 같은 것인데 그렇다고 태양의 밝음이 손상되겠는가. 김개만 그르다는 것이 아니고 전조(銓曹)도 잘못이라고 하니 매우 옳지 않다.” 하였다.

기대승(奇大升)이 일어났다가 다시 엎드리며 매우 황공하다고 하고, 이어서 아뢰기를, “지금 ‘본시 대간과 대신이 있다.’고 하시니 지극하신 말씀이라 하겠습니다. 다만 일에는 곡절이 있는 것이므로 직접 계달하고 싶어 청대(請對)하였던 것입니다. 지금 만약 본래 품었던 생각을 모두 아뢰지 않으면 죽어도 그 죄가 남습니다. 무릇 시비와 사정에 관한 일은 그 곡절을 모두 아뢰게 한 뒤에 위에서 듣고 살피시어 변별하시는 것이 좋습니다. 또 말이 이미 나왔으므로 감히 아뢰니다. 소신은 성품이 본래 허망하여 사리를 모르고, 시골서 자라면서 문자(文字)를 대강 익힌 것이 외람되게 헛된 이름을 얻었고 성은(聖恩)을 입어 현직(顯職)에 올랐으니 매우 황공한데, 지금 소신에 대한 말씀을 아뢰게 되어 더욱 황공합니다. 그러나 이쯤 된 이상 아뢰지 않을 수 없습니다.

성상이 즉위하시면서 일들이 모두 청명(淸明)하여 전날 물의(物議)의 버림을 받았던 자들이 모두 오늘날 용납되지 못하고, 소신 같은 자가 연이어 대간과 시종이 되어 즉위하신 이후로 자주 경연(經筵)을 모시면서 회포가 있으면 비록 중대한 일이라도 진달(陳達)하지 아니함이 없었으며 혹은 시행되기도 하여 사람들의 지목(指目)도 받았습니다. 이른바 ‘나이 젊은 무리’라는 것은 역시 소신을 두고 한 말입니다. 신이 만약 피혐(避嫌)한다면 김개의 일을 말할 수 없습니다. 그러나 상은(上恩)이 망극하니 비록 죽음이 닥칠 말이라도 마땅히 모두 아뢰어야 할 일을 어찌 피혐하여 말하지 않겠습니까. 지난번 문소전 (文昭殿)의 일로 의논이 제기되었으나 곧 결정하지 못한 것은 그 사이에 시비가 매우 많아서 대신과의 쟁변(爭辨)이 5~6개월이란 오랜 시일을 끌어왔기 때문입니다. 간사한 사람들이 이 기회를 타고 헛된 말을 날조하여 '나이 젊은 사람이 대신을 온당치 않게 여긴다.'고 하였습니다. 일의 시비는 비록 작은 것이라도 반드시 말을 하여야 결정될 수 있는 것입니다. 만약 모두가 침묵을 지킨다면 어찌 결정을 볼 수 있겠습니까. 그 사이에 뜻을 얻지 못하던 자들이 모두 뜬말을 퍼뜨려 대신의 집을 찾아가서는 '그 사람이 지금 당신을 공박하려 한다.'고 하여 대신을 격노케 하고, 밖으로 나와서는 또 '대신의 말이 이와 같았다.'고 하여 인심을 동요시킵니다. 김개의 말도 무심한 것이 아니므로 입대하여 일체 진달(陳達)하려 한 것입니다.

소신은 거칠게 한 일도 많으나 지난 계해년에 한림(翰林)이 되었다가 사정(司正)으로 체직되었습니다. 출사(出仕)한 지 얼마 안 되었으므로 사람들과 원한을 맺은 일도 없는 것 같은데 무거운 죄를 입어 '위선(爲善)함을 핑계대고 조정(朝廷)을 비방한다.' 하여 삭탈 관직되어 문외 출송되었다가 겨우 수삼일 만에 복직(復職)이 되었으니 성은이 망극한데 요즘의 은수(恩數)는 더욱 많아서 물러갈 수도 없습니다. 이른바 '나이 젊은 무리'란 말에 소신도 끼여 있다 하니 황공하기 이를 데 없습니다. 시비와 사정은 본시 있는 일이니 대신에게 묻고 대간에게 물으신다면 성명(聖明) 아래에 어찌 물러나는 일이 있겠습니까. 또 좌우의 사람들이 대개 알고 있습니다. 전해 들은 바에 의하면 소신이 '영상은 마땅히 파직되어야 하고, 좌상은 마땅히 뺨을 맞아야 한다.'고 하였다고 정승 집에 호소하는 자가 있었다고 합니다. 어찌 이와 같은 놀라운 일이 있을 수 있겠습니까." 하였다.

심의겸(沈義謙)이 아뢰기를, "소신도 들었습니다. 권철(權轍)의 집에 갔더니, 권철이 말하기를 '어떤 사람이 이르기를, 기대승이 나와 한밤에 상종(相從)하며 영상을 모함한다는 말이 있다 하였는데 나와 영상과는 심지가 같고 의기가 합하는데 어찌 이와 같은 일이 있을 수 있겠는가. 또 어느 재상이 와서 말하기를, 기대승이 영상은 마땅히 파직이 되어야 하고 좌상은 마땅히 뺨을 쳐야 한다고 하였다고 하니, 이는 분명 기대승이 말이 아니다. 비록 구사(丘史)라 하더라도 뺨을 칠 수 없을 것인데 더구나 대신의 지위에 있는데 기대승이 어찌 나를 때릴 수 있단 말인가.'고 하였습니다. 또 권철이 그 말을 영상에게 말하니, 영상은 '우리들이 있는데 어찌 이럴 수 있단 말인가.'고 하였다 합니다. 이는 반드시 간인(奸人)이 사림(士林)을 무함하기 위하여 조언(造言)한 것입니다. 비록 상인(常人)이라 하더라도 어찌 뺨을 칠 수 있겠습니까." 하였다.

기대승(奇大升)이 아뢰기를, "대신과 나이 젊은 사람들이 틈이 있다는 말이 어느 곳에서 나왔는지 알 수 없으나, 이는 반드시 유언(流言)일 것입니다. 듣는 자가 그 마음을 공평(公平)하게 가진다면 마땅히 '어찌 이와 같은 말이 있을 수 있는가.'라고 하여 진정시키는 것이 옳습니다. 김개의 아룀은 방미(防微)하려는 것이라고 하나, 거기에는 저의가 있는 것입니다. 역시 이것도 전문(傳聞)인데, 김개가 5~6인을 모함하려 한다고 합니다." 하였다.

상이 이르기를, "5~6인이란 누구인가?" 하였다.

심의겸(沈義謙)이 아뢰기를,"이탁(李鐸)·박순(朴淳)·기대승(奇大升)·윤두수(尹斗壽)·윤근수(尹根壽)·정철(鄭澈)이라 합니다. 이 말은 무함 같으나 그의 말한 바는 이와 같습니다." 하니, 상이 이르기를, "좌승지는 어느 곳에서 들었는가?" 하자, 기대승이 아뢰기를, "지금 심의겸의 아룀에서 그 이름을 지적하였습니다. 어떤 이는 이후백(李後白)이라고 하고 어떤 이는 윤두수라고도 하므로 유전(流傳)하는 말을 자세히 알 수 없습니다. 다만 김개의 아들이 사람에게 말하기를 '아버지가 저들의 소식을 듣고 늘 우려하였으며 진정(鎭定)하려 한다.' 하였으나 그 이름이 누구 누구란 것은 말하지 않았습니다. 이 말이 누설되어 사람들이 모두 알고 있습니다. 뭇들은 체하여 내버려 두는 것이 옳습니다만 헛된 말이 떠돈다는 사실은 위에서 아셔야 할 것이므로 감히 아룁니다." 하였다.

상이 이르기를, "어느 곳에서 들었는가?" 하니, 기대승(奇大升)이 아뢰기를, "소신은 심의겸이 말하여 안 것은 아닙니다. 친구 사이에 전하고 전하여져서 들은 것인데 그 사람도 전하는 것을 들은 것이므로 누구의 말이라고 말할 수 없습니다. 그 언근(言根)을 찾는다면 소신의 죄도 큽니다. 만일 부실(不實)한 경우에는 신은 마땅히 그 죄를 받아야 할 것입니다." 하였다.

상이 이르기를, "그 언근을 찾으려고 묻는 것은 아니다. 다만 좌승지는 신령(神靈)이 아닌데도 스스로 반드시 들은 곳이 있을 것 같아서이다." 하니, 기대승(奇大升)이 아뢰기를, "이에 이르렀으니 소신이 아뢰지 않을 수 없습니다. 정유일(鄭惟一)은 대충 들었고, 정철(鄭澈)

도 듣고서 말하였으며 심의겸도 듣고서 말하였습니다." 하였다.

심의겸이 아뢰기를, "소신은 부월(鈇鉞)도 피하지 아니할 것인데 어찌 일체 아뢰지 않겠습니까. 소신은 믿을 만한 재상으로부터 들었습니다. 말하라 명하신다면 진달하겠습니다." 하니, 상이 이르기를, "누가 말하던가?" 하였다. 심의겸이 아뢰기를, "신이 대제학 박순(朴淳)을 만나니, 이탁(李鐸)에게 듣고 말하는 것이라 하며 이어서 신에게 말하기를 '김개가 나 및 이탁·윤근수 형제, 이후백·기대승을 모함하려 한다. 요란스레 말하나 관계되지는 않을 것 같다.'고 하였으며, 참지(參知) 박근원(朴謹元)도 이 말을 듣고 신에게 말하기를 '이와 같은 말이 있으니 가소롭다.'고 하였고, 또 이탁은 '믿을 만한 곳에서 들었다.' 하였으며, 이담(李湛)도 이 말을 들었습니다." 하였다.

기대승이 아뢰기를, "이탁과 박순은 시망(時望)이 없지 않으므로 간인(姦人)이 시기하는 것입니다. 소신은 무상(無狀)한데 외람되이 헛된 이름을 얻어 외부의 제목(題目)이 되고 있으니 매우 황공합니다." 하니, 상이 이르기를, "김개가 모함하려는 재상이 한둘에 그치지 않는다 하니, 이는 그렇지 아니하다. 김개는 필부(匹夫)로서 어찌 그 많은 사람을 모함할 수 있단 말인가." 하였다.

기대승이 아뢰기를, "김개의 아룀은 매우 황당(荒唐)한데 또 저와 같은 말이 있습니다. 오늘의 아룀으로 보면 이른바 '나이 젊은 사람이 두루 삼공을 비방한다.'고 한 말은 그 뜻이 없는 것이 아닙니다." 하였다.

심의겸이 아뢰기를, "그 말이 헛된 것이라면 김개의 아룀은 공언(空言)일 것입니다. 그렇지 않다면 반드시 두서너 사람과 체결(締結)

하여 고변(告變)하기를 정순붕(鄭順朋)·남곤(南袞)처럼 하려 했을 것입니다." 하였다.

김취문(金就文)이 아뢰기를, "간사한 자가 조정에 있으면 자연 화평(和平)할 수 없습니다." 하였다.

상이 이르기를, "김개가 두서너 사람과 체결하였다고 하였는데, 체결한 자는 어느 사람인가?" 하였다.

기대승이 아뢰기를, "그가 장차 하려는 일에 대해서는 알 수 없으나 다만 그의 말을 살펴보면 체결한 자가 있는 것 같습니다. 지금 형상(形狀)이 아직 드러나지 않은 말을 가지고 죄를 가하려는 것은 아닙니다. 다만 그 말이 매우 그르니 위에서 마땅히 아셔야 할 것입니다. 인신(人臣)의 사정(邪正)과 시비(是非)를 어찌 모두 알겠습니까. 신들이 아뢴 말과 타인이 아뢴 말을 참작하여 결단하시면 자연 누가 옳고 누가 그르다는 것을 아실 것입니다. 대신과 대간의 말을 듣는다면 알 수 있을 것입니다. 다만 시비와 사정은 예로부터 함께 용납될 수 없었으므로 지금 그 곡절(曲折)을 모두 아뢰려는 것입니다. 소인들이 선류(善類)를 해함에 있어 혹은 비방하거나 붕당(朋黨)을 짓는 것은 오랜 옛적부터 똑같은 것으로 위에서 전사(前史)를 보시면 소상하게 아실 것입니다. 불행히도 오늘날에 그러한 일이 있는데, 어찌 이와 같은 일이 있을 수 있습니까. 김개는 본래 지식이 없는 사람입니다. 명종(明宗)께서 말년에 심열(心熱)이 있어 항상 편찮으셨는데 을축년에 문정 왕후가 승하하시자 상중(喪中)에 계시며 더욱 편치 않으셨으니, 신자의 애닯고 절박한 정은 진실로 우연한 것이 아니었습니다. 다만 김개는 그때 상소하여 조병(調病)의 도를 말하고, 또 총재

(冢宰)에게 정사를 맡겨야 한다고 하였습니다. 윤원형(尹元衡)은 당시의 영상으로서 김개가 원형의 사람됨을 모르지 않았을 텐데도 총재에게 정사를 맡기라고 청하였으므로 당시 사람들은 모두 이를 통분하게 여겼습니다." 하였다.

상이 이르기를, "그르게 여긴다면 김개의 말은 이미 드러났으며 마땅히 이로써 그르다 함이 옳다. 다만 두서너 사람이 체결하였다는 것과 또 전조(銓曹)도 잘못이라는 말은 현재 드러난 일이 없음에도 이와 같이 말하니, 너무 경솔하게 말한 것 같다. 김개의 일은 대신들과 의논하여 처리하겠다." 하였다.

기대승이 아뢰기를, "'대신들과 의논하여 처리하겠다.' 하시고, 또 '마땅히 드러난 것을 가지고 그르다고 해야 한다.' 하시니, 이는 천지(天地) 같은 도량이므로 감격스럽기 그지없습니다. 또 '두서너 사람과 체결하였다는 말은 경솔하게 하는 말 같다.' 하시니 이 또한 지극한 말씀입니다. 다만 전조를 그르다고 한 것은 사실 공정한 말입니다. 전조는 한 나라의 사람 쓰는 권한을 잡고 있으니 마땅히 어려워하고 조심하여 널리 중의(衆議)를 채택하여 임용해야만 합니다. 만약 스스로의 의사대로만 한다면 또한 그르지 않겠습니까. 지금 전조에 어찌 드러난 실책이 없겠습니까. 대신이 불허(不許)하였고, 공론이 불허하였는데도 뜻밖에 김개를 대사헌으로 삼아 조정을 요란케 하였고, 사림(士林)의 화(禍)의 터전을 마련하였으니, 전조에 죄가 있다고 아니할 수 없습니다. 이와 같은 일은 위에서 마땅히 그 그른 것을 아셔야 합니다." 하고, 또 아뢰기를, "승정원(承政院)은 간관도 아니고 대신도 아니며 다만 왕언(王言)의 출납만을 관장하므로 후설지임(喉舌之任)

이라 말합니다. 후설이란 곧 한 몸의 가장 중요한 기관입니다. 대신과 대간이 말하지 못하는 것도 말을 하므로, 옛사람은 내상(內相)이라 일컬었습니다. 일에 따라 규정(規定)하고 마음에 품은 생각이 있으면 곧 아뢰므로 경연(經筵)과 춘추(春秋)의 직책도 모두 정원을 겸임하는 것인데 지금은 그 직임을 다하지 못하고 있어 세속에서 이은(吏隱)이라 합니다. 그러나 신들은 성명(聖明)의 시대를 만나 직책을 욕되게 차지하고 있는데 한갓 관직만을 탐하여 평소의 회포를 아뢰지 않는다면 평소에 유자(儒者)로 세웠던 뜻을 지금 어디에다 쓰겠습니까. 이러므로 면대(面對)하여 모두를 아뢰려 한 것입니다. 위에서 혹시 '이는 대간과 대신이 할 일인데 정원이 어찌 이런단 말인가.' 하신다면 어찌 미안스럽지 않겠습니까. 신들이 교체(交遞)되어 떠나고, 타인이 이 자리에 와도 마땅히 말하여야 할 일이 있으면 반드시 모두 말하는 것이 옳습니다. 근신(近臣)이 말하지 않으면 소원한 신하가 어찌 말할 수 있겠습니까. 근신이 반드시 말을 다 할 수 있어야 마치 사람의 일신(一身)에 혈맥이 유통하는 것과 같이 모든 일을 할 수 있는 것입니다. 혹 중대한 관계가 있는 일이 있는데도 정원이 말하지 않았다가 그 뒤 상께서 깨닫고 '근밀(近密)한 신하가 어찌하여 말하지 않았단 말인가.'고 책하신다면 죽어도 죄가 남습니다. 이와 같이 아뢰면 밖으로는 사람들과 원망을 맺는 일이 많고, 위로는 천위(天威)를 거스르는 일이 많아서 황공스럽기 그지없으나 말하지 않는다면 일신에만 죄가 있는 것이 아니라 조정(朝廷)도 욕되게 하는 것이므로 감히 아뢰는 것입니다.

소신에게 절박한 사정이 있어 벌써부터 상달하려 하였으나 한 몸의 사사로운 일로 천청(天聽)을 번거롭게 하는 것은 매우 황공하므로 감히 아뢰지 못하였습니다. 소신은 별로 지식도 없고 기품(氣稟)의 병도 많으며 망령된 일도 있으나 불행히도 문자를 대략 아는 것으로 인하여 외람되이 헛된 이름을 얻었습니다. 지난번 이황(李滉)이 물러갈 때 위에서 인견하시고 글을 아는 사람을 두루 물으시자 이황이 소신이 이름을 들어 계달하였으니, 황공스러움을 금할 수 없습니다. 이황이 돌아갈 때 한강(漢江)에 나아가 묵었었습니다. 소신이 가서 보고 '계달한 말을 듣고 지극히 민망하고 절박하였다. 어찌하여 천청을 번거롭게 하였는가.' 하였더니, 이황은 '나는 항상 밖에 있었고, 경사(京師)에 와서도 왕래하지 않았으므로 본래 아는 사람이 없다. 그대는 전날 서로 간서(簡書)를 통하여 학문을 논하였으니, 내가 아는 사람은 오직 그대뿐이다. 그대가 남보다 훌륭해서가 아니라, 다만 주상께서 하문하시는데 아뢰지 않을 수 없어서 아뢴 것이다. 옛사람도 자기가 아는 사람을 추천하였다. 그대가 어찌 혐의한단 말인가.'라고 하였습니다. 이 말을 듣고 소신의 마음은 약간 놓았습니다. 그후 지목(指目)하는 이가 매우 많았고 '이황이 아무를 추천하였다.'고 하여, 얼굴을 들고 다니기도 어려웠습니다. 위에서 혹시 문장을 아는 사람으로 여기신다면 이는 곧 임금을 기망한 것이라 황공하기 이를 데 없어 병을 호소하여 훼방(毁謗)을 피해 보려고도 하였고, 서로 아끼는 친구들도 '너는 헛된 이름을 얻었으니 종당에 가서 어찌할 것인가.' 하고 경계하는 자도 많았는데 연이어 가까운 곳에서 모시게 되어 물러갈 수도 없었습니다. 불행히도 또 이 일을 만나서 소신의 이름이 그 가운데 끼었습니다. 소신이 만약 몸을 근신(謹愼)하였더라면 어찌 이에 이르렀겠습니까. 더욱 황공하여 어찌할 바를 모르겠습니다. 민망하고 절박한 심정을 탑전(榻前)에 모두 아뢰려고 하는 것입니다. 소신이 침착하지 못하여 세사(世事)도 모르는데 이와 같은 청명(淸明)한 조정에서 남에게 지목받고 있으니 어찌 민망하고 절박한 일이 아니겠습니까." 하였다.

49. 기대승 등이 역사를 공부하는 법을 논하였다.

『선조실록』 3권, 선조 2년(1569) 6월 20일.

상이 문정전 석강에 나아갔다. 『근사록(近思錄)』 제2권을 진강하였다.

기대승이 나아가 아뢰기를, "지난번 장필무(張弼武)를 인견하실 때 전교하시기를 '장비(張飛)의 고함에 만군(萬軍)이 달아났다고 한 말은 정사(正史)에는 보이지 아니하는데 『삼국지연의(三國志衍義)』에 있다고 들었다.' 하였습니다. 이 책이 나온 지가 오래 되지 아니하여 소신은 아직 보지 못하였으나, 간혹 친구들에게 들으니 허망하고 터무니없는 말이 매우 많았다고 하였습니다. 천문(天文)·지리(地理)에 관한 책은 이전에는 숨겨졌다가 나중에 드러나는 일이 있기도 하지만, 사기(史記)의 경우는 본래 실전되어서 뒤에 억측(臆測)하기 어려운 것인데 부연(敷衍)하고 증익(增益)하여 매우 괴상하고 허탄하였습니다. 신이 뒤에 그 책을 보니 단연코 이는 무뢰(無賴)한 자가 잡된 말을 모아 고담(古談)처럼 만들어 놓은 것입니다. 잡박(雜駁)하여 무익할 뿐 아

니라 크게 의리를 해칩니다. 위에서 우연히 한번 보셨으나 매우 미안
스럽습니다. 그중의 내용을 들어 말씀드린다면 동승(董承)의 의대(衣
帶) 속의 조서(詔書)라든가 적벽(赤壁) 싸움에서 이긴 것 등은 각각
괴상하고 허탄한 일과 근거없는 말로 부연하여 만든 것입니다. 위에
서 혹시 이 책의 근본을 모르시는 것은 아닐까 하여 감히 아룁니다.
이 책은 『초한연의(楚漢衍義)』 등과 같은 책일 뿐 아니라 이와 같은
종류가 하나뿐이 아닌데 모두가 의리를 심히 해치는 것들입니다. 시
문(詩文)·사화(詞華)도 중하게 여기지 않는데, 더구나 『전등신화(剪燈
新話)』나 『태평광기(太平廣記)』와 같은 사람의 심지(心志)를 오도하
는 책들이겠습니까. 위에서 무망(誣罔)함을 아시고 경계하시면 학문
의 공부에 절실(切實)할 것입니다." 하였다.

　또 아뢰기를, "정사(正史)는 치란(治亂)·존망(存亡)에 관한 것이 모
두 실려 있어서, 보지 않아서는 안 됩니다. 그러나 한갓 문자만을 보
고 사적(事迹)을 보지 않는다면 역시 해가 있습니다. 경서(經書)는 심
오하여 이해가 어렵고, 사기(史記)는 사적이 분명하지 않습니다. 사람
들이 경서는 싫어하고 사기를 좋아함은 온 세상이 모두 그러합니다.
그러므로 예로부터 유사(儒士)가 잡박(雜博)하기는 쉽고 정미(精微)하
기는 어려웠던 것입니다. 『전등신화』는 놀라우리만큼 저속(低俗)하고
외설적(猥褻的)인 책인데도 교서관이 재료를 사사로이 지급하여 각판
(刻板)하기까지 하였으니, 식자(識者)들은 모두 이를 마음 아파합니
다. 그 판본(板本)을 제거하려고도 하였으나 그대로 오늘에 이르렀습
니다. 일반 여염 사이에서는 다투어 서로 인쇄하여 보고 있으며 그
내용에는 남녀의 음행(淫行)과 상도(常道)에 벗어나는 괴상하고 신기

한 말들이 또한 많이 있습니다. 『삼국지연의』는 괴상하고 탄망(誕妄)
함이 이와 같은데도 인출(印出)하기까지 하였으니, 당시 사람들이 어
찌 무식한 것이 아니겠습니까. 그 문자를 보면 모두가 평범한 이야기
이고 괴벽(怪癖)한 것뿐입니다. 옛사람들은 '첫째는 도덕(道德)이라.'
하였고, 또 '첫째는 대통(大統)이라.' 하였습니다. 동자(董子)도 '육경
(六經)의 과목(科目)에 들어 있지 않는 것은 모두 폐기하라.'고 하였습
니다. 왕자(王者)가 백성을 인도함에 있어 마땅히 바르지 않은 책은
금해야 합니다. 이는 그 해가 소인과 다름이 없습니다. 옛 임금 중에
가끔 사화(詞華)를 좋아하고, 염려(艶麗)를 숭상하는 이가 있었습니다.
그러므로 영명(英明)한 군주가 천분(天分)이 매우 높으면 후세에 유전
(流傳)하는 시편(詩篇)이 있는데, 저 수 양제(隋煬帝)·진 후주(陳後主)
같은 이는 지나치게 유의(留意)하다가 마침내는 망국하는 데에 이르기
까지 하였으니, 인주(人主)가 사화에 전념한다는 것은 말하기도 부끄
러운 일입니다. 시가(詩家) 가운데에는 옛사람의 성정(性情)을 읊은
글이 있기는 하나, 역시 과장 잡란(誇張雜亂)한 말이 있으니 위에서도
아셔야 할 일입니다. 우리 유자(儒者)의 학문 가운데에는 정주(程朱)
의 논의가 매우 옳은데, 근래 중원으로부터 유포되는 책이 한두 가지
가 아닙니다. 설문청(薛文淸)의 『독서론(讀書論)』도 그중의 하나입니
다. 현재 이를 인출(印出)하고 있으나, 그의 의논도 역시 흠이 없지 않
으니 배우는 자는 참고해 보는 자료로 삼는 것이 옳습니다. 근래 배우
는 자가 정주의 글은 심상히 여기고 새로 나온 책을 보기 좋아 하니
이 또한 해가 많습니다. 위에서는 아셔야 할 일입니다." 하였다.

윤근수(尹根壽)가 아뢰기를, "『독서론』은 곧 설문청의 저서로서 그

사람이 천순(天順) 연간에 입각(入閣)하였는데 거취(去就)가 매우 바르고 진정 학문에 종사하는 사람이었습니다. 그의 의논이 어떠했는지 알지 못하나 그 서책은 우연한 것이 아닙니다. 그러나 정주 외에 더욱 밝힐 논의가 어디 있겠습니까. 『사서장도(四書章圖)』를 문청(文淸)은 파쇄(破碎)하다 하여 더욱 배우는 자로 하여금 의심을 갖게 하였습니다. 그 책에서 논한 태극(太極)은 또한 기(氣)를 우선하였으므로 문청도 노씨(老氏)의 학설이라고 평하였습니다. 『사서장도』를 지금 비록 인출하였으나 이러한 뜻은 마땅히 아셔야 할 것입니다. 근래 인출한 것으로는 또 『황명통기(皇明通紀)』가 있습니다. 무릇 역사를 저술하는 자는 반드시 한 나라의 종시(終始)를 보고 작성하여야 정사(正史)라 할 수 있습니다. 그러나 이 책은 한때의 견문(見聞)을 가지고 만들었으니 취사(取捨)한 의논이 어찌 바를 수 있겠습니까. 그 의논을 보면 바르지 못한 것도 많습니다. 우리나라가 지성으로 사대(事大)하여 한집같이 보고 있으니 집에서 조용히 보는 것은 괜찮겠으나 당대의 역사 기록을 백관에게 반포하기까지 한다는 것은 부당한 일입니다.”하였다.

기대승이 아뢰기를, “정복심(程復心)의 『사서장도』는 당판(唐板) 1권이 있는데 지금의 이른바 『사서장도』와는 내용이 다릅니다. 이는 틀림없이 그것을 바탕으로 하여 증익(增益)한 것입니다. 『심통성정도(心統性情圖)』는 정복심이 만든 것입니다. 이황(李滉)이 이를 모방하여 만들었는데 중도(中圖)와 하도(下圖)는 온당치 않은 곳이 있으므로 다시 고쳐 만들었고, 『서명심학도(西銘心學圖)』도 역시 복심이 만든 것인데 이황(李滉)이 전적으로 이에 의해 만들었습니다. 이황이 그

책을 얻어가지고 계달하여 인출(印出)해 반포하려다가 태극(太極)을 논한 곳에 근본이 크게 잘못된 곳이 있어서 배우는 자를 오도(誤導)하게 될까 두려워하여 마침내 실행에 옮기지 못하였습니다. 위에서 먼저 이 뜻을 아시면 후일 반드시 짐작이 있으실 것입니다. 『황명통기』에는 좋은 말이 많이 있으나, 일대(一代)의 일을 모르는 사람이 없는데 인출해 반포까지 하는 것은 미안할 듯 싶습니다. 역사로 본다면 그에 대한 취사는 우리에게 있는 것이니 크게 해로울 것이 없으나 그 시비와 거취(去就) 문제에 있어서는 잘못된 곳이 많기도 합니다. 그 책의 저자인 진건(陳建)의 사람됨을 알지 못하겠으나 대개 성패(成敗)와 이둔(利鈍)을 모두 하늘에 돌려서 예악(禮樂)과 형정(刑政)은 그 도를 쓸 데가 없게 만들었으며, 태종(太宗)의 혁명과 모든 승패의 자취를 전부 하늘로 돌리었으니, 이도 바르지 못한 일입니다." 하였다.

50. 기대승이 앞 시대에 소인이 득세한 사실을 진달하였다.

『선조실록』 3권, 선조 2년(1569) 윤 6월 6일.

상이 문정전(文政殿)의 주강에 나아가 『논어』 양화편(陽貨篇)을 강하였다.

상이 이르기를, "저번에 '윤원형(尹元衡) 시대에는 직언하는 사람이 하나도 없었으니 우리나라 사람은 본래 중국만 못하다.'16월 7일에 심의겸(沈義謙)이 경연 석상에서 아뢰기를 '우리나라 사람은 기력이 없고 나약합니다. 중국에서는 엄숭(嚴嵩)이라는 자가 바야흐로 뜻을 얻어 제멋대로 악행을 저지를 때, 직간하던 신하가 살육당하는 것을 추응룡(鄒應龍)이 목도하고는 피하지 않고 직언하였습니다. 그런데 우리 선왕조에서는 20년 동안 한 사람도 말한 자가 없었습니다.' 하니, 정탁(鄭琢)이 아뢰기를 이 말이 맞습니다.' 하였고, 윤근수(尹根壽)는 아뢰기를 '우리나라는 국토가 한쪽 변방에 치우쳐 있어 품성이 후하지 못한데, 중국 사람들은 쇠약하고 혼란한 세상을 당할 때마다 일컬을 만한 선비가 많이 나왔습니다. 엄숭이 권력을 전횡하자 급사중(給事中) 양계성(楊繼盛)이 엄숭의 죄를 논했다가 살해되고 왕숭무(王崇武)는 유배되었지만 끝내는 추응룡이 탄핵의 상소를 하여 축출하고 말았습니다. 윤원형이 국권을 잡고 있을 당시 신하 중에 그 누구도 그의 죄를 말한 사람이 없었으니, 살기를 탐하고 죽음을 두려워함이 극심하다고 하겠습니다.' 하였다. 상의 분부는 대개 이것을 지적한 것이다.] 하였는데, 이 말을 내가 다시 생각해 보니, 그 의논이 바르지 못할 뿐만 아니라 뒤 폐단이 끝이 없으리라 여겨진다." 하였다.

기대승(奇大升)이 아뢰기를, "아뢰게 된 연유는 알 수 없지만 그 발언이 과격했던 것만은 사실입니다. 하늘에서 부여받은 품성은 본디 후박(厚薄)의 차이가 없는 것인데, 우리나라가 중국보다 반드시 못하다고 말하는 것은 어폐가 있는 것 같고, 그것을 공식 석상에서 버젓이 이야기한다면 편벽되었다고 말하지 않을 수 없습니다. 이른바 '윤원형 당시에 그 잘못을 말하지 않았다……' 한 것은 분격해서 나온 이야기였을 것입니다.

중국의 경우는 엄숭(嚴嵩)이 바야흐로 활개를 칠 때에 직언을 하다가 죄를 받는 자가 계속 나오는데도 피하지 않았는데, 우리나라의 경우는 권간이 국권을 잡았을 때 초야의 선비만 입을 다물고 말하지 않았던 것은 아닙니다. 조정에서 국은을 받은 자로서 혹 그 간당의 무리인 줄 몰랐거나 그 하수인 노릇을 한 자는 말할 필요도 없습니다만, 당시, 선인(善人)으로 좀 칭찬을 받던 사람들도 역시 발언을 제대로 하지 못하면서 조정에서 물러나지 않고 구차하게 부귀의 자리를 잡고 있었으니 잘못이라고 이를 만합니다.

근래에 풍속을 갑자기 잘못되었습니다. 조종조에서는 악한 자를 배격하고 선한 자를 포양(襃揚)했기 때문에 연소한 사람에게까지도 지나치게 베푼 일이 많았고, 성묘(成廟) 때에는 사림의 기운을 배양했기 때문에 폐조(廢朝)의 무오(戊午)·갑자(甲子)의 사화를 겪으면서 사림들이 타격을 받은 것이 극에 달했습니다. 그러다가 중묘(中廟)의 반정(反正) 후로 10여 년 동안 국사에 면려하여 사기(士氣)가 면면히 이어져 오다가 그 뒤 윤원형이 권세를 잡으면서 인심이 크게 잘못되었습니다.

그러나 지금은 성상께서 위에서 계셔서 마음속에 품은 바를 모두 말할 수 있게 되었습니다. 다만 최근 20여 년 동안 친구나 향당 간에서 직기(直氣)의 선비를 보기 드물게 되어, 옳지 못한 일을 보더라도 말하지 않으며 혹 어떤 사람이 그 일을 논하면 소란을 피운다 하고 모든 일에 누구나 간여하려 하지 않습니다. 그래서 그러한 당대의 잘못된 풍습을 민망해 한 나머지 격하여 한 발언이었을 것입니다." 하였다.

또 아뢰기를, "위에서는 당대 풍습의 잘못된 점을 아시어 강대(剛大)하고 직방(直方)한 기운을 배양하셔야 합니다. 한(漢)나라 말기에 강대하고 직방한 기운이 흉악한 무리에게 꺾인 나머지 순숙(荀淑)의 발언이

손순(遜順)했기 때문에 그 자손이 거꾸로 조씨(曹氏)의 신하가 되고 말았습니다. 중용(中庸)의 도는 오직 성인만이 할 수 있는 것이니, 그 경지에 이르지 못한 사람들은 마땅히 기절(氣節)을 뇌락(牢落)하게 가져서 강어(强禦)한 자들을 두려워하지 않도록 힘써야 할 것입니다. 평소에 얼굴색과 언사를 바르게 한 연후에야 환란에 임하여 절개를 지켜 의리에 죽을 수 있는 것입니다. 소신은 항상 친구간에 말하기를 '우리들 사이에서 말을 곧게 하고 얼굴색을 바르게 하지 못한다면 어떻게 임금 앞에 나아가서 제대로 말할 수 있게 되기를 바라겠는가.' 하였습니다. 현세의 풍습이 이미 잘못되어 있으니 어떻게 절개를 지켜 죽음으로 의리를 지키는 신하들을 많이 얻을 수 있겠습니까." 하였다.

상이 이르기를, "조종조의 일은 모르겠지만 전조(前朝)가 쇠란하고 위망에 직면했을 즈음에 윤원형보다 심한 간인(奸人)이 없지 않았건마는 그래도 역시 정직(正直)한 선비들이 있었으니, 이를 보면 사람의 성품이 구획된 것이 아니라는 것을 알 수 있다." 하였다.

기대승이 아뢰기를, "전조의 일로 전교하시니 매우 감격스럽습니다. 소신의 혼미하고 용렬한 의견으로는 그 일을 생각할 때마다 이런 생각이 들었습니다. 전조의 기강이 바야흐로 문란해졌을 때 우리 태조(太祖)께서 동정 북벌(東征北伐)하시어 생민들을 크게 구제하심으로써 하늘이 명을 내리고 백성이 귀의하게 되었으니 이치상으로 나라의 주인이 되심이 당연하거늘, 고려의 신하들 중에는 부지해 보려다가 끝내 안 되자 마침내는 절개를 지켜 죽은 사람도 있고, 대간의 신분으로서 자기 몸을 생각하지 않다가 죄를 입어 죽은 사람도 있으며, 혁명한 후에도 은퇴하여 벼슬하지 않은 사람이 있는가 하면 우리 조정에 벼슬은 하면서도 그 당시의 기개와 절조가 범연치 않은 사람들이 있었습니다.

우리 조선조에 이르러서는 유배되고 죽임을 당한 명사들이 많았는데도 뒷사람들은 위축되지 않고 모두들 떨쳐 일어날 것을 생각하였습니다. 그런데 근래에 무척 안타깝고 염려되는 일이 있습니다. 풍속이 급격히 크게 잘못된 데로 돌아가 한때의 숭상하는 풍조가 모두 말하지 않는 것을 현명한 것으로 삼아온 지 거의 20여 년이 되었습니다. 사대부 중에도 말을 하지 않고 자신을 지키는 자는 서로 추천하여 좋은 관직을 대부분 점거하고 있기 때문에 근래에는 국가에 큰일이 없었습니다. 그리하여 친구 간에 탄핵하여 논박하는 일은 소소한 것이라도 역시 하지 않습니다.

그러나 조종조의 일을 듣건대, 평소에 서로 친분이 두터운 사이라도 탄핵하여 논박하는 일을 서슴지 않았다고 합니다. 그러므로 세종조(世宗朝)에 하연(河演)이 영상 겸 이조 판서가 되고 최부(崔府)가 이조 판서가 되어 정사(政事)로 서로 비난하자, 대간이 상의 앞에 나와 논핵하기를 '최부는 말할 것도 없지만 하연도 잘못입니다.'라고까지 하였는데 이 때 하연과 최부는 상의 앞에 있으면서 황공하여 숨을 죽이고 있다가 밖에 나와서야 얼굴빛이 펴졌다고 합니다. 지금은 조금이라도 반박하는 말이 있으면 반드시 '무슨 마음을 먹었기에 이런 말을 하는가? 이 사람은 다른 마음이 있는 것이 분명하다.' 할 것입니다. 이처럼 풍속이 잘못되어 있으나 위에서 어떻게 그 곡절을 알 수 있겠습니까.

윤원형이 권세를 잡고 있을 때 당시 정승이라는 자들도 감히 한마디도 하지 못했으며 양사의 장관을 모두 그 문하의 인물들로 삼았으므로 공적인 일에 있어서만 가부를 논할 수 없었던 것이 아니라 약간만 어떤 의향을 내비쳐도 사람들이 모두 미리 그 뜻에 영합하여 성사시키는 형편이었습니다. 그러므로 첩의 아들을 허통(許通)시키는 일만 해도 원형이 약간 의향을 드러내 보이자 다른 사람들이 앞서 날뛰며 성사시켰던 것입니다.

그러나 악행이 쌓여 오래 되어 명종(明宗)이 그의 흉악하고 사특함을 환히 알게 되면서 싫어하고 괴로워하는 기색이 없지 않자 사람들이 위의 뜻을 알게 되었고, 따라서 논박하여 아룀으로써 죄를 주게 되었으니, 명종이 만약 악으로 여기지 않았다면 지금까지도 어떻게 그를 제거할 수 있겠습니까. 요즈음의 일에 대해서는 그다지 자세한 내막을 알 수는 없습니다만 아뢴 말이[우리나라 사람은 중국만 못하다고 한 말을 가리킨 것이다.] 뭔가 의미가 있지 않겠습니까. 이 점을 유념하셔야 할 것입니다.

주상께서 임어(臨御)하신 지 이제 3년이 됩니다. 여러 신하들 가운데 밖에 있어 소원(疏遠)한 자들은 아실 수 없겠지만 혹 특진관(特進官)으로 입시하는 재상이나 대간·시종의 사람들이야 상께서 무슨 일인들 모르시겠습니까. 대개 현재의 풍습은 모두 말하지 않는 것을 귀하게 여기고 있습니다. 그 어떤 사람이 과오가 없겠습니까. 과오에 대해서는 논할 수 있는 것입니다. 만약 그 과오를 공적인 입장에서 이야기할 경우, 듣는 자는 성을 내지 않아야 하고 말하는 자는 꺼리지 않아야 합니다. 그런데 말하는 자가 꺼리고 듣는 자가 성을 낸다면 비록 과실이 있어도 입을 꼭 다물고 말하지 않다가 큰 잘못이 있게 된 연후에야 책벌이 따르기 때문에 조정이 안정되지 못하는 것 입니다.

구중 궁궐의 상께서 어떻게 아시겠습니까. 반드시 입시하는 신하들이 계달한 연후에야 아실 수 있습니다. 위에서 반드시 아신 뒤에야 정사와 교화가 행해질 수 있는 것이니 각별히 유념하소서. 치도(治道)를 물어 보시면 현재의 일도 알 수 있고 신하의 현능(賢能) 여부도 분변할 수 있습니다.

송(宋)나라 때 부필(富弼)은 훌륭한 정승이었습니다. 부필이 말하기를 '임금은 별다른 직임이 없고 다만 군자와 소인을 분별하는 것으로 직임을 삼아야 한다. 군자와 소인이 같이 있게 되면 군자가 이기지 못하는 것은 필연적인 형세이다. 군자가 이기지 못하면 몸을 이끌고 물러나 태연히 도를 즐기는 생활을 하지만, 소인이 이기지 못하게 되면 온갖 방법으로 선동하고 얽어매어 반드시 이기고 난 뒤에야 그만둔다. 그리고 그가 권세를 잡고 나면 마침내 선량한 사람들에게 마음대로 해독을 끼치게 되니 그때 가서 천하가 어지럽지 않기를 구한들 가능하겠는가.' 하였습니다. 후세의 임금된 자는 이 점을 마땅히 경계해야 할 것입니다.

군자와 소인의 변별이 없다면 큰 혼란을 초래하게 될 것입니다. 군자와 소인 사이는 마땅히 밝고 엄하게 변별한 뒤에야 정치의 효과가 이로부터 나오게 됩니다. 향기로운 풀과 더러운 냄새를 풍기는 악초가 같이 있게 되면 악취만 있게 되고, 곡식을 심고 가라지를 제거하지 않으면 좋은 곡식을 해치게 됩니다. 그러므로 나라를 다스림에 있어서도 반드시 군자를 돕고 소인을 막은 뒤에야 국사가 옳게 되는 것입니다.

옛적에 육지(陸贄)는 위아래의 정의(情義)가 통하지 않는 것을 논하면서 제거되지 않은 아홉 가지 폐단을 말했습니다. 이른바 아홉 가지 폐단이라는 것은 위에 여섯 가지가 있고 아래에 세 가지가 있습니다. 남을 이기기를 좋아하는 것, 허물 듣기를 부끄러워하는 것, 변명하며 합리화시키는 것, 총명함을 자랑하는 것, 위엄으로 겁주는 것, 강곽한 행위를 제멋대로 하는 것, 이 여섯 가지는 임금에게 있는 폐단입니다. 아첨하는 것, 거취를 결정하지 않고 형세를 관망하는 것, 겁내며 두려워하는 것, 이 세 가지는 신하에게 있는 폐단입니다. 위에서 이기기를 좋아하면 반드시 아첨하는 말을 달갑게 여기고, 위에서 과오를 듣기를 부끄러워하면 반드시 직간(直諫)을 꺼리게 마련이니, 이렇게 되면 아첨하는 자들이 그 뜻을 순종만 하게 됩니다. 위에서 한사코 변명을 일삼으면 다른 사람을 말로 꺾고, 위에서 총명을 자랑하면 다른 자들이 속인다고 미리 생각하게 마련이니, 이렇게 되면 형세를 관망하는 자들이 스스로 편하게 여깁니다. 위에서 위엄으로 겁을 주면 반드시 자신의 뜻을 낮춰 아랫사람들을 접하지 못하게 되고, 위에서 마음대로 강곽한 행위를 자행하면 반드시 허물을 뉘우쳐 고치려 하지 않을 것이니, 이렇게 되면 겁내며 두려워하는 자들이 죄를 피하게 됩니다. 이중에서도 허물 듣기를 부끄러하는 것과 총명함을 자랑하는 폐단은 옛날부터 영명한 군주일수록 더욱 면하기 어려웠습니다." 하였다.

신응시(辛應時)가 아뢰기를, "신돈(辛旽)이 마음대로 권력을 행사할 때 온 조정이 그를 추종하였는데 유독 정추(鄭樞)와 이존오(李存吾)만이 상소하여 그를 논박했습니다. 그런데 윤원형 당시에는 임금이 고립되었는데도 조정의 뭇 신하들 중에 한 사람도 간언하는 자가 없었습니다." 하였다.

상이 이르기를, "정추와 이존오는 다른 나라 사람이 아니고 바로 우리나라 사람이다. 상소만 한 것이 아니고 조정에서 욕까지 하였는데 신돈은 자기도 모르게 상(床)에서 떨어진 적도 있었다. 그러니 우리나라 사람이 어찌 중국보다 못할 리가 있겠는가. 이 의논은 한쪽으로 치우쳤기 때문에 말한 것일 뿐이다." 하였다.

기대승이 아뢰기를, "성상의 생각이 여기에 이르시니 지극합니다. 우리나라 사람들이 어찌 옛 사람들보다 못할 리가 있겠습니까. 위에서 요(堯)·순(舜)·탕(湯)·무(武)의 업적을 이룰 수 있다고 생각하시고 신하들도 역시 성현을 스스로 기약하며 기질(氣質)상의 편벽된 점을 제거할 수 있다면 세도(世道)가 좋아질 것입니다. 아뢴 말씀이 과격한 발언으로 잘못된 이론이었는데 위에서 깊이 그 병통을 아셨으니 진실로 우리나라의 무궁한 복이 될 것입니다." 하였다.

또 아뢰기를, "김종직(金宗直)이 조의제강중문(弔義帝江中文)을 지었다가 대죄(大罪)를 받았습니다만 그 글에 '중국은 넉넉하고 우리나라는 모자라는 것이 아니다. 어찌 옛날에는 있었는데 오늘날에 없어지겠는가.' 하였으니 이 말은 매우 바른 논리입니다." 하였다.

상이 이르기를, "윤원형이 당시에 그렇게 된 것은 무슨 까닭인가?" 하니, 기대승이 아뢰기를, "별 다른 일이 없습니다. 윤원형에 대한 일을 자세히 알지는 못합니다만 듣고 본대로 아뢰겠습니다. 윤원형은 어릴 적부터 사특하고 악독하여 사류(士類)에 용납되지 못하였으므로 출신(出身)한 후에도 모든 천망(薦望)하는 직임에는 허락받지 못하였는데, 그 때문에 원한이 뼛속에 사무쳐 있었습니다.

인묘(仁廟)께서 동궁이 계시는데 원손(元孫)이 없으니 종사(宗社)가

마침내 군(君)으로 있는 명종(明宗)에게 돌아갈 수밖에 없으리라는 생각을 윤원형이 다분히 품게 되었는데 공론에 용납 받지 못하는 자들이 또 가서 그와 결탁하였습니다. 인묘가 바야흐로 동궁에 계시는데 다른 마음을 가진다면 인신(人臣)이 아닙니다. 조정의 선류(善類)로서 그 누가 이런 생각을 품겠습니까. 그런데 윤원형은 대윤(大尹)·소윤(小尹)의 설을 지어내어 현사(賢士)로서 동궁에게 기대를 거는 자들을 대윤의 무리라고 일컫고, 중묘(中廟) 말년에는 경연 석상에서까지 이 논의를 이끌어 냈는데, 중묘께서 듣고는 크게 노하시어 윤임(尹任)을 유배시키고 윤원형을 파직시키라는 명을 내렸습니다. 지극히 성명하신 중묘께서 선처하신 일이라고 할 수 있는데, 당시 신하들이 시의(時宜)에 통달하지 못하고 '지금 무단히 죄를 준다면 뒤 폐단이 있을까 두렵고 외간(外間)에도 이런 일은 없었다.'고 하는 바람에 중묘께서 중지하고 말았습니다. 윤원형은 뒤에 도승지에서 참판으로 승진하였는데 논박을 받고는 마음속으로 분을 품었습니다.

　윤원로(尹元老)는 형용할 수 없을 정도로 사특하고 악독한 인물입니다. 명종 즉위 초에 문정 왕후(文定王后)께서 조정이 화평해야 한다는 전교를 내리자, 대신이 계달하여 윤원로를 방출했는데 이로 인하여 을사(乙巳)의 사화가 이루어지게 되었습니다. 윤임은 악행이 쌓여 죽어도 죄가 남을 것이니 이 사람을 죄주기만 했다면 괜찮았을 텐데 이기(李芑)와 임백령(林百齡)·정순붕(鄭順朋)의 무리들이 유관(柳灌)·유인숙(柳仁淑)까지 아울러 귀양 보내고는 곧 이어 사사(賜死)하였습니다. 그 뒤에 또 고변(告變)으로 인하여 끝내는 모반했다고 죄를 뒤집어 씌웠는데 당시 학문했던 사람으로 이언적(李彦迪)이나 권벌(權

機) 같은 이들이 어찌 추호인들 윤임에게 붙을 리가 있겠습니까. 유
인숙도 선사(善士)였다고 하는데 그 때의 사람들이 평소의 유감과 원
한을 가지고 마침내 대죄(大罪)을 빚은 것이 이 지경에까지 이르렀으
니 『무정보감(武定寶鑑)』을 보시면 알 수 있습니다.

　그 뒤로는 조금만 비난하는 의논이 있어도 곧장 대죄로 얽어맺기
때문에 참봉 성우(成遇)는 죄가 없으면서도 죽임을 당했고, 허충진(許
忠眞)은 유생의 신분으로 형을 받는 화를 입고 방출을 당하는 등 죄를
받는 사람들이 끊이지 않고 계속되었으니 그 누가 자기 몸을 잊고 감
히 말하였겠습니까. 대간과 시종은 항상 윤춘년(尹春年)과 윤인서(尹
仁恕)·진복창(陳復昌)이 맡아서 했기 때문에 조금이라도 뜻에 맞지 않
으면 큰 화란을 일으켰으니, 그 사이에 비록 가슴으로 개탄하고 분개
하는 충신과 의사가 있다 해도 임금은 구중 궁궐에 계시므로 제 몸을
돌아보며 말을 하지 못했던 것입니다. 전라도 안서순(安瑞順)이라는
자가 있었는데 상소하여 송인수(宋麟壽)라는 어진 선비가 원통하게 죄
를 잘못 받은 정상을 말했다가 집에서 체포되어 끌려와 대정(大庭)에
서 신문받고는 형을 받고 죽었으며 사련자(辭連者)도 모두 중죄를 받
았으니, 국가에 오늘이 있게 된 것만도 다행이라 하겠습니다. 진(秦)
나라 2세 황제 때 정선(正先)이라는 자가 당시의 일을 비난했다가 죄
를 받았는데 그 뒤 조고(趙高)의 세력이 더욱 성해지자 의논하는 자들
이 말하기를 '진나라의 패망을 정선이 재촉했다.'고 하였습니다.

　이러한 때를 당하여 한두 사람 말하는 자가 있었다 해도 한갓 살해
만 되었을 것이니 또한 무슨 유익함이 있었겠습니까. 뒤에 임백령(林
百齡)의 시호를 문제삼아 스스로 트집 잡을 단서를 얻었다고 생각하

고는 전정(殿庭)에서 신문할 것을 청하였는데 명종께서 그 간교함을 아시고서 박순(朴淳)과 박근원(朴謹元)을 의시관(議諡官)이라 하여 다만 파출할 것을 명하였으므로 그들의 기세가 저지되고 억제되었습니다."하였다.

상이 이르기를, "시호를 의정한 해는 언제인가?" 하니, 기대승이 아뢰기를, "신유(辛酉)년입니다. 박순은 응교였고 박근원은 부응교였는데 봉상시(奉常寺)에서 시호를 의정할 때 임백령에게 달리 일컬을 만한 일이 없기 때문에 공소(恭昭)라고 하였습니다. 그러다가 뒤에 충헌(忠憲)으로 개정하려는 의논이 있음을 듣고 정부에서 고쳐 의망하여 계문할 때 공소라는 시호도 함께 써서 들였는데, 위에서 하문하시기 때문에 그 틈을 타 원훈(元勳)을 비난하여 논했다는 이유로 큰 죄를 만들어 내려고 했던 것입니다." 하였다.

상이 이르기를, "시호에 대한 일을 위에서 짐작하기로는 이런 생각이 든다. 공소로 먼저 정했어도 바로 충헌으로 고쳤다면 위에서 무슨 일로 하문했겠는가?" 하니, 기대승이 아뢰기를, "봉상시에서 시호를 정하고 나면 정부에서 마감(磨勘)해서 전계(轉啓)하는 것이 상례이기 때문에 정부에서 윤원형의 은근한 뜻을 알고 고쳐야겠다고 생각하고는 마침내 충헌으로 고쳤습니다. 그리고 입계할 때에 공소라는 호도 같이 써서 들였기 때문에 위에서 하문했다고 합니다." 하고, 또 아뢰기를, "윤원형이 첩을 처로 삼은 뒤에 하루는 명종께서 지나가는 말로 묻기를 '옛날에 첩을 처로 삼았던 때가 있는가?' 하니, 입시한 여러 신하가 한 마디도 하지 못했다고 합니다. 위에서 이미 그의 죄악을 알고 물었던 것인데도 신하들이 화를 당할까 두려워하여 말하지 못했던 것입니다." 하니, 상이 이르기를 "이 말은 금시초문이다. 그렇다면 당초에도 쟁론하는 사람이 없었단 말인가?" 하니, 기대승이 아뢰기를, "어떻게 쟁론하는 사람이 있었겠습니까. 신해(辛亥)년에 윤원형이 우상이 되었는데, 문정 왕후도 연소하다고 하고 윤원형도 또 감히 감당할 수 없다고 하여 사퇴하고 그 자리에 있지 않았습니다. 그러자 삼사(三司)에서 논계하여 '현자를 이 자리에 두지 않을 수 없다.'고 했습니다. 소신이 옥당(玉堂)에 있을 때 그 소(疏)를 가져다 보니 과연 소차 등록(疏箚謄錄)에 있었습니다." 하였다.

상이 이르기를, "그 사람이 지금도 있는가?" 하니, 기대승이 아뢰기를, "소신이 동료들과 함께 이 소를 보고 '시세가 어려우면 벼슬해서는 안 되는 것인데 영원히 더러운 이름을 남길까 두렵다.'고 하니, 연소한 동료들도 웃었습니다." 하였다.

상이 이르기를, "혹 현재 있는 사람이라도 한두 사람이 윗사람의 명령에 승순하여 창도하고 나서면 그 나머지는 화를 당할까 두려워하여 따르게 될 것이니 사기(士氣)를 배양해야만 하겠다." 하니, 기대승이 아뢰기를, "지금까지 전해오는 말로는, 김안로 당시에 허항(許沆)이 누구를 논박하고자 할 때에는 반드시 일제히 모이기를 청하여 그 일을 처리했는데, 당시의 부제학도 무슨 일인지를 몰라 '오늘은 무슨 일이 있는가?' 했다 하니, 세상이 잘못되면 일이 모두 이렇게 되는 것입니다." 하였다.

상이 이르기를, "김안로가 패망할 때 누가 주장했는가?" 하니, 기대승이 아뢰기를, "김안로는 험악하고 사특하여 사류(士類)에 용납되지 않아 기묘(己卯) 연간에는 경주 부윤(慶州府尹)으로 나갔다가 그 뒤에 들어와 이조 판서가 되었습니다. 인물이 사특하고 악독하여 남곤(南袞)도 그를 두려워하여 축출했던 것인데 다시 들어와서는 선량한 사람들을 죽이려 하였고 희릉(禧陵)을 옮기기까지 하였습니다. 당시 문정 왕후(文定王后)가 국모였을 때인데 또 폐립(廢立)하려는 의논이 있어서 그 화가 인주에게까지 닥치게 되었으나 중묘(中廟)께서는 어떻게 조처해야 할지 그 방도를 몰랐습니다. 그러자 척리(戚里)의 사람들이 그런 뜻을 알고는 대간(臺諫)에게 말하여 아뢰게 하니, 중묘께서 즉시 금부(禁府)에 명하여 잡아 내도록 하였던 것입니다." 하였다.

신응시(辛應時)는 아뢰기를, "그런데 대간(大奸)을 죄줄 때 척리(戚里)의 손을 빌렸기 때문에 척리들의 위세가 저절로 무거워지게 되었습니다." 하니, 상이 이르기를, "이 일은 마치 옛사람들이 말한바 '집안에 있는 도척(盜跖)을 쫓아 내려고 양호(陽虎)를 불러 온다.'는 것과 같으니, 여우나 살쾡이가 물러난 대신 범과 이리가 들어온 격이다." 하였다.

기대승이 아뢰기를, "양연(梁淵)이 김안로를 제거하고 나서 중묘께서 그에게 과도하게 위임하여 장차 국사를 멋대로 독단하는 일이 있을 뻔했는데 그만 죽고 말았다고 합니다. 당시의 처치한 것이 비록 정대하다고는 할 수 없어도 김안로에게 죄를 준 다음에는 기묘인(己卯人)들을 이끌어 진출시켜 정광필(鄭光弼)도 등용하였으니 이는 끝내 선처한 것이라고 하겠습니다.

김안로가 그의 아들 김희(金禧)를 공주에게 장가보냈으니 어찌 반연(攀緣)할 길이 없었겠습니까. 이행(李荇)이 정승으로 있으면서 김안로를 끌어 들여 대제학으로 추천했으니 이미 우익(羽翼)이 이루어졌고 허항(許沆)과 채무택(蔡無擇)은 곧 그의 복심(腹心)이었습니다. 그런데 김안로가 패망하게 될 때 이 사람들이 모두 상(喪)중에 있었기 때문에 도모해 제거할 수 있었던 것입니다. 임금은 마땅히 처음을 삼가 소인을 예방해야 하니, 국사를 그르치고 나서는 또한 어떻게 해볼 도리가 없는 것입니다." 하고, 또 아뢰기를, "그러나 척리들의 손을 빌렸기 때문에 뒤 폐단이 이루어지고야 말았으니, 을사년(乙巳年)에 문정 왕후의 밀지(密旨)가 있게 된 까닭도 척리들이 지휘한 데 기인하는 것입니다. 그리하여 마침내는 중학(中學)에서 일제히 모여 당시의 인물들을 함정에 빠뜨리려 하였는데, 그 때 대간으로서 연소하고 기절(氣節)있는 사람들이 그 불가함을 주장하다가 드디어는 대죄(大罪)를 입게 되었습니다. 유희춘(柳希春)과 김난상(金鸞祥)은 당시 정언이었고 백인걸(白仁傑)은 헌납이었는데, 다행이 죽게 되지 않았지만 모두 적당(賊黨)으로 몰려 죄를 받았던 것입니다." 하였다.

상이 이르기를, "백인걸도 윤원형을 추고하려 하다가 양사(兩司)에서 모두 체직되고 끝내는 옥중의 몸이 되었다." 하였다.

기대승이 아뢰기를, "위에서 그가 무죄라는 것을 아셨기 때문에 그 죄가 이에 그쳤던 것입니다." 하고, 신응시는 아뢰기를, "한(漢)나라 때 두무(竇武)가 현자였기 때문에 진번(陳蕃)이 힘을 합쳐 환관들을 제거하려고 했던 것이니, 척리 중에도 현능한 인물만 있다면 함께 일을 할 수 있는 것입니다." 하였다.

기대승이 아뢰기를, "두무는 현능한 인물이었기 때문에 같이 일을 했던 것입니다. 만약 현능하기만 하다면 함께 일할 수 있습니다." 하니, 상이 이르기를, "척리뿐만이 아니다. 동한(東漢) 때에는 두헌(竇憲)을 제거하려고 정중(鄭衆)과 모의를 하였다. 두헌이 결국 죄를 받앗으나 동한도 이 때문에 망하고 말았다." 하였다.

기대승이 아뢰기를, "시초를 삼가지 않으면 종말에도 반드시 도모하기 어렵게 됩니다. 한 장제(漢章帝) 때 두헌은 공주(公主)의 전지(田地)를 빼앗기까지 하였습니다. 두헌에게 죄가 있음을 알면서도 제거하지 못했기 때문에 화제(和帝) 때에 와서 이러했던 것입니다. 임금의 자리는 어려운 것이니 마땅히 깊은 못을 건너듯 얇은 얼음을 밟듯 하여 조금이라도 방심해서는 안 됩니다. 따라서 군자가 조정에 있게 되면 소인이 멀어지게 되는 것입니다만 소인을 안다는 것이 또한 어려운 일입니다." 하였다.

또 아뢰기를, "윗사람의 뜻을 승순하는 사람은 매우 두렵게 대해야 합니다. 옛적에 당 태종(唐太宗)이 대궐의 후원에 있는 어떤 나무 밑에서 쉬면서 그 나무를 좋아했던 적이 있었습니다. 그러자 우문 사급(宇文士及)이 덩달아서 예찬하여 마지않았습니다. 이에 당 태종이 말하기를 '위징(魏徵)이 언젠가 나에게 아첨하는 사람을 멀리하라고 권하였는데, 나는 누가 아첨하는 자인지를 몰랐다. 네가 아닐까 의심하였는데 이제 보니 과연 틀림이 없구나.' 하였습니다. 그런자 우문 사급이 고두(叩頭)하고 사죄하면서 은미(隱微)하고 완곡한 언사로 대답을 하니, 태종이 그 말에 기분이 좋아져서 잘못이라고 생각하지 않았습니다. 옛날부터 영명하고 특출한 군주도 소인의 술수 속에 빠졌던 것입니다." 하고, 또 아뢰기를, "오늘날의 폐단은, 무사 안일주의에 빠져 녹봉(祿俸)이나 받으려 하고, 추종자를 받아들여 뇌물을 먹으면서 일생을 보내려는 사람이 매우 많다는 점에 있습니다. 최근 들어 선과 악을 분명히 구별하여 선한 자에게 후하게 하고 불선한 자에게는 박하게 하니, 이러한 심상한 무리들로서야 그 누가 마음에 기뻐할 리가 있겠습니까. 선인의 마음은 공정하기 때문에 우리 임금을 존귀하고 영화롭게 하며 우리 백성을 모두 평안히 하고자 하지만, 심상한 무리들이야 다만 제 한몸을 보전하려 하고 임금이나 백성에는 뜻이 없는 까닭에, 서로 시비를 가리는 의논이 옛날부터 없을 수 없었던 것입니다. 오늘날은 과연 어떠한지 모르겠습니다만 아마도 이러한 일이 없을 수 없으리라고 봅니다. 지난번에 사론(邪論)이 나오게 된 것은 여기에 근원하는 것입니다. 조정에서는 대간(大奸)이 아니면 전날 신임해 쓰던 사람을 모두 물리칠 수는 없는 것입니다만, 그러나 그 사이에는 복심을 삼을 자도 있고 보좌인으로 삼을 자도 있으며 또 외처에 쓸 자도 있는 것이니, 위에서 이러한 내용을 잘 아시고 반드시 어진 이를 먼저 가까이 하시면 군자들이 기세가 당당하게 되고 잡담이나 하는 심상한 무리들은 말을 할 수 없게 될 것입니다. 한 때의 치란과 흥망이 모두 여기에 달려 있습니다.

지난번에 일정한 기간 동안 서용하지 않는 일을 삼공(三公)이 계달(啓達)하였을 때 성상께서 답하신 말씀은 지극히 옳았습니다. 삼공이 그 미안(未安)한 것을 몰랐던 것은 아니나 인정이 무사 안일에 빠지기 때문에 그러한 인정으로 아뢰었던 것인데, 성상의 분부가 한번 내려지자 하늘과 같은 그 말씀으로 인해 사람들이 기대를 모두 끊고 마음으로 복종하게 되었습니다. 만약 아랫사람들이 그러한 말을 하였더라면 모든 원망이 그 곳으로 몰려 들었을 것입니다.

군자와 소인의 사이에 억양(抑揚)하는 도(道)를 조금도 소홀히 할 수 없는 것이니 군자의 도가 신장하게 되면 소인의 도는 소멸하게 마련입니다. 육지(陸贄)가 아뢰기를 '폐하는 훌륭한 뜻을 갖고 계시면서도 잘 다스리지를 못하기 때문에 신은 한밤중에 고요히 생각할 때마다 남몰래 탄식하고 깊이 애석해 합니다. 예전에 폐하께서 자리만 있고 뜻이 없다거나 뜻은 있어도 자질이 없었다면 신은 벌써 세속에 따라 부침(浮沈)하면서 살았을 것입니다. 무엇 때문에 이처럼 급급해 하겠습니까.' 하였으니, 육지 같은 현자로서도 이와 같이 말하였는데 그보다 못한 사람들이야 말할 나위가 있겠습니까. 위에서 주장하지 않으면 아랫사람들이 무엇을 의지하겠습니까. 상께서 만약 학문에 부지런히 힘쓰시어 성현이 되는 것을 목표로 하신다면, 뜻있는 선비로서 그 누가 자기 몸을 잊고 나라를 위해 몸 바치지 않겠습니까." 하였다.

신응시는 아뢰기를, "일정한 기간 동안 서용하지 못하도록 하는 법에 대한 전교는 지극하십니다. 『대전(大典)』의 본래 의도는 필시 틈을 엿보아 빠져나가거나 병을 칭탁하는 것 때문에 이런 법을 두었을 것입니다. 만약 일일이 분변(分辨)하고자 하면 인정(人情)에 구애받을 듯하기 때문에 일체 법으로 제약했던 것입니다. 만약 지공 무사(至公無私)하게만 한다면 그래도 분별할 수 있을 것입니다. 『대전』의 본래 의도는 필시 이렇게는 되지 않을 것이라고 여겼던 것입니다." 하였다.

기대승이 아뢰기를, "이 말도 옳습니다. 그러나 이 법을 거듭 신칙해 밝히지 않았던 것이 아니며 병인년에 했고 또 전년에도 했습니다. 6년으로 한정하는 법은 당초 설립할 때 사람들이 모두 불편하게 여겼는데, 세종(世宗)의 마음이 허조(許稠)와 합치되어 이루었던 것입니다. 요즈음 처음에는 즐겨 부임했다가 바로 버리고 돌아오는데 버리고 와도 벌칙이 없기 때문에 사람들이 꺼리는 것이 없으니, 진정 병이 난 경우라고 하더라도 반드시 일정한 법이 있어야만 될 것입니다. 이 법이 일단 설립되었으니 관직을 버리고 상경하고 싶은 사람도 꺼리고 두려워하여 중도에서 그만둘 것입니다. 기강이 서게 되면 구차한 일이 없게 되지만 먼저 한두 사람이라도 분변해주려 할 것 같으면 정사는 고식적인 데 빠지고 말 것입니다. 만약 수령이 참으로 병이 있어서 관직에 있을 수 없다면 감사(監司)가 당연히 공론으로 계문(啓聞)할 것인데 지금은 온갖 방법을 동원하여 청탁함으로써 반드시 그 계책을 성사시키고 마니 어찌 온당치 않다고 하지 않겠습니까." 하였다.

또 아뢰기를, "성종조(成宗朝)에 부마(駙馬) 홍상(洪常)의 숙부를 장흥 부사(長興府使)로 삼은 적이 있었는데 병을 칭탁하고 가지 않자 논계하여 끝내는 죄를 주었습니다. 근자에 회령 부사(會寧府使) 김계(金啓)의 일을 헌부가 논계한 지 이미 오래인데도 위에서는 윤허하지 않고 있습니다. 성상께서는 '김계가 비록 갑작스럽게 승진하기는 했어도 합당하면 보낼 수 있는 것이다.'는 의견이시니 그 뜻도 타당합니다. 다만 대간이 공론으로 계달한 것은 성상께서도 마땅히 힘써 따르셔야 할 것입니다. 김계의 마음가짐으로서도 조정을 잘 되게 하려고 할 것이며, 또한 그 인물이 그르다는 것이 아니라 단지 갑작스레 승진시켰다는 것으로 논했다가 대간이 끝내 소청을 얻어내지 못하고 만나면 김계의 마음에도 어찌 겸연쩍어하지 않겠습니까. 서서히 2~3년 지난 뒤에 이 직임을 명하신다면 간언(諫言)을 듣는 도리에도 합당하고 아랫사람들을 대우하는 일에도 타당할 것입니다." 하였다.

상이 이르기를, "이 경우는 그렇지 않은 점이 있다. 김계를 불선(不善)한 사람으로 논하여 저지하는데도 보낸다면 과연 그러하겠지만,

이는 단지 너무 빨리 승진시켰다는 것으로만 논하여 저지하는 것이니, 이는 공론이 그의 인물을 인정하는 것이다. 그대로 간들 부끄러울 것이 뭐가 있겠는가." 하였다.

기대승이 아뢰기를, "전교는 지당하십니다. 다만 공론이 이미 갑자기 승진시켰다는 것으로 논했으니 물정(物情)에 조금이라도 석연치 않은 것이 있다면 김계에게도 무슨 영광이 되겠습니까. 사대부는 마땅히 염치를 배양해 나가야 합니다." 하였다.

상이 이르기를, "조정의 백관 가운데에 갑자기 승진된 사람이 어찌 없겠는가. 김계가 비록 지난해에 비로소 당상(堂上)에 올랐지만 출신(出身)한 지가 이미 오래이니 이 직임을 맡지 못할 이유가 없다." 하니, 기대승이 아뢰기를, "성상의 분부가 지당하십니다. 해조(該曹)와 상신(相臣)의 뜻도 그러했기 때문에 의망했던 것입니다. 그러나 나이가 많은 사람이면 그래도 되겠지만 김계는 나이가 겨우 40여 세인데 가선(嘉善)으로 갑자기 승진되는 것은 김계 본인에게도 어찌 미안하지 않겠습니까. 더구나 공론이 행해지지 않는데 구차하게 행공(行公)한다면 어찌 부끄럽지 않겠습니까." 하였다.

51. 기대승이 예악과 교화, 전대의 인물 등에 대해 아뢰었다.

『선조실록』 3권, 선조 2년(1569) 윤 6월 7일.

상이 문정전(文政殿)에서 소대(召對)하고 『논어(論語)』〈양화편(陽貨篇)〉의 '공자가 무성(武城)에 가서……'에서부터 집주(集註)에 나오는 '그가 반드시 개과(改過)할 수 없으리라는 것을 알았기 때문이다.'라는 대목까지 강(講)하였다.

기대승이 임문(臨文)하여 아뢰기를, "예(禮)와 악(樂)을 잠시도 몸에서 떼어서는 안 되니 예악이 질서를 잃게 되면 모든 일이 전도되고 맙니다. 고례(古禮)와 고악(古樂)을 지금 다시 볼 수는 없으나 그 마음을 배우고 그 성기(聲器)를 찾아볼 수는 있습니다." 하였다.

또 아뢰기를, "집이 열 채밖에 안 되는 작은 동네라도 예와 악으로 교화하면 서로 읍양(揖讓)하게 됩니다. 근래 20년 전만 해도 한 도(道)에 지방관으로 있는 자들이 혹은 알성(謁聖)하는 예를 설행하기도 했습니다만, 을묘 왜변(乙卯倭變)이 있고 난 뒤부터는 오로지 군기(軍器)의 적간(摘奸)에만 뜻을 두고 학교를 흥기하여 권장(勸獎)하는 도리는 다시 행하지 않게 되었습니다. 비록 말로는 마음을 다하고 있다 하지만 서원(書院)을 보수하거나 유생을 공궤(供饋)하는 데 불과할 뿐 교도하여 선(善)으로 나아가게 하는 방도는 거의 끊어져 듣지 못하게 되었습니다. 치화(治化)를 일으키고자 한다면 반드시 교화(敎化)시킨 다음에야 보고 느끼어 흥기하는 아름다움이 있게 되는 법입니다. 사람의 성품을 본래 선하다고 하지만 교화시키지 않으면 성취시킬 수 없습니다. 전조(前朝) 공민왕(恭愍王) 때에 이색(李穡)이 선비들을 모아 가르쳤기 때문에 충신·의사(義士)가 많이 있게 되었는데 요즘 들어서는 흥기(興起)하는 선비를 보지 못하겠습니다. 그러나 반드시 이에 유념하시어 사람이 없다 하지 마시고 오래도록 참된 마음으로 시행해 가시면 교화가 점차 일어나게 될 것입니다." 하였다.

상이 이르기를, "전조의 이색은 선인(善人)이었는가?" 하니, 기대승이 나아가 아뢰기를, "이색에 대한 인물 평가는 매우 많으나 대체로 범연하지는 않습니다. 이색은 소년 시절 중국에 들어가 제과(制科)에 뽑혀 원(元)나라에서 벼슬했습니다. 박학하고 재질이 뛰어난 인물로서, 그의 학문은 문장(文章)을 위주로 하였으나 예문(禮文)과 유자(儒者)의 학문에도 견해가 훌륭하여 교회(敎誨)하는 일에 무척이나 공력을 들였습니다. 정몽주(鄭夢周)가 전적으로 이색에게서 배운 것은 아니지만 또한 그로부터 장려 권면되어 흥기함으로써 이룬 것이 있었습니다. 고려(高麗)가 망할 무렵 유배되어 외방에 있었는데 태종(太宗)이 즉위하자 즉시 택지(擇之)에게 명하여 그를 영접하여 보고 예우하였고, 또 벼슬하도록 하였지만 지조를 굽히지 않고 죽었습니다. 그런데 고려는 불교를 숭상했고 이 사람의 문장이 무척 뛰어났기 때문에 사우(寺宇)에 대한 기문(記文)이나 불경의 서문 같은 것은 모두 이 사람의 손에서 나왔습니다. 이 때문에 연소한 유자(儒者)들이 그가 불교를 숭상했다고 하여 헐뜯기도 합니다. 그러나 이 사람이 비록 학문하는 가운데에 거론되는 인물은 아니라 하더라도 기개와 절조가 무척 고결하였으니 실로 동방 학문의 원류(源流)라 하겠습니다." 하였다.

윤근수(尹根壽)·정탁(鄭琢) 등도 이색이 대절(大節)을 훼손하지 않았던 의리를 개진하였다. 기대승이 아뢰기를, "아뢴 말씀이 모두 옳습니다. 우리 조정을 섬기지 않은 그 의사(意思)는 무척 고결합니다. 그런데 입조(立朝)할 때에, 천길 암벽이 우뚝 서 있는 것 같은 기상이 없고 시속(時俗)에 부침(浮沈)한 병통이 없지 않다 하여 『고려사』에서는 그를 과소 평가했는데, 과연 그 논평이 공적(公的)인 측면에서 나온 것인지는 모르겠습니다만 그래도 따져 본다면 그의 장단처(長短

處)를 알 수 있습니다." 하였다.

윤근수는 아뢰기를, "어제 경연 석상에서 전교하신 말씀을 삼가 듣
건대 지극히 황공합니다.[전일에 윤근수가 경연 석상에서 우리나라의
인심(人心)이 본시 중국과 같지 못하다고 논했는데, 어제 그런 의논은
바르지 못하여 폐단이 있다고 하는 상의 하교가 있었으므로 윤근수가
이처럼 아뢴 것이다.] 소신의 의중으로는, 20여 년 동안 사람들이 윤
원형(尹元衡)의 포악함을 두려워하여 감히 한마디도 말을 하지 못한
채 그저 마음속으로만 분개하고 개탄했다고 여겨졌기 때문에 아뢰었
던 것인데 그 말을 생각해 보니 과연 폐단이 있었습니다." 하였다.

상이 이르기를, "어제 내가 말했던 것은 저번에 아뢴 것이 뒷 폐단
이 없지 않았기에 그 실수를 구해 주려고 한 것이지 비난하기 위해서
한 것은 아니었다." 하였다.

기대승이 아뢰기를, "일시적으로 편벽되게 아뢰었던 것에 대해 위
에서 이처럼 유념하시고 기억해 주시니 모든 일에 생각에 더하신다
면, 성상의 학문이 갈수록 고명해질 것입니다.

우리나라의 학문을 보면, 기자(箕子) 때의 일은 서적이 없어 상고
하기 어렵고, 삼국 시대(三國時代)에는 천성(天性)이 수미(粹美)했으
나 아직 학문의 공은 없었으며, 고려 시대엔 학문을 하긴 했지만 단
지 사장(詞章)을 위주로 하였습니다. 그러다가 고려 말에 이르러 우
탁(禹倬)·정몽주(鄭夢周) 이후로 처음 성리(性理)에 관한 학문을 알게
되었는데 급기야 우리 세종조(世宗朝)에 이르러서 예악과 문물이 찬
연히 일신(一新)되었습니다.

동방의 학문이 서로 전해진 차서로 말하면, 정몽주가 동방 이학(東

方理學)의 조(祖)로서 길재(吉再)가 정몽주에게서 배우고 김숙자(金叔滋)는 길재에게서 배우고 김종직(金宗直)은 김숙자에게서 배우고 김굉필(金宏弼)은 김종직에게 배우고 조광조(趙光祖)는 김굉필에게 배웠으니 본래 원류(源流)가 있습니다. 그 이후로 유사(儒士)들이 성현의 학문을 하고자 하게 되었으니 위에서 능히 교화를 주장하시면 지금이야말로 복고(復古)할 수 있는 기회라 하겠습니다. 학문에 힘쓰는 사람들이 비록 많지 않은 듯 하나 지금 의논을 들어보면 학문을 아는 장자(長者)들이 기묘년에 비해 많다고들 합니다." 하였다.

윤근수는 아뢰기를, "기묘년 이후로 사람들이 선(善)을 향하려는 마음을 갖게 된 것은 대개 조광조가 쏟은 공력에서 나온 것입니다." 하였다.

기대승이 아뢰기를, "근래 여항(閭巷) 간에 하천배(下賤輩)들까지도 상례(喪禮)를 닦아 거행하지 않는 사람이 없고 젊은 나이의 과부도 다른 곳으로 재가하지 않는 것은 모두 기묘인들이 진작시킨 효과입니다. 다만 조광조는 나이가 38세에 그쳤고 당시 조정에서 벼슬살이를 하고 있었기 때문에 저술을 하여 후세에 전할 겨를이 없었습니다. 그래서 그의 학문은 심천(深淺)이 어떠했는지 알 수 없으나 그가 한 일에 대해서는 사람들이 모두 흠앙(欽仰)하고 있습니다." 하였다.

윤근수가 아뢰기를, "소신이 전해 들으니, 하루는 명묘(明廟)로부터 '여항에서 『소학(小學)』을 읽혀야 한다.'는 전교가 있었는데 윤개(尹漑)가 정승으로서 이 전교를 듣고 찬양(贊襄)하자 윤원형이 '사람은 마음속으로 선을 행해야 한다. 기묘년에 『소학』을 숭상하더니 신사년에 난이 일어났고 을사년에 또 난역(亂逆)이 일어났으니 『소학』은 난역의 책이다.'고 하였으므로 윤개가 이 말을 듣고 두려워 떨었답니다. 윤원형의 심술(心術)을 이에서도 알 수 있습니다." 하였다.

상이 이르기를, "윤원형이 우리나라에 죄를 지은 것이 이루 말할 수 없지마는 이 말은 내가 정말 모르고 있었다. 지금 이 말을 들어 보건대 선유(先儒)를 모두 헐뜯었으니 참으로 만세에 죄를 진 자이다." 하였다.

기대승이 아뢰기를, "한 탁주(韓侂冑)가 주자(朱子)를 위학(僞學)이라고 조롱했는데, 과거나 현재나 다름이 없습니다. 윤원형이 당시에 저지른 일을 보건대 이는 진실로 심상한 일로서 괴이하게 여길 것도 못 됩니다. 윤원형의 악행에 대해서는 어제 대략 아뢰었습니다. 윤원로(尹元老)와 윤원형은 바로 형제간이면서 모두 사특하고 악독했습니다. 명종이 즉위하신 초년에 곧바로 윤원로를 축출하였기 때문에 윤원로가 참훈(參勳)되지 못하였는데 이로 인해 윤원형을 원망하게 되었습니다. 그러자 윤원형이 춘년(春年)을 사주해 상소하여 유배케 하고는 이내 죽여버리고 말았습니다. 윤원로의 죄는 죽어야 마땅하나 죽인 자는 원형이었습니다. 지친(至親)인 형제간에도 오히려 이와 같이 하였으니 나라 사람들이 두려워하고 겁먹게 된 것이 어찌 끝이 있었겠습니까. 자고로 윤원형보다 더한 소인이 있겠습니까." 하였다.

상이 이르기를, "지난날 유생이 상소하여 '바야흐로 위세가 천지를 진동하던 때였다.'라고 하였는데 이와 같았기 때문에 감히 말을 하지 못했던 것이다." 하였다.

기대승이 아뢰기를, "전교가 지극하십니다. 지난 일을 잊지 않는 것은 뒷일의 스승이 됩니다. 윤원형과 같은 소인은 진실로 드물다고 하겠습니다만 아무리 소소한 소인이라도 틈을 타고 일을 저지르게 된다면 성치(聖治)에 누가 될 것입니다. 사심을 버리고 선을 따르며 훌륭한 선비들을 친근히 대한다면 세상이 좋아질 것입니다." 하였다.

윤근수가 아뢰기를, "송인수(宋麟壽)는 학문에 종사하여 효행이 뛰어나고 안색을 바르게 하여 조정에 섰는데 이기(李芑)와 윤원형에게 거슬림을 받아 죄를 입고 죽었습니다. 이 사람의 훌륭함은 권벌(權橃)이나 이언적(李彦迪)과 같은 수준에서 논해야 할 것입니다." 하였다.

기대승이 아뢰기를, "처음에는 부박(浮薄)한 무리의 영수라 하여 파직되었고 나중에는 양재역(良才驛) 벽서(壁書)의 사건에 휘말려 사사(賜死)까지 되었습니다. 위에서 이미 신원(伸冤)해 주셨습니다만 이 사람의 훌륭함에 대해서는 상께서 잘 아시지 못하여 사림에서 원통하게 여기는 것이 매우 우려됩니다." 하고, 또 아뢰기를, "회맹문(會盟文)에는 모반했다고 적기까지 하였습니다." 하고, 또 아뢰기를, "송인수는 일생 동안 기묘인(己卯人)을 흠모하였습니다. 계묘·갑진 연간에 전라 감사(全羅監司)가 되어서는 『소학(小學)』을 권면하고 후생들을 인도하였으니, 당시에 『소학』을 읽게 된 것은 모두 송인수의 공입니다.

오늘 대낮에 천둥이 쳤는데 이것이 아무리 현재의 절기에 있을 수 있는 현상이라 하더라도 성교(聖敎)에서 편치 않게 여기셨으니 지극하다고 할 만합니다. 하월(夏月)이 비록 천둥치고 비오는 계절이긴 하지만 비가 너무 많이 쏟아져서 양남(兩南) 지방의 수재가 참혹하기 그지없습니다. 봄에는 가물고 여름에는 홍수가 져 벼와 곡식이 상했으니 백성이 무엇에 의지해 살겠습니까. 이는 하늘과 땅이 서로 어긋나 일어나게 된 현상이니 위에서 각별히 성념(省念)하셔야 합니다.

임금의 한 생각이 천지의 조화를 찬성(贊成)할 수 있기 때문에 『중용(中庸)』에서 '중화(中和)의 경지를 이루면서 천지(天地)가 제자리를 잡고 만물이 성장한다.'고 하였습니다. 스스로 계근(戒謹)·공구(恐懼)하고 정밀하게 하고 요약하여 내 마음을 바르게 가짐으로써 천지의 마음이 바르게 되고 나의 기운을 순하게 가짐으로써 천지의 기운이 순해지게 되는 경지에 이르게 되면, 비오고 볕 쪼이는 것이 때에 맞게 되어 천지가 제자리를 잡게 될 것입니다. 하(夏)·은(殷)·주(周) 삼대(三代)의 융성하던 시대에는 새·짐승·물고기·파충류까지 모두 화락하였으니, 천지의 기운이 조화되었기 때문에 이렇게 되었던 것입니다. 당 태종(唐太宗) 때 가뭄과 장마가 들어도 원망하는 백성이 없었던 것은 태종 자신이 우려하고 근신하면서 백성을 어루만져 주었기 때문입니다. 마침내 경제 부흥의 공효를 세웠으니, 비록 '인의(仁義)를 가차(假借)했다.'는 평이 있기는 하나 그래도 이러한 공적이 있게 된 것은 위징(魏徵)이 권면하여 시행한 데서 얻은 결과였던 것입니다.

즉위하시고 나서 봄·여름의 교체기에는 비와 바람이 순조로워 큰 풍년의 경사를 기대하게 하더니, 가을에 들어서면서 풍재(風災)가 끊이지 않아 밭농사는 수포로 돌아가고 논농사는 그래도 조금 수확할 수 있어 길거리에서 아사(餓死)하게 될 우려는 간신히 면하게 되었습니다. 그런데 올해는 봄부터 강우량이 제대로 맞지 않더니 여름이 되면서 더욱 심해져 민생에 대한 일이 지극히 어렵고 괴롭게 되었으니 각별히 성념하시어 미진한 일이 있거든 수성(修省)하시는 데 극력 힘쓰심으로써 하늘의 마음을 되돌리셔야 할 것입니다. 하늘이 만민을 내었으나 스스로 다스릴 수 없기에 임금을 대신 세워 만민의 주인이 되게 하였고, 임금은 또 혼자서 다스릴 수 없기에 수령과 근심을 나눠 가지게 되었습니다. 따라서 수령이 백성을 잘 다스리지 못하여 백성에게 원망이 있게 되면 임금이 반드시 벌을 주게 되는데, 이와 마찬가지로 임금이 백성을 사랑하는 마음이 성실하지 못하여 유리(流離)하여 살 곳이 없게 만든다면 하늘의 마음이 어찌 진노하지 않겠습니까. 억조 창생의 위에 군림하고 있는 인주로서는 다른 것을 두려워할 것이 없으나 황천(皇天)이 환히 살펴보고 계시니, 한 생각이라도 잘못될 때마다 상제가 진노할 것을 두려워하시면 하늘의 마음이 기뻐할 것입니다." 하였다. 상이 이르기를,"이 말이 지당하다." 하니, 기대승이 아뢰기를, "소신이 우연히 생각한 것을 계달했는데 성상의 분부가 이와 같으시니 감격한 심정을 억누르지 못하겠습니다. 평소 일이 없을 때에도 간단(間斷)함이 조금도 없게 하시면 성인과 동덕(同德)의 지경에 이르실 것입니다." 하였다.

52. 기대승이 삼년상이 천하의 통례임을 아뢰었다.

『선조실록』 3권, 선조 2년(1569) 윤 6월 24일.

상이 문정전(文政殿)의 주강에 나아가 『논어(論語)』〈양화편(陽貨篇)〉의 '공자가 말하기를, 하루종일 포식하면서 용심(用心)하는 곳이 없으면 곤란하다고 하였다.'는 대목에서부터 '누구를 위해 하신 말씀인지 모르겠다.'라는 주석까지 강론하였다,

기대승이 임문(臨文)하여 아뢰기를,[윗장에서 재아(宰我)가 상례(喪禮)를 물은 일로 인하여 아뢴 것이다.] "삼년상(三年喪)은 천하의 통상

(通喪)입니다. 부모에 대한 자식의 정이야 하늘처럼 끝없는 것입니다만 성인이 반드시 인정과 예법에 맞게 제도를 정해서 아비를 위해선 참최(斬衰) 삼년복을 입고 어미를 위해선 자최(齊衰) 삼년복을 입되, 아비가 생존해 있으면 줄여서 기년복(朞年服)을 입게 했습니다. 이는 망극한 은혜를 갚는 데에 유독 어미에게만 인색해서 그런 것이 아니라, 하늘에는 두 개의 태양이 없고 집에는 두 사람의 어른이 없는 법이라 부모를 똑같이 대등하게 높일 수 없어서입니다. 주공(周公)이 예(禮)를 만들면서 양자가 된 이를 위해 만든 조목이 있는데 친부모에게 의(義)를 굽혀 강복(降服)했으니 어찌 망극한 정을 몰라서 줄이려고 하였겠습니까. 이는 그야말로 성인이 정미(精微)한 예문의 절도를 온축한 것으로서 천지·고금의 대경 대법(大經大法)을 세운 것입니다. 성현의 남기신 뜻을 체념하여 줄인 것이 당연함을 깊이 탐구한다면 반드시 학문에 유익함이 있을 것이며 일을 결정함에 있어 다시 구애되는 것이 없을 것입니다." 하였다. 이에 또 나아가 아뢰기를, "임금은 모든 일을 총람하시는 터이니 어떤 일인들 긴요하지 않겠습니까마는, 간언(諫言)을 받아들이는 것이 가장 절급하다고 하는 것은 경석(經席)에서 대소 신하들이 이미 모두 아뢰었습니다. 그러나 지난 몇 년 이래로 풍속이 크게 잘못되어 사람마다 말하지 않는 것을 귀하게 여기니, 지금 비록 간언을 받아들인다 해도 그저 예사로운 발언들뿐이어서 크게 시대의 풍습을 변화시킬 수도 없고 또 성덕에 크게 유익하지도 않습니다. 사람의 속성으로 볼 때 선을 행하려고 노력하는 자는 적고 고식적으로 무사 안일을 원하는 자는 많은 법인데 뇌정(雷霆)과 같은 위엄을 범하면서까지 강직한 말로 맞설 수 있는 것이 어찌

사람마다 가능한 것이겠습니까. 반드시 임금이 넉넉한 포용력으로 허심 탄회하게 받아들이며 가상하게 여겨 권장하고 비록 맞지 않는 발언이라도 그릇되었다 여기지 않고 충분히 받아들이게 된 연후에야 비로소 천하의 언론을 모아들일 수 있으며 천하의 훌륭한 인재들을 오게 할 수 있는 것입니다. 소순(蘇洵)은 글을 지어, 임금에게 반드시 간신(諫臣)들을 격려하고 권면하는 도리가 있어야 하는데 그 요령이 세 가지가 있다고 하였습니다. 소순의 의논이 비록 휼궤(譎詭)하여 바르지 못하기는 하지만 천하의 도리는 진정 이와 같은 것입니다.

근래에 상께서 하시는 일이 윤당(允當)하지 않는 것이 없으니 조정의 신하로서 그 누가 힘을 다하지 않겠습니까마는, 상께서는 반드시 간쟁(諫諍)하는 것이 그 자신을 위해 꾀하는 것이 아니라 단지 나라를 위해 그렇게 하려고 하는 것임을 아셔야만 될 것입니다. 면전에서 직간하는 것은 그 자신으로 보면 매우 편치 못한 일입니다. 군상(君上)이 어떻게 생각할지도 모르는 일이며 타인의 악행을 공격하면 원망을 많이 사게 됩니다. 그래서 간쟁하는 신하는 예로부터 고독하다고 일러 왔는데 이러한 뜻을 잘 아시어 쾌히 듣고 받아들여 주시면 모든 일이 차츰 좋아질 것입니다.

신은 외간(外間)의 공사(公事)를 보고는 경연 석상에 이르러 그 폐단을 말씀드리곤 하는데 오늘날 세상이 이미 잘못되어 풍속이 아름답지 못하고 게다가 나라의 저축이 고갈되어 백성들의 곤궁함이 지금보다 심한 적이 없는데, 홍수와 가뭄의 재난이 다시 계속되고 있으니 생각해 보면 무척이나 우려되고 고민이 됩니다. 임금은 억조 창생을 통어하고 있는지라 억조 창생이 편안해진 뒤에야 비로소 그 책임을 다했다고 말할 수 있을 것이니 옛날의 성왕(聖王)들이 노심 초사하며 몸을 기울며 덕을 닦았던 것은 바로 이 때문이었습니다. 먼저 창생을 구제하겠다는 마음을 확고히 심중에 정하고 나서 비록 한마디의 좋은 말을 듣더라도 반드시 가슴속에 깊이 새겨야 할 것이고 초야의 소원한 사람들의 소장 (疏章)이라도 채택하여 시행해야 할 것입니다." 하였다.

또 아뢰기를, "소신이 〈양화편(陽貨篇)〉의 삼년상에 대한 말씀으로 인하여 감히 미열(迷劣)한 말로 부연하여 계달하는 것이 매우 황공하나 말이 나왔기 때문에 감히 말씀드리겠습니다. 천하의 통상(通喪)에는 상례(常禮)와 변례(變禮)가 있습니다. 상례는 순조롭기 때문에 보통사람도 대처하기 쉽지만 변례의 경우는 온당하게 처지하기가 무척 어렵기 때문에 반드시 유의하여 끝까지 자세히 살핀 뒤에라야 비로소 실례(失禮)했다는 비난을 면하게 됩니다.

상께서 들어와 대통(大統)을 이어받으셨으니 정상적인 일과 다른 듯하고 그 사이에 처리한 일도 간혹 상규(常規)에 벗어난 것도 있으나 이에 대해서는 각각 선현들의 논의에 정론(定論)이 있으니 그 경우에 합당한 의논으로 거행할 수 있겠습니다. 다만 생각건대, 예로부터 의논들이 동일하지 아니하여 비록 선현의 말씀이라 하더라도 잘못 본 때가 있는 것인데 조금이라도 실수하면 고치기가 미안하다고 하는 점입니다. 선성(先聖)께서 '살아 계실 때 예로써 섬기며 돌아가시면 예로써 장사지내며 예로써 제사지내야 한다.'고 하셨으니 예대로만 할 수 있다면 추호의 어긋남도 없을 것이나 그 예를 알기가 무척 어려운 것입니다.

이제 삼년이 이미 지났으니 고규(古規)로 논하더라도 어찌 사친(私

親)을 위해 합당하게 행할 전례(典禮)가 없겠습니까. 조정에서 스스로 잘 처리하겠지만 혹시라도 일시적으로 사정(私情)에 이끌리어 예문(禮文)에 미진함이 있게 되면 전하께서 스스로 처하시는 도리에 크게 미안한 점이 있게 될 뿐만 아니라 사친(事親)하는 도리에도 매우 거리끼는 점이 있게 될 것입니다. 성상께서는 계속 성념(省念)하시어 한결같이 고제(古制)를 준행하시되 반드시 옛 성현(聖賢)으로 자처(自處)하시면 좋을 것입니다.

소신이 일에 앞서 말씀드리는 것이 지극히 황공합니다만 별로 다른 뜻은 없고 주상께서 지나친 거조가 없고 고례(古禮)에 맞게 하시기를 바라고자 함에서입니다. 옛날에 임금이 들어와서 대통(大統)을 계승했을 때 처리한 사례는 매우 많습니다만 제대로 그 정당함을 얻은 경우는 적었습니다. 송 영종(宋英宗) 때에는 의논이 귀일되지 아니하였지만 끝내 정론을 이길 수 없었는데, 송 효종(宋孝宗) 때에 이르러서는 다른 의견이 없는 가운데 정자(程子)와 주자(朱子)가 이를 옳다고 시인하였습니다. 그 사이에 처리함에 있어 간혹 덜고 보탠 것은 있었지만 이것이 그 대강령입니다. 부자간의 망극한 정으로 말한다면 어찌 한량이 있겠습니까. 그러나 반드시 고례로 재제(裁制)한 뒤에야 천리(天理)의 정당함을 잃지 않고 인심(人心)의 안정도 얻을 수 있게 되는 것입니다. 옛사람이 말하기를 '효제(孝悌)의 덕은 신명(神明)에 통하고 사해(四海)에 빛이 난다.'고 하였으니 부디 더욱 유념하소서.

조정에서는 예로부터 구차하게 따라가는 병통을 항상 근심하여 왔습니다. 성상께서 삼대(三代)의 뜻을 회복하셨고 또 삼대의 덕을 회복하셨는데 이제 삼대의 예를 회복하고자 하시니 부지런히 따라 삼대의 전례를 복고하셔야 할 것입니다. 만약 구차하게 근대(近代)의 사례를 답습하면 크게 일을 성취하는 기상과는 어긋나게 될 듯 싶습니다. 국가의 일을 계달할 때마다 황공하기 그지없다는 것을 알고 있습니다. 그러나 지난날 문소전(文昭殿)의 일만 하더라도 당초 증수하자는 의논이 매우 옳았는데 뒤에 등록(謄錄)을 보고는 조종조에서 일을 이와 같이 한 것을 의심하였으니 한번만 소요(騷擾)한 것이 아니었습니다. 지금 이미 고쳤습니다만 당초에 예가 아닌 것은 아예 하지 않는 것이 훨씬 낫지 않았겠습니까. 아무리 조종조의 일이라 할지라도 그대로 모두 따를 수 없는 일이 있을 수도 있는 것이니, 그 양법(良法)의 아름다운 뜻을 준수할 수 없다는 말이 아니라, 일시적으로 우연히 행했던 일 중에는 더러 헤아려서 해야 될 것도 있다는 것입니다.

성묘(成廟) 초년에 문소전의 의논에 미안한 일이 있었다는 것은 전에 이미 계달했습니다만 그 사이에 무척 안타깝고 답답한 일들이 많았습니다. 성묘께서 어린 나이로 즉위하시자 정희 왕후(貞熹王后)가 임조(臨朝)하였는데 당시의 대신은 세조조(世祖朝)의 공신이 많았습니다. 그래서 신이 『일기(日記)』를 보니 예종(睿宗)의 소상(小祥)이 바로 경인년 12월이었는데 소상을 겨우 지나자마자 왕대비전에는 진풍정(進豊呈)을 하고 대신들에게는 대궐 뜰에 연락(宴樂)을 내려 주었습니다. 그리고는 분부하기를 '마음껏 취하도록 하라'고 하자 여러 신하들이 종일토록 취했는데 한명회(韓明澮)·정인지(鄭麟趾) 등은 일어나 춤까지 추었다고 하였습니다. 이로써 미루어 보건대 그 당시에도 어찌 잘못 처리한 일이 없었다고 하겠습니까. 그러니 조종조에서 행했던 일이라고 하여 모두 옳은 것이라고 하지 말고 성상께서는 한결

같이 삼대 이상의 예를 준행하시되 반드시 공자·맹자·정자·주자의 논의를 본받으신 뒤에야 동방의 예악이 더욱 완비되어 만세에 전하여도 빛이 나게 될 것입니다.

임금은 하늘을 대신하여 만물을 다스리는 것이니 법과 제도를 만들고 세울 때에 반드시 후세에 그 은택이 전해지도록 해야지 목전에 판단지어서는 안 됩니다. 성상께서는 뜻을 고원(高遠)한 곳에 두고 세우셔야 합니다." 하였다.

또 아뢰기를, "만약 털끝만큼이라도 미진한 점이 있게 되면 예에만 어그러질 뿐이 아니라 아마도 자손을 위해 좋은 계책을 물려주는 도리도 못 될 것입니다. 일이 일단 잘못 처리된 후에는 천륜의 지친(至親) 간에는 승순(承順)하기가 쉬워도 간쟁하여 저지하기는 어려운 것입니다. 조정에서도 꼭 사력(死力)을 다해 쟁론하라고 할 수는 없습니다. 소신이 미열(迷劣)하여 사리에 밝지는 못하지만 그래도 바라는 바는 그저 성학(聖學)이 날로 발전하여 이 세상이 융성해지고 태평해지는 것으로, 그렇게만 된다면 밝은 시대에 행세하게 될 것이니 그 영광됨이 클 것입니다. 일이 만약 잘못 처리되는 경우에는 하늘의 진노를 돌릴 힘이 별로 없게 될 테니 그 답답한 마음을 어찌 이루 헤아릴 수 있겠습니까.

일에 앞서서 말씀드리자니 매우 미안합니다만, 평소에 계달해 놓으면 성상께서도 반드시 성념(省念)하실 것이고 아랫사람들로서는 쟁론할 줄을 알게 될 것입니다. 그러나 혹 뜻과 생각이 불평(不平)하여 한 생각이라도 치우치게 되면 아마도 국가의 대사(大事)를 그르치게 될 것이라 이 점이 깊이 우려됩니다. 자연 효종(孝宗)의 고사(故事)가 있으니 그것을 사모할 줄 아신다면 반드시 다른 근심은 없을 것입니다. 그 사이에 일의 형편이야 조금 가감이 있을 수도 있는 것은 당연한 일이니, 스스로 전례(典禮)의 바른 뜻을 잃지 않는다면 과거와 현재가 차이가 난다고 해서 걱정할 것이 뭐가 있겠습니까. 정자는 '비록 정통(正統)에 대하여 뜻을 전일하게 해야 하지만 어찌 사은(私恩)을 모두 끊어버릴 수 있겠는가. 국가의 대사는 차례대로 거행해야 마땅하다. 또 방애(防礙)되는 바가 있다 하여 곧바로 시행하지 않는 것은 불가하다.'고 하였습니다." 하였다.

53. 대사성 기대승이 대신들에게 허물을 입었다 하여 사직을 청하였다.

『선조실록』 4권, 선조 3년(1570) 7월 9일.

대사성 기대승(奇代升)이 사직(辭職)을 청하는 상소를 하였다. 그 대략에, "신은 타고난 자질이 어리석은 데다 말이 경솔한 탓으로 상신(相臣)의 뜻을 거슬러 허물과 원망을 자초하였습니다. 시기하여 저해하는 형적(形迹)이 이미 드러났고 어그러진 기미 또한 드러나서 사람들의 자자한 소문이 길거리에 난무하고 있습니다. 신이 무상(無狀)한 몸이기는 하지만 마음속으로 부끄럽게 여기고 있습니다. 이제 허물을 인책하여 반성하고 직에서 떠나려는 것은 이 뒤로 요로 대신들의 노여움을 사는 일이 없게 하기 위해서입니다. 이제 총명(寵命)에 눈이 어두워 다시 벼슬길에 나아갈 계획을 한다면 이는 의리에 해가 됨은 물론 거듭 후일의 화를 조성하게 될 것입니다. 삼가 바라건대 전하께서는 신을 전리(田里)로 돌아가게 하는 명을 내려 미천한 신으로 하여금 누의(螻蟻)와 같은 남은 생애를 마칠 수 있게 해 주소서." 하였는데, 상이 이르기를, "근거없는 말이 있다고는 하나 어찌 이 일 때문에 경솔히 물러간단 말인가. 혐의하지 말고 잘 조리(調理)하여 올라오도록 하유하라." 하였다.

54. 조강을 하고 좌상 권철이 기대승이 대신과 불화한 일을 해명하였다.

『선조실록』 4권, 선조 3년(1570) 8월 1일.

조강이 있었다. 교리(校理) 이이(李珥), 수찬(修撰) 윤탁연(尹卓然)이 입시하였다. 좌상(左相) 권철(權轍)과 대간·경연관·특진관 등이 을사년 일에 대해 신원과 토죄를 행할 것을 진언하였으나, 상은 고치기 어렵다고 답하였다. 권철이 다시 전달하기를, "기대승(奇大升)이 자신의 상소에서 영상(領相) 이준경(李浚慶)을 지목하여 시기하고 저해하고 패려하고 거칠다는 등의 말로 지적하였습니다만, 이준경은 자기 마음대로 당(黨)을 만들고 자기와 의견을 달리하는 사람을 배척하는 사람이 아닙니다. 그런데 지금 시기하고 저해하고 패려하고 거칠다는 말을 하였습니다. 어찌 이러한 일이 있을 수 있겠습니까." 하였다.

상이 이르기를, "기대승은 자못 학문으로 이름이 있는 사람이다. 지금의 상소문은 떠도는 말을 듣고 한 말일 것이다." 하였다.

경연관들이 물러가자, 승정원에 비망기(備忘記)로 이르기를, "조강에서, 유언(流言)은 식견이 있는 선비에게는 개의(介意)할 것이 못 된다고 하였는데 이번 이 상소는 식견이 있는 선비라면 꼭 이렇게 하지는 않았을 것이다. 이 뜻을 다시 좌상(左相)에게 이르라." 하였는데, 이는 기대승을 두고 한 말이었다.

55. 기대승을 부제학으로 삼았다.

『선조실록』 5권, 선조 4년(1571) 4월 28일.
기대승을 부제학(副提學)에 제수하였다.

56. 기대승이 병을 이유로 사직장을 올리다.

『선조실록』 5권, 선조 4년(1571) 5월 18일.
부제학 기대승이 병을 이유로 다시 사장(辭狀)을 올렸다.

57. 기대승을 이조 참의로 삼았다.

『선조실록』 5권, 선조 4년(1571) 9월 6일.
도목정사가 있었다. 노직(盧稙)을 전라 도사(全羅都事)에, 기대승을 이조 참의에, 허엽을 대사간에 제수하였다.

58. 기대승 등이 문소전 제기(祭器) 문제 등을 아뢰었다.

『선조실록』 6권, 선조 5년(1572) 5월 1일.

상이 선정전(宣政殿)으로 조강에 나아가 『서전(書傳)』의 순전(舜典)을 강하였다. 기대승(奇大升)이 아뢰기를, "문소전(文昭殿)의 일을 여러 날 논계하였으나 유음(兪音)이 없으니 민망하기 그지없습니다. 당초에 정한 뜻은 그 이유가 있는 것으로 제물(祭物)의 횡간(橫看)은 조종조에서 정한 것인데 뒤에 오면서 제기(祭器)를 점점 크게 개주(改鑄)하여 그릇만 커지고 제수(祭需)는 그대로이다 보니 심지어는 물을 타기도 하는 등 너무나 불경스러워 모두가 미안하게 여기고 있습니다. 기사년에 이르러 전전(前殿)의 탁자가 좁아 배설하기가 어렵게 되자 물의(物義)가 '그릇만 커서 이런 불경한 일이 있고 또 배설하기도 어려우니 재량하여 제기를 조금 줄여서 제수를 알맞게 담아 탁자 위에 모두 배설할 수 있게 하여 제수가 적은 것과 배설하지 못하는 두 가지 문제를 해결하도록 하는 것이 좋겠다.'고 하였습니다. 그러나 후침(後寢)의 면(麪)·증(蒸)·편적(片炙)은 조금씩 남는데 하나의 제기에서 남는 것은 비록 적지만 모두 합하면 적지 않습니다. 이 때문에 아뢰어 감(減)하고자 한 것인데 유사가 잘 모르고 모든 제수를 감하였으니 미안하기 그지없습니다. 지금 전날의 규정대로 하라는 상의 하교는 지당하십니다. 다만 구기(舊器)로서 제수와 서로 알맞은 것은 그대로 두고 맞지 않는 것은 변통하여 맞게 함이 정례(情禮)에 더욱 합당합니다. '증(蒸)과 면(麪)이 남기는 하지만 실지로 살펴보면 적다.'고 하는데, 적더라도 중도에 맞게 하는 것이 좋습니다. 만약 제수를 감하는 것이 미안하다고 여긴다면 상의해보면 처리할 방법이 있을 것입니다.

신이 들으니 주발의 용량이 전에 비하여 적은 듯하지만 큰 차이가 없다고 하는데, 거기에 1푼(分)만 더 크게 한다면 둘레가 더 커질 것이니 다시 헤아려서 처리한다면 곡진하게 될 것입니다. 제사는 정성과 공경을 다해야 하는데 제수를 재량하여 감하는 것이 미안하다 하여 지금에 와서 전날의 규정대로 한다면, 후침(後寢)과 전전(前殿)의 상제(常祭) 때는 그래도 되지만 친제(親祭) 때에는 제수가 8~9가지나 더 많아지게 되니, 배설하기가 어렵습니다." 하였다.

상이 이르기를, "전날의 규정이 있으니 지금은 그대로만 따르면 된다. 의논만 할 것이 아니다." 하였다.

기대승이 아뢰기를, "전날의 규정이 있다는 하교는 옳습니다. 그러나 그 규정이 온당하다면 그대로 해도 좋지만 온당하지 못한 점이 있다면 변통하지 않고 그대로 지키기만 해서야 되겠습니까. 그리고 지금 변통하고자 하는 것은 제수의 횡간(橫看)이 아니고 구제기(舊祭器)에 비하여 후일 크게 한 것을 조금 줄이고자 하는 것뿐입니다. 제기가 불경스러운 것은 탁자의 면이 좁지 않다고 해도 오히려 제기와 제수를 서로 알맞게 해야 하는데, 더구나 지금 전전과 후침을 서로 다르게 하면 안 되는 데이겠습니까. 그러니 조금만 변통하여 알맞게 한다면 중도에 맞게 될 것입니다." 하고, 또 아뢰기를, "제기를 줄이려고 하는 것에 대해 밖에서는 모두 '탁자의 면이 좁기 때문이다.'고 합니다만, 신이 그 때에 마침 간장(諫長)으로 있었기 때문에 그 전말을 알고 있습니다. 그 때 권철(權轍)이 제기 도감 제조(祭器都監提調)로서 그 일을 주간하였습니다. 당초에 장소가 좁기 때문에 그렇게 한 것이 아니고 그릇은 큰데 제수가 적기 때문에 그릇을 줄여서 두 가지 문제를 해결하려고 했던 것입니다. 신이 병이 들어 고향으로 돌아갈 때 한강에 이르러 조보(朝報)를 보고 매우 놀랐습니다. 대간이 아뢴 내용은 실로 미안한 것입니다. 신이 시골에 가서 있으면서 어떻게 제수를 절감(節減)하는 일을 알았겠습니까. 당초에 제기를 조금 줄이자는 의도는 실로 제수는 적은데 제기가 컸기 때문입니다. 권철이 그것을 알고도 분명히 계달하지 않았기 때문에 상께서 분명하게 모르신 것입니다.[이날 권철이 입시하여 이 일을 아뢰었다.] 임금이 봉선(奉先)하는 도는 뜻밖의 일이 있으면 사당이라도 헐고 고쳐야 하는 것인데, 장소가 협소하여 제기를 줄이는 그런 이치가 어디에 있겠습니까. 상께서 유사(有司)들의 잘못만을 너무 징계하시고 지당한 귀추(歸趨)를 강구하시지 않는다면 신은 미안스러운 일이라고 생각합니다. 고어(古語)에 '인효(仁孝)는 성경(誠敬)이다.'고 하였습니다. 제수는 적고 제기만 커서 불경스럽게 되었으니 성경에 합치되지 않는 것을 고쳐야 하는데, 후침과 전전에 차이를 두는 것이 어찌 인효에 미진한 일이 아니겠습니까. 신은 정리(情理)로써만 아뢴 것이 아니고 그간의 곡절은 전혀 모르기 때문에 해관으로 하여금 충분히 의논하여 처리케 하고자 한 것입니다." 하였다.

상이 이르기를, "지금의 말은 제기(祭器)만을 줄인다고 하지만 당시의 계사(啓辭)에는 제수까지도 언급되어 있었다. 비록 한두 가지 제수(祭需)일지라도 삭감하려고 하였으니 어찌 미안하지 않겠는가. 그 때의 일을 지금 생각하면 제기에 대한 일만이 아니고 묘우(廟宇)를 통합하고자 한 것도 내 마음에는 미안하였다. 평상시에도 부자간에는 자리를 같이하는 것이 아닌데 더구나 궐내 예제(禮制)의 등분(等分)이 매우 엄한 데이겠는가. 열조(列祖)를 한 방에 같이 봉안하는 것은 예가 아니다. 때문에 종묘에는 방을 달리하는 뜻이 있는 것이다." 하였다.

기대승이 아뢰기를, "상께서 이미 『중용혹문(中庸或問)』을 읽으셨으니 오묘(五廟)는 방을 따로따로 하고 협제(祫祭) 때에는 여러 사당의 신주를 모아 태조의 사당에서 봉사(奉祀)하되 그 사당 안에는 간격이 없이 소목(昭穆)으로서 차례로 정하는 것을 어찌 모르시겠습니까. 한 명제(漢明帝)가 겸손하여 자기의 신주를 옷을 갈아 입는 별실(別室)에 봉안하라고 유언하여 드디어 같은 집에 봉안하되 방만 달리 하는 제도가 되어 당·송(唐宋) 이래로 그대로 답습하여 온 것입니다." 하였다.

상이 이르기를, "이는 종묘의 제도를 말한 것이다. 부자를 같은 방에 함께 봉안하는 것은 아무래도 미안한 일이다." 하였다.

기대승이 아뢰기를, "묘우(廟宇)는 비록 함께 통합하더라도 간격을 두어 한정하면 통한다고 볼 수는 없을 듯합니다." 하였다. 또 아뢰기를, "이기(李芑)가 권력을 잡아 인종(仁宗)을 연은전(延恩殿)에 부제(祔祭)하여 20여 년간 신인(神人)이 통분하게 여기다가 기사년에 이르러 삼공(三公)이 문소전(文昭殿)에 부제하기를 청하여 상이 윤허하셨습니다. 전내(殿內)에 봉안할 때에 배설하기가 어려워 증축하려고 했는데 조정의 의논이 '묘우를 헐어 고치는 것은 미안하다.'고 하고, 이황(李滉)은 차자를 올려 '전전(前殿)의 묘제(廟制)는 남북(南北)은 짧고 좁으며 동서(東西)는 길고 넓으니, 고례(古禮)에 의하여 태조의 신위를 동쪽으로 향하게 하여 바로 하면 묘우를 헐어 증축하는 번거로움을 면하고 장소가 좁아 행할 수 없는 근심이 없을 것이다.' 하니, 조정이 또 의논하기를 '세종 대왕이 종묘를 세울 당시에 태조께서 살아 있을 때를 본떠서 남향으로 봉안하였으니 뒤의 임금이 이것을 변경할 수는 없다.'고 하였습니다. 그 뒤에 간원에서 '일찍이 군신 간이었으면 부자와 같다.'는 설을 인용하여 당초 유훈(遺訓)이 '5간(間)을 넘지 말라'고 하였기 때문에 인종을 부묘하면 예종을 체천(遞遷)해야 한다.'고 하자, 상께서 가하다고 하였으나, 의논하는 자들이 '인종을 조위(祖位)로 하고 명종을 고위(考位)로 하면 명실(名實)이 크게 어긋날 뿐만 아니라 예종은 당대의 고조(高祖)인데 체천하는 것은 미안하다.'고 하였습니다. 그 뒤 인종은 전과 같이 연은전에 부묘하는 것이 합당하다는 말이 또 일어나 상께서 가하다고 하였으나, 의논하는 모든 이들이 '인종은 계통을 이은 임금으로 합향(合享)하지 않으면 천리와 인정에 어긋난다.'고 하였습니다. 이에 후침(後寢)을 증축하여 인종과 명종 두 신위를 한방에 봉안하고 소(昭)와 세(世)를 같이 하였는데, 예에는 합당합니다만 전내(殿內)에다가 모셔 잘 처치하려고 하였기 때문에 구차함이 없지 않았습니다. 그러나 까닭 없이 계획한 일은 아닙니다. 예에는 일정한 예문(禮文)이 있으나 때에 따라 중도에 맞게 변통하지 않을 수 없는 것으로 묘우를 통합하여 고친 것은 부득이한 일이며, 제기를 줄인 것은 제수가 불경스러운 데서 연유한 것입니다.

상께서는 성학(聖學)이 고명하시고 예문도 아시고 고금을 참작하여 충분히 헤아려서 중도에 합당하게 하소서. 제물을 감소한 잘못을 고치고자 하여 제기를 그대로 두는 것은 온편하지 못한 일이라고 생각합니다." 하였다. 유희춘(柳希春)·권철(權轍)·윤현(尹鉉)이 각각 조선(漕船)의 계책을 말하자, 기대승이 아뢰기를, "백성들이 유리(流離)하여 조운의 폐단이 생기니 지금은 우선 그 근본을 다스려 백성을 소복(蘇復)시킬 계획을 하는 것이 온당합니다.” 하였다. 윤현이 또 군자삼감(軍資三監)의 조미(糙米)와 사섬시(司瞻寺)의 면포가 부패하고 고갈된 폐단에 대하여 말하니, 상이 이르기를, “사섬시와 군자감이 함께 고갈되었으니 귀신이 실어다 준다고 하더라도 어찌해 볼 도리가 없다. 도적을 맞은 것인지도 모르겠다. 별로 소비한 것도 없는데 이와 같으니 반드시 이유가 있을 것이다.” 하였다.

기대승이 아뢰기를, “일 년의 경비는 반드시 세입(稅入)을 계산하여 써야 하는데 세입은 적고 경비가 많으니 어찌 고갈되지 않겠습니까. 지금은 우선 낭비되는 식량을 절약한 뒤에라야 지탱할 수 있습니다. 때문에 ‘생산하는 자는 많고 소비하는 자가 적으면 재용(才用)이 항상 여유 있다.’고 하였습니다.” 하였다.

또 아뢰기를, “신이 오랫동안 외지에 있었기 때문에 자세히 알지는 못합니다마는 전번에 조보(朝報)를 보니 기강이 서지 않고 치적(治績)이 나타나지 않음을 탄식하셨는데, 그 뜻이 매우 훌륭합니다. 필부(匹夫)로서는 하고 싶은 일이 있어도 할 수 있는 힘이 없습니다만 인주(人主)는 다스릴 수 있는 지위와 권세를 가지고 있으니 진실로 하고자 한다면 어떤 일이든 못하겠습니까. 한갓 개탄만 하고 근본을 구하지 못하고서 치적을 이룬 것을 신은 보지 못하였습니다. 정자(程子)의 말에 ‘선정을 하는 길은 뜻을 세우는 것[立志]이 제일 먼저요, 소임을 책임지우는 것[責任]과 어진 이를 구하는 것[求賢]이 다음이다.’고 하였으니, 이는 실로 도리를 확실히 안 전현(前賢)의 말입니다.” 하였다.

상이 이르기를, “그 말은 좋은 말이다. 하지만 형세가 이미 기울어졌으니 하늘이 낸 뛰어난 재주가 아니고서는 어떻게 해 볼 수가 없다. 만일 뜻만 크고 재주가 없다면 한갓 소활(疎闊)할 뿐이다. 지금 대신의 지위에 있는 자가 어찌 현자(賢者)가 아니겠는가마는 형세가 기울어진 데야 어찌하겠는가." 하니, 기대승이 아뢰기를, "상의 하교는 매우 미안합니다. 모든 일이 관습에 젖어 해이하게 되는 것을 상께서 모르셨다면 어쩔 수 없는 일이지만 아셨으니 고쳐서 바꾸는 것이 무엇이 어렵겠습니까. 만일 '내가 어떻게 할 수 있느냐.'고 하신다면 조종(祖宗)에게 받으신 부탁을 어찌하시렵니까. 지금 대신의 지위에 있는 자가 모두 훌륭하니 일반적인 일은 해낼 수 있습니다. 그러나 국사(國事)를 담당하는 것은 사람마다 할 수 있는 것이 아니니, 상께서는 위로 대신을 의지하고 아래로 어진 집사(執事)들을 제 위치에 배치한 뒤에야 선정을 베풀 수 있습니다. 근심하시며 힘쓰시고 애태우시는 말씀이 전교에 나타나 사방에서 듣고 미안함을 금하지 못하고 있는데, 더구나 조정의 반열(班列)에 있는 자이겠습니까. 그리고 옛날 사람들은 일을 논함에 있어 남의 의견을 구차히 따르지는 않았습니다. 그런데 지금은 어떤 사람이 무슨 일을 건의하면 비록 온당하지 않더라도 다른 사람은 혐의를 받을까 염려하여 감히 말을 못합니다. 천 석(千石)을 실은 배가 갈 수 없음을 사람들이 모두 알고 있으면서도 박순(朴淳)이 헌의(獻議)하였다는 이유로 분분하여 결정하지 못하고 있습니다. 만일 옳지 않은 것이라면 속히 고쳐야 합니다." 하였다.

59. 기대승을 대사간으로 삼았다.

『선조실록』 6권, 선조 5년(1572) 9월 20일.

유희춘을 예문관 제학으로, 기대승을 대사간으로, 박승임(朴承任)을 부승지로 삼았다.

60. 유희춘이 기대승을 문장의 대표적 인물로 평하다.

『선조실록』 6권, 선조 5년(1572) 10월 1일

유희춘(柳希春)이 아뢰었다. "이 시대 사장(詞章)의 대표적 인물로는 노수신(盧守愼)·김귀영(金貴榮)·윤현(尹鉉)·이후백(李後白)·기대승(奇大升)·박승임(朴承任)을 치는데 이후백이 조금 뒤진다고들 합니다." 하였다.

61. 호군 기대승의 졸기

『선조실록』 6권, 선조 5년(1572) 11월 8일.

호군 기대승(奇大升)이 졸(卒)하였다.[이 사람은 뜻이 높고 일에 과감하였으며 선악(善惡)의 호오(好惡)를 분명히 하였고 널리 배우되 옛것을 좋아했으며, 문장도 뛰어나서 가히 보배로운 그릇이요 세상에 드문 인재라 할 만하였다. 그러나 너무 강직하고 과대하여 말을 쉽게 해서 기로(耆老)들을 악평하여 구신(舊臣)과 대신들에게 큰 미움을 사서 훌륭한 기개를 펴지도 못하였는데 갑자기 죽을병이 난 것이다.]3

62. 기대승의 장사를 관비(官費)로 지내도록 하다.

『선조실록』 6권, 선조 5년(1572) 11월 11일.

대사간 허엽(許曄) 등이 아뢰기를, "호군 기대승은 어릴 때부터 학문을 좋아하여 옛 성인의 도에 뜻을 두어 이황(李滉)과 함께 성정(性情)에 대하여 강론한 서찰에 새로운 것을 밝혀낸 것이 매우 많아 세상에서는 유림 중에 걸출한 사람이라고 일렀습니다. 그가 벼슬을 하여 조정에 있을 때는 의논이 발랐고 벼슬에 대한 진퇴(進退)가 구차하지 않았습니다. 마침 병을 얻어 집으로 돌아가니 사람들은 모두 훌륭한 재주로 성명(聖明)을 보정(補正)하지 못하고 떠남을 애석히 여겼었습니다. 지난 여름에 서울에 올라오라는 명을 듣고 병든 몸을 이끌고 억지로 올라왔다가 병이 심하여 사퇴하고 돌아가는 도중에 불행히도 병이 위중하여 도중에서 죽으니 모두들 매우 애석하게 생각합니다. 가세가 어려워서 장사를 치를 수도 없다고 하니 더욱 가련합니다. 그 도(道)의 감사에서 하서(下書)하여 관비(官費)로 장사지내도록 하여 훌륭한 선비를 소중히 여기는 뜻을 보이소서." 하니, 상이 아뢴 대로 하라고 답하였다.

---

3 연보 고증 : (상략) 상이 선생의 병세가 위중하다는 소식을 듣고 특별히 어의를 보내고 승정원의 서장까지 보냈는데, "지금 들으니 그대가 태인현에 도착하여 볼기에 종기가 나고 또 상기증까지 앓고 있다 하니 실로 내 마음이 아프다. 이에 의관 오변을 보내어 약을 가지고 내려가게 하니 그대는 약을 복용하고 조리하도록 하라."는 유지(有旨)였다. 오변이 오는 도중 이었는데 고봉은 이미 별세하였다. (하략)

63. 이황의 시호를 내리는 데 기대승의 묘갈문으로 기초케 하다.

『선조실록』 7권, 선조 6년(1573) 11월 28일.

옥당(玉堂)이 차자를 올리니, 상이 답하기를, "사시(賜諡)에 대한 것은, 어찌 할 수 있을 때가 없겠는가. 그런데 구법(舊法)을 어기고 신규(新規)를 세워가면서까지 할 것이 뭐 있겠는가. 그만둘 수 없다면 그의 묘지(墓誌) 등을 가져와서 해조(該曹)를 시켜 전례에 따라 시호를 의논하여 정하게 하라." 하였다.

차자에 청하기를 '박순(朴淳)이 지은 묘지와 기대승(奇大升)이 지은 묘갈문(墓碣文)⁴과 문인(門人)의 서술을 가져오면 행장과 다를 것이 없다.'고 하였기 때문이었다.

---

4 연보 고증 : 1571년 2월 고봉은 〈퇴계 선생의 묘갈명서(墓碣銘序)〉를 짓고 또 〈묘지(墓識)〉를 지었다.

문문학술총서 **002**

고봉 기대승, 배움과 가르침의 흔적들　　값 24,000원

초판 인쇄 2015년 1월 20일
초판 발행 2015년 1월 30일
지 은 이 문문고봉연구회
펴 낸 이 한정희
펴 낸 곳 경인문화사
등록번호 제10-18호(1973. 11. 8)
주　　소 서울특별시 마포구 마포대로4다길 8
전　　화 02)718 - 4831
팩　　스 02)703 - 9711
홈페이지 http://kyungin.mkstudy.com
E-mail kyunginp@chol.com

ISBN : 978-89-499-1160-1　93910
ⓒ 2015, Kyung-in Publishing Co, Printed in Korea